中等职业教育市场营销专业系列

商业基础知识 （第2版）

SHANGYE JICHU ZHISHI

◎ 主 编 刘万军

重庆大学出版社

内 容 提 要

本书围绕认识商业的产生和发展;理解商业活动与商业运行过程;认识主要的商业业态和常用的交易方式;理解市场与商品价格;学会用电子商务购物;认识商业风险,把握商业机会;认识商业物流与配送;理解商业经济效益等方面的任务展开,力求通过各项基本任务的描写,让教师方便地在任务驱动下组织项目教学,让学生通过案例阅读加深商业理论知识的理解,在教师指导下独立完成各项实训任务,以达到更好地提高学生综合素质的目的。本书在每个任务后配有习题和实训项目。

本书可作为中职市场营销、电子商务专业、现代物流、会展、会计、金融、保险、商务文秘、物业管理等专业的教材,同时也可作为高职市场营销、现代物流、电子商务等专业的教材。

《商业基础知识》是中等职业教育市场营销专业的专业基础课程。目前,我国的商业仍处在一个快速发展的时期,新知识、新思想不断涌现,对商贸类人才的需求量与日俱增。商业企业是财经商贸类市场营销专业中职学生第一职业主要就业岗位之一,同时,其他岗位也对商业的基础知识充满着需求。

图书在版编目(CIP)数据

商业基础知识／刘万军主编. -- 2 版. -- 重庆:
重庆大学出版社,2021.10
中等职业教育市场营销专业系列教材
ISBN 978-7-5624-5336-9

Ⅰ.①商… Ⅱ.①刘… Ⅲ.①商业—中等专业学校—
教材 Ⅳ.①F7

中国版本图书馆 CIP 数据核字(2021)第 075089 号

中等职业教育市场营销专业系列教材
商业基础知识
(第 2 版)
主 编 刘万军
责任编辑:沈 静   版式设计:沈 静
责任校对:黄菊香   责任印制:张 策

*

重庆大学出版社出版发行
出版人:饶帮华
社址:重庆市沙坪坝区大学城西路 21 号
邮编:401331
电话:(023)88617190   88617185(中小学)
传真:(023)88617186   88617166
网址:http://www.cqup.com.cn
邮箱:fxk@cqup.com.cn(营销中心)
全国新华书店经销
POD:重庆新生代彩印技术有限公司

*

开本:787mm×1092mm 1/16 印张:14.25 字数:358 千
2021 年 10 月第 2 版   2021 年 10 月第 3 次印刷
ISBN 978-7-5624-5336-9 定价:39.00 元

总　序

　　本套教材的编撰思路是：在充分分析商品经营与市场营销业务人员初级岗位主要工作内容的基础上，将其具体工作中应知与应会的知识和技能，综合在若干个与实际工作任务相吻合的学习与训练任务之中，而每一个学习和训练任务又综合包含了完成某项具体工作任务所必需的知识、技能和职业态度要求。

　　本套教材的各个分册为相对独立的教学课程，均由若干学习和训练任务构成，每个学习和训练任务均包含下列内容：

　　1. 任务目标。规定本任务在知识、能力和情感领域所要达成的教学目标。

　　2. 课时建议。提供本任务在教学时可量化的课型与课时参考意见。

　　3. 导学语。运用图片、对话、小故事、案例等形式，激发学生对本任务学习的兴趣，诱导学生对任务内容的探究心理，引入学习内容。

　　4. 学一学。借助案例、小资料、小链接、想一想等形式，完成本任务所必须掌握的知识、技能的学习与训练和情感的养成，并适度拓展相关资讯。

　　5. 做一做。对本任务所涉及的必须掌握的知识、技能及应予形成的情感，进行有针对性的实训活动组织。

　　6. 任务回顾。小结本任务的核心知识与技能及必须

1

形成的职业态度与情感。

7.名词速查。归纳本任务涉及的最基本的名词、术语和行话。

8.任务检测。通过多种形式的课业练习,巩固本任务所学到的知识并检查任务的完成情况。

本套教材作者多系中等职业学校的一线教师和业内职场人士,他们把对中等职业教育教学的思考与亲身体验所得到的感悟融入教材的内容中,或许与传统的教学内容有所差异,但正是这种差异,使得这套教材能够形成。囿于知识、经验、能力与环境等多重因素,本套教材也一定存在诸多值得商榷和有待完善的地方,敬请各位同人提出宝贵的意见,对此,作者表示诚挚的感谢!

编委会

2010 年 5 月

第2版前言

　　本书通过对商业及商品流通有关知识的介绍,使学生了解商业的产生和发展现状,较系统地掌握商业的基本理论知识,懂得商业和商品流通的有关理论及其在市场上的运用,能够结合市场,运用商业规律进行商业活动,重视商业经济效益,选择商业机会,规避商业风险。这样不仅可以达到提高学生商业理论水平、培养学生商业素养的目的,而且可以为各相关专业课程(如市场营销等)的学习奠定基础。

　　《商业基础知识》根据当前中职教育特点,采用任务模块的方式编写,注重实训,避免抽象空洞的理论阐述,以尽可能具体丰富的案例说明理论问题。

　　本书按认识商业的产生和发展;理解商业活动与商业运行过程;认识主要的商业业态和常用的商业交易方式;理解市场与商品价格;学会用电子商务购物;认识商业风险,把握商业机会;认识商业物流与配送;理解商业经济效益等方面的任务展开。通过各项基本任务的描写,让教师在任务驱动下,组织教学。让学生通过案例阅读,加深商业理论知识的理解,并在教师指导下独立完成各项实训任务,以达到提高学生综合素质的目的。

　　本书建议该教学授课课时数为72课时,课时分配见下表。实际教学时可视教学具体情况适当安排课时。

课时分配建议

单位:课时

序 号	任务名称	理论讲授	案例、讨论、实训
1	认识商业的产生和发展	10	1
2	理解商业活动与商业运行过程	10	1
3	认识主要的商业业态和常用的商业交易方式	10	1
4	理解市场与商品价格	8	1
5	学会用电子商务购物	6	1
6	认识商业风险,把握商业机会	8	1
7	认识商业物流与配送	6	1
8	理解商业经济效益	6	1
合 计		64	8

　　本书第1版出版后,受到广大读者的厚爱,取得了很好的社会反响。随着大数据、互联网、人工智能的飞速发展和实际应用,国际国内经济形势变化日新月异。本次修订主要针对最近几年国际国内商业理论和商业实践领域发生的新情况、新变化进行增补和调整。本次修订在结构上基本与第1版保持一致,保持了原来的特色和创新。

　　本书在编写过程中参考了大量教材、图书和网络信息,也得到了同行和领导的大力支持,在此一并表示感谢。

　　由于编者能力有限,书中不妥之处,恳请读者不吝指正。

编　者

2021 年 2 月

第1版前言

商业基础知识是财经商贸类专业的专业基础课程。目前,我国的商业正处在一个快速发展的时期,新的知识、新的思想不断涌现,对财经商贸类人才的需求量与日俱增,不仅商业企业是财经商贸类中职学生第一职业主要就业岗位之一,而且其他岗位也对商业基础知识充满着需求。

本书通过对商业及商品流通有关知识的介绍,使学生了解商业的产生和发展现状,较系统地掌握商业的基本理论知识,懂得商业和商品流通的相关理论及其在市场上的运用,并能够结合市场,运用商业规律来进行商业活动,重视商业经济效益,选择商业机会,规避商业风险。通过学习,不仅可以提高学生的商业理论水平,培养学生的商业素养,也为各相关专业课程如市场营销的学习奠定基础。

本书根据当前中等职业教育特点,采用任务模块方式编写,注重实训,避免抽象空洞的理论阐述,而以尽可能具体丰富的案例说明理论问题。

全书按认识商业的产生和发展,商业活动与商业运行,商业业态和常用的交易方式,市场、市场竞争、商品价格,电子商务,认识商业风险把握商业机会,商业物流与配送,商业经济效益8个方面的任务展开,力求通过各项基本任务的描写,让教师在任务驱动下,方便组织项目教学。让学生通过案例阅读加深对商业理论知识的理解,并在教师指导下独立完成各项实训任务,以达到提高学生综合素质的目的。

　　本书由邯郸市第一财经学校刘万军主编。参加编写的人员与分工如下:刘万军编写任务1、任务6、任务8;河南财经学校赵俊芳编写任务2、任务3;刘万军、邯郸市粮食学校冀振河编写任务4;河南财经学校王贝贝编写任务5;邯郸市第一财经学校石新立编写任务7。全书由刘万军统稿、定稿。

　　本书适合3年制中职市场营销、电子商务、物流、会展、会计、金融、保险、商务文秘、物业管理等专业,以及5年制高职市场营销、物流、电子商务等专业的学生使用。

　　建议本书教学授课课时数为72课时。课时分配见下表。实际教学时可视教学具体情况适当安排课时。

课时分配建议

单位:课时

序　号	任务名称	理论讲授	案例、讨论、实训
1	认识商业的产生和发展	10	1
2	理解商业活动与商业运行过程	10	1
3	认识主要的商业业态和常用的商业交易方式	10	1
4	懂得市场与商品价格	8	1
5	学会用电子商务购物	6	1
6	认识商业风险,把握商业机会	8	1
7	认识商业物流与配送	6	1
8	理解商业经济效益	6	1
合　计		64	8

　　本书在编写过程中参考了大量的教材、文章等资料,得到同行和领导的大力支持,在此一并表示感谢。

　　由于编者能力有限,书中不妥之处,恳请读者不吝指正。

编　者

2010 年 2 月

目
录

任务 1
认识商业的产生和发展

任务目标

1. 知道并能够陈述商业的概念。

2. 理解分工与交换、交换与商业产生之间的关系。

3. 了解商业产生和发展的历史过程。

4. 描述商业与消费的关系。

5. 理解商业的地位。

6. 叙述商业职能的内容和商业的作用。

7. 清楚现代商业的发展趋势,树立现代商业的观念。

课时建议

知识性学习:10 课时。

案例学习讨论:1 课时。

现场观察学习:6 课时(业余自主学习)。

【导学语】

你知道什么是商业吗？商业是怎样产生的？它的存在对社会经济和生活都很重要吗？

大家跟我一起来看看这个真实的故事。

张老师取得了驾照，想买一辆北京生产的某品牌汽车。最近，张老师正好要去北京，于是，张老师想直接到北京的某品牌汽车生产厂家购买。张老师认为，直接在生产厂家购买应该比在经销商处购买便宜一些。

结果却令张老师失望。他在北京找到了厂家，得到的答复是这种品牌的汽车必须到设在各地的专业经销店选购，目前厂家还不直接对消费者销售。

看完这个故事，大家有什么想法呢？的确，从理论上来讲，生产者完全可以将其产品直接卖给消费者，而实际生活中，中间商却大量存在。不仅仅只是汽车，大多数物品——从照相机到食品、布匹——都不是从生产者手中直接卖给消费者，而是由生产者卖给批发商，批发商卖给零售商，零售商再卖给消费者。

中间商存在的根源在于这样的分工对于双方都是有利的。因为，大部分生产者没有足够的财力、人力和物力从事直接销售。即使那些有足够的财力、物力建立全国性销售网点的生产企业，也常常发现：若将资金投到自己擅长的其他方面，所取得的收益率远远高于投资到直接建立自己的销售网点上。美国通用汽车公司在其最兴旺的时期，其新汽车的销售需要通过18 000多家代理销售商。专门从事销售的中间商在执行销售职能上有着生产企业所不具备的优势，利用中间商比生产者自销更加有利。

嗯！为什么会这样呢？想进一步了解请跟我来，学完这一任务你定会对商业的产生、发展和商业的职能等内容有一个全面、全新的认识，就能更好地理解商业的意义了！

【学一学】

1.1 商业的产生

1.1.1 分工、商品交换与商业的产生

原始社会就有了人类的交换活动。最初的交换只是简单的物物交换，后来发展到商品交换，商业由此产生。商业的产生是交换的需要，而交换的产生和发展，始终与分工的产生和深化紧密联系在一起。因此，要了解商业，必须了解交换；了解交换，首先要了解分工。

1）分工

一段古埃及的传说

在尼罗河的下游，居住着两个农夫。他们一个擅长育种，不喜欢种地吃苦；一个则是种地的好手。为了发挥各自的优势，两人分工合作，由育种人专门为种地人供良种，秋收以后，种地人按一定的比例偿还稻谷。这样的分工合作对双方都有好处。

（1）分工的概念

分工是指人类在经济领域中为进行合理的劳动，从而对各种劳动进行的社会划分并使其独立化、专业化的做法。分工的不断深化，既是社会生产力发展、劳动生产率提高的必然结果，又对社会经济结构和人类交往、商品交换体系的演化产生着深刻的影响。

（2）分工的类型

①根据分工依照的不同依据，可以将分工区分为自然分工和技术分工。

自然分工的分工依据是性别和年龄的差异，其特点是纯生理基础上产生的分工。自然分工早在原始社会的氏族、部落、公社内部就已经存在，是纯生理基础上产生的分工。如男子从事渔猎，女子从事采集等。

技术分工的分工依据是一定的技术准则，其特点是这种分工使产品由不同工种的劳动者制造的局部产品所组成。如车工、钳工、电工等。

②根据分工影响的范围不同，可以将分工区分为内部分工和社会分工。

内部分工影响的范围在经济体内，它使得同一经济体内不同工种的劳动者相互配合或按照时间的先后顺序完成整个操作过程，从而加强内部协作具有了必要性。如家庭内部的分工、手工工场内的分工、企业内部的分工等。

社会分工影响的范围为全社会，是大规模的社会生产活动的需要。如把社会生产划分为工业部门、农业部门等，把工业再分为轻工业、重工业等。

内部分工和社会分工的相互联系与区别

相互联系：内部分工导致了社会分工。随着生产力的发展和劳动生产率的不断提高，内部分工的发展必然导致生产的专业化，而生产专业化的发展，必然导致社会分工。

社会分工与内部分工虽然有许多相似和相互联系之处，但两者在本质上是不同的。

第一，社会分工中独立劳动发生联系是因为生产者各自的产品都是作为商品而存在的，而内部分工的劳动者彼此的劳动成果不作为商品，而是作为经济体内部各种劳动的共同产品。

第二，社会分工以不同劳动部门产品的买卖为媒介，而内部分工则以劳动力的结合使用为媒介。

第三,社会分工以生产资料分散在许多互不依赖的商品生产者之间为前提,而内部分工则以生产资料积聚在一个经济体中为前提。

（3）分工的客观必然性

分工是一种普遍存在的经济现象,有其存在的客观必然性。一般来说,主要是由资源的制约、提高技术熟练程度和提高效率的需要所决定的。

①从事经济活动的主体往往不可能占有其所需的一切资源,因而受资源条件的约束而进行分工就成为必要。

②分工往往可以增进效率,促进经济整体的发展。社会分工的优势就是让擅长的人做自己擅长的事情,做到人尽其才,物尽其用,从而使平均社会劳动时间大大缩短,生产效率显著提高。

2）分工是商品交换产生的基础

分工是交换产生的基础,分工促进交换的发展。内部分工产生内部交换,社会分工产生社会商品交换。

迄今为止,在生产力不断发展的推动下,人类共经历了 3 次社会大分工,且每次大分工都推动着生产和交换的发展。在分工的推动下,交换的形态从物物交换到商品交换再发展到现代的商品流通。

（1）第一次社会大分工产生了物物交换

第一次社会大分工发生在原始社会后期,游牧部落从其他部落中分离出来。游牧部落出现后,它所生产的生活资料不仅比其他原始部落多,而且种类也不同。于是,在农业部落与畜牧业部落之间便出现了物物交换。第一次社会大分工内涵见表 1.1。

表 1.1　第一次社会大分工内涵

内　容	时　间	分工的作用	交换的特点	产生交换的原因
游牧部落从其他部落中分离出来。	发生在原始社会后期。	使农业部落与畜牧业部落之间出现了物物交换。推动了私有制的产生。而私有制的出现,又推动着彼此尊重占有权利的商品交换的发展。	这时的物物交换带有偶然性。这种偶然性的物物交换最初在部落的边缘进行,交换的只是公共产品。后来逐步发展,交换转移到氏族内部进行。	游牧部落出现后,它所生产的生活资料不仅比其他原始部落多,而且种类也不同。于是,在农业部落与畜牧业部落之间便出现了物物交换。

（2）第二次社会大分工产生商品交换

第二次社会大分工指手工业从农业中分离出来,发生在原始社会末期。随着原始人劳动经验的积累和农、牧业经济的发展,原始农业进入了一个新的发展时期。随着手工业的发展和独立化,出现了第二次社会大分工,即手工业从农业中分离出来。第二次社会大分工内涵见表 1.2。

由于物物交换（W-W）受到时空的限制,交换双方需求的不一致,数量的不平衡,严重地影响交换的顺利进行。随着商品交换的发展,货币作为交换的媒介和等价物也随之出现,从而为商品交换的扩大创造了必要的条件。货币的出现,不仅使交换的形式发生了变化,交换的数量增加,而且使交换产生了质的飞跃,将其推进到一个新的阶段,这就为商业的产生创造了前提条件。以货币为媒介的优势及原因见表1.3。

表1.2 第二次社会大分工内涵

内 容	时 间	分工的作用	交换的特点	产生交换的原因
手工业从农业中分离出来。	发生在原始社会末期。	使业已存在的交换,从偶然行为变成经常性的行为。从物物交换发展为商品交换,并出现了专门为交换而生产的经济行为和经济行业。	货币作为交换的媒介和等价物也随之出现,从而为商品交换的扩大创造了必要的条件。	由于手工业产品不能直接作为生存消费资料,手工业者要生存就必须将其生产出来的手工业品拿到市场上去进行交换,然后换取自己所需要的消费品。生产的发展和私有制的产生,使业已存在的交换,从偶然行为变成经常性的行为,从物物交换发展为商品交换。

表1.3 以货币为媒介的优势及原因

货币媒介交换的优势	优势存在的原因
买卖双方以更大的灵活性、选择性,进而扩大了交换的时间范围。	货币的出现,把买卖分解为两个不同的过程,即卖(W-G)的阶段和买(G-W)的阶段。这样,卖不一定就要买,买不一定非要卖,从而给买卖双方以更大的灵活性、选择性。
可以体现等价交换的原则,使交换得以顺利进行。	买卖有了共同的等价物——货币,买卖双方就有了一个共同的衡量标准,这样就可以体现等价交换的原则,便于双方接受。
扩大了交换的空间范围。	有了货币,买卖可以分散进行,特别是换回货币后,在购买商品的过程中,既可以集中进行,也可以分散进行,既可在一地购买,也可以在多地购买,既可以购买某一种商品,也可以分散购买多种商品。
解决了供求之间的矛盾,保证了商品生产和商品交换的正常进行。	可通过有计划的货币流通量的控制来调节市场的供求,解决供求之间的矛盾。

(3)第三次社会大分工产生商业

第三次社会大分工即发生在原始社会瓦解、奴隶制社会的形成时期,商业与农业、畜牧业、手工业分离。这次分工产生了商业。

商品交换起初是由商品生产者自己承担的,农民、牧民、手工业者均自己负责产品的销售与必需品、原材料的购买。随着生产的发展,交换的任务越来越繁重;货币的产生使交换

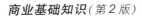

空前活跃。从规模上、数量上、地域上和频率上商品交换都进一步扩大,同时使得生产和交换在时间、空间上的矛盾以及生产过程与流通过程三大矛盾日益突出。生产和交换的三大矛盾见表1.4。

表1.4　生产和交换的三大矛盾

3种矛盾	矛盾表现	矛盾存在的原因与客观要求
生产交换时间上的矛盾	生产与交换时间不一致	买卖所耗费的时间,就是生产时间的一种扣除。生产的发展受到交换的制约,要求交换职能从生产者、生产部门分离出来,进行专门的商品交换,让生产者腾出更多时间去从事生产活动。
生产交换空间上的矛盾	生产与交换空间不一致	交换范围扩大、品种增多,客观上要求交易集中起来由专业的人来担负,这样才有利于社会劳动的节约,促进分工的发展。
生产过程和交换过程的矛盾	生产过程和交换过程的不衔接	商品生产的发展,要求实现流通资本的专门化、集中化,通过集中垫付资本,靠规模化专业化,节约社会流通资金,加速再生产的过程。这都在客观上促使一部分人从生产中脱离出来,去专门从事商品交换活动,实现生产过程与交换过程的统一。

实际的需要呼唤着专门从事交换的自然人和一种新的行业出现。在这种情况下,社会分工突破了生产的范畴,出现了第三次分工,即商业从产业部门中独立出来。于是,产生了一个专门从事商品交换的经济行业——商业。同时,创造了一个不从事生产而只从事商品交换的阶层——商人。

商人作为一个阶层、一个阶级的出现,商业作为专门从事商品交换的独立的经济部门,构成了社会经济运行不可分割的整体,标志着商品交换发展到新的历史时期。

小知识

必须明确,商业从生产中独立出来,使商品生产者摆脱了很大一部分交换事务,但并不能完全替代生产者的交换职能。因为商业独立出来以后,仍然有一部分买卖活动在生产者之间或生产者与消费者之间直接进行,因此,即使是在商业比较发达的今天,仍然存在着一些不以商人为媒介的商品交换(如直销)。

3)商业是商品交换的发达形式

(1)商品交换发展的3个阶段

商品交换从产生之日起经历了简单的商品交换—简单商品流通—发达的商品流通即商业3个阶段。其中,简单的商品交换表现为直接的物物交换(W-W),这是商品交换的原始形态。商品交换表现为连续不断的过程,即商品流通。它又分为简单商品流通(W-G-W)和发达商品流通(G-W-G′)两种形式。商品交换发展的3个阶段见表1.5。

表 1.5　商品交换发展的 3 个阶段

1.简单商品交换	2.简单商品流通	3.发达的商品流通即商业
这是物物交换,买卖合一,即买卖同时同地进行,买意味着卖,卖也就意味着买。这种商品交换形式要受到很多限制。其流通公式为:(W-W),即付出商品的同时换回别的商品。	以货币为媒介的商品交换。货币媒介交换,突破物物交换的诸多限制。这一阶段最终导致了新的商品交换形式——商业的产生。其流通公式为:(W-G-W),即卖出商品换回货币,再购买商品。	发达的商品流通是以商业资本运动为载体的商品流通形式。其流通公式为:(G-W-G′),即以货币投入为起点采购商品,然后再将商品销售出去,赚取投资利润,收回增值了的货币。

想一想:

商业与简单商品流通的共同之处有以下几点。

第一,两者都是建立在社会分工和商品生产的基础之上。

第二,两者都是由买和卖两个独立的环节所构成的。

第三,两者都要以货币为媒介。

(2)**商业作为商品交换的发达形式,有着自身的流通特点**

商业作为商品交换的发达形式,与简单商品流通在许多方面存在着很大的区别。

①流通形式不同。商业与简单商品流通形式比较见表1.6。

表 1.6　商业与简单商品流通形式比较

区　别	阶　段	
	商业流通	简单商品流通
买卖次序不同	先买后卖,以买为起点,以卖为终点。	先卖后买,以卖为起点,以买为终点。
出发点与归宿不同	以货币为出发点,以商品为媒介,求得货币增值。	以商品为出发点,以货币为媒介,换取具有新的使用价值的商品。
换位的对象不同	两次换位的是商品,经过一买一卖,货币仍属同一所有者,但已发生了量的变化,是一种增值了的资本。	同一货币两次换位,没有发生质和量的变化,两次换位分属于不同的所有者。
买卖速度、连续性不同	这是不断买和卖,构成买卖的连续序列。不断加快买卖的速度,尽量缩短买卖的时间,以争取完成更多次的买卖。	往往是非连续性的买卖,对于买卖速度的追求也没有商业那样高的要求。

②流通目的不同。在简单商品流通中,卖是为了买,交换的最终目的是获得新的使用价值。商业活动中商品交换的目的是使货币增值,买是为了以后的再卖,通过一买一卖获得比投入流通中的货币更多的货币。

③当事人不同。简单商品流通主体由商品生产者直接充当,而发达的商品流通是以商人为媒介的商品交换。

④体现的经济关系不同。简单商品流通中无论是卖还是买,均体现生产者与生产者、生产者与消费者之间直接的经济关系。而商业则由于其中介地位,割断了生产者与生产者、生产者与消费者的直接关系,体现了生产者、经营者与消费者之间多重的经济关系。

想一想:

商品交换产生的前提与商业产生的前提

商品交换有两个前提:一是社会分工;二是明晰的产权制度(承认对方是商品的所有者)。而货币的使用和交换的进一步发展产生了交换的专门产业,就是商业。货币产生和商品交换是商业产生的两个前提。

1.1.2 商业的含义

1)商业的概念

商业是商品交换的发达形式,是贸易的一种特殊形态。广义的商业是泛指以营利为目的的事业。狭义的商业是指专门从事商品交换活动的营利性事业。一般情况下是指狭义的商业概念。

2)商业的特点

商业作为一个专门的行业,有其自身的特点。

(1)商业所从事的活动是社会再生产过程中专门的中介性经济活动

商业的出现使得原来生产与消费的直接交换,变为商人与生产者之间、商人与消费者之间的买卖关系。

(2)商业不改变商品物质形态和性能,但能提供时空效用

商业部门通过买卖活动使商品所有权在自己和生产或自己和消费者之间转移。这样的所有权的转移活动一般不改变商品的物质形态和商品性能。但是,商业在组织商品购销过程中,不仅实现了商品所有权的转移,而且通过商业人员的劳动,为生产者和消费者提供时空效用,即通过商品储存为生产者和消费者提供时间效用;通过商品运输为生产者和消费者提供空间效用。

(3)商业所从事的活动是一种与提供服务紧密结合的经济活动

商业提供的服务包括十分广泛的内容。商业服务贯穿整个商品购销过程的始终,整个商品购销过程就是提供服务的过程。

(4)商业经营的综合性

这是由生产的专业化和单一化与消费需求的多样化决定的。各个生产企业所生产的产品也越来越专业化和单一化,同时各部门、各企业之间协作联系越来越紧密,但是消费需求

总是复杂多样的。这就要求商业部门的经营范围带有综合性。

想一想：

商业概念的要点如下。

第一，商业是商品经济发展到一定阶段的产物。

第二，商业是从生产中独立出来专门从事商品购销活动的经济部门。

第三，商业是以组织商品流通来获取盈利为直接目的的经济活动。

1.2　商业的地位、职能与作用

1.2.1　商业的地位

商业的地位就是商业在整个社会经济发展的互相关系中所处的位置及其重要程度。商业作为商品交换的发达形式，它在社会再生产中的地位是由交换在社会再生产中的地位所决定的。

1）商业的中介地位

商业的中介地位是由交换在再生产中的中介地位决定的，但商业的中介地位又高于交换的中介地位。

（1）交换对生产、消费和分配的影响

交换作为再生产的一个环节，与再生产的其他环节有着紧密的联系。集中表现为交换是其他各个要素之间联系的中介，是一个中间环节。在整个再生产过程中对其他环节有着重要的影响。交换对生产、消费和分配的作用见表1.7。

表 1.7　交换对生产、消费和分配的作用

交换对生产起反作用	交换对消费的制约作用	交换对分配的制约作用
①商品交换是商品生产存在和发展的必要条件；②商品交换促进社会分工的发展；③商品交换对商品生产有引导作用；④交换的规模和速度制约生产的规模和速度。	①交换是实现消费需求的条件；②交换制约消费结构；③交换制约消费形式与方法；④交换制约消费效益。消费效益不仅包括经济效益还包括时间效益。	①交换关系制约分配关系的实现和实现的深度和广度；②交换起到再分配的作用。

（2）商业是商品交换的中介

商业出现后，商品交换主要由商人和商业来组织、掌握运行。这时，商品交换成为一个复杂的体系，商业则成为商品交换的中介。

2）商业的先导地位

发达市场经济条件下的商业，对生产、分配、交换、消费和再生产的其他方面不仅起着中介作用，而且起着先导作用，处于先导地位。

（1）商业是生产的先导

在发达市场经济条件下,在生产之前要找到销路,就要有商业的先期介入,有销路、有商业机遇才进行生产。实际是按照商业要求进行生产,因此说,商业是生产的先导。

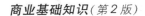 小链接

订单生产

人们把市场经济的生产叫作订单生产。即在生产之前,摸清市场需求,订好商业契约(订单),然后进行生产。这样就可以避免生产的盲目性,预防生产后没有销路而导致企业危机。

（2）商业是分配的先导

在不发达市场经济条件下,一般是先有分配,再有交换和商业。但是,在发达市场经济条件下,则是先有交换和商业,然后才有分配。不论是国民收入的初次分配还是再分配,都是先有商业流通,实现了商品价值,才能有财政税收的集中,也才能有个人收入分配和再分配。如果没有商业流通事先把商品的价值实现,那么国家就得不到税收,工人发不了工资,农民得不到现金,分配和再分配就都会落空。

（3）商业是消费的先导

在不发达的市场经济条件下,商业仅仅是满足消费的手段。但是,在发达市场经济条件下,商业不仅仅要满足消费需要,而且更重要的是引导消费需要。在消费之前就进行消费指导,引导消费潮流。尤其是在高科技时代,技术含量高的高新技术产品不断推陈出新,消费者对高技术含量的新产品很难一时掌握,甚至完全不了解。在这种情况下,商业通过广告宣传,把新产品介绍给消费者,从而体现了商业对消费的先导地位和作用。

（4）商业是交换的先导

在发达市场经济条件下,商业是商品交换最主要的载体,是全社会商品交换的主要部分,先要经过商业的先期交换和导向,才能进一步完成生产者与生产者、生产者与消费者之间的商品交换。因此,商品交换也要以商业为先导。

小知识

商业中介地位在现实中的表现

商业的基本业务活动是商品购销活动。在商品购销活动中,商业的购与销活动的两端,各有一个连接点:一头连接生产,一头连接消费,形成错落有序的链条。商业在这两端扮演着不同的角色:时而把自己扮成买者,时而把自己扮成卖者;时而代表消费者利益,时而代表生产者利益;时而站在消费者立场同生产者打交道,充当消费者的代理人,时而站在生产者立场同消费者打交道,充当生产者的代理人,如此变换着自己的位置。这是由商业的中介地位决定的,是中介地位的放大,是中介地位的实践化。

1.2.2　商业的职能

1）商业职能的含义

职能是指某事物自然具有的内在的特殊功能。商业职能,即指商业本身所固有的内在的特殊功能,即商业作为国民经济的一个独立的部门,所具有的功能和承担的职责等的统称,重点在职责和功能上。这是由商业在社会再生产中的地位决定的,是商业实质的表现。

2）商业职能的内容

（1）媒介交换职能

媒介交换职能也称为联结供求职能,是指商业调节商品供给与商品需求之间的矛盾,使供给与需求相适应,最终完成商品交换,实现商品价值。媒介交换的核心是商品买卖。媒介交换职能是商业最原始、最本质和最主要的职能。

小知识

商业一切活动要围绕着卖字来做工作。现代企业都十分重视营销,其重点应该是销售即卖。如果营销半天一件商品也没有卖出去,这样的营销肯定是不成功的。营销的最终目的是把商品卖出去,并且卖个好价钱,在满足顾客需要的同时,也使企业得到了丰厚的回报。

（2）物流职能

商业不仅要完成商品所有权的转移,还要实现商品实体在时间和空间上的转移,这便是商业的物流职能,也称为实体分配职能。

（3）辅助职能

商业辅助职能是在媒介交换职能和物流职能的基础上派生出来的职能,因此,也称为派生职能。商业的辅助职能主要有两个方面。
①资金融通的职能。
②风险承担的职能。

1.2.3　商业的作用

从总体上来看,商业在社会再生产中的作用主要表现为如下 6 个方面。

1）促进社会再生产的顺利进行

社会再生产过程是生产过程与流通过程的统一。商业在社会再生产过程中作为联结生产与生产、生产与消费的桥梁,对生产部门价值的实现发挥着重要作用。商业还通过不断开拓市场,为产品打开销路,扩大商品流通规模,从而推动了生产规模的扩大;商业的独立存在,不仅使生产者腾出时间专门从事生产活动,而且由于商业专门从事商品交换,因而能够缩短流通时间,加速了商品转化为货币的过程,从而使社会生产时间有所缩短。

2）推进社会资源合理配置

首先，商业的存在本身就是合理配置资源的体现。商业成为专门媒介商品交换的经济部门，实现了社会资源在流通领域的集中投入，生产部门不需要再分散地在流通领域投入资源，从而实现了全社会资源在生产领域、流通领域之间的合理配置。其次，商业作为联系供求双方的中介环节，同时拥有供求两方面的信息，商业部门将供给方面的信息传递给需方，指导购买的投向。将需求方面的信息反馈给供方，指导企业调整生产结构，生产适销对路的产品。商业通过对供求的双向调节，引导资源的合理配置。

3）降低交易费用、节约社会资金

降低交易费用、节约社会资金，这是由商业的专业化和规模化决定的。

4）推动市场经济完善和发展

商业的存在可以促使市场交易行为程序化、规范化、法律化，推动市场体系的建立与发展，有利于商品经济的高级阶段——市场经济形成与完善。

5）促进社会分工的深化

商业是社会分工的产物，又是社会分工进一步发展的条件。社会分工必须通过商品交换，才能切实实现生产的专业化和集约化，从而不断地提高劳动生产率。社会分工越发展，越需要交换来加强经济各组成部分之间的联系，所以对商业的依赖性也就越大。社会分工的深化总是和商业的发展联系在一起的。

6）促进科技进步成果更好地为人类服务

人类社会在其发展历史上，始终在进行科学创新和推进技术进步，在这个过程中商业对促进科技成果的产业化、商业化、大众化，具有极其重要的作用。从第一次产业革命出现机器大生产和技术发明的兴起，到当代新的技术革命带来信息化产品的不断更新，商业的推动作用不可低估。没有商业的推动和商业化的发展，就不可能有电脑和因特网的普及。在市场经济条件下，商业对技术进步的促进作用更为巨大。

小案例

从"一站式"购物看商业作用

如今顾客是否能在商店中一次购齐所有需要货品，是否可以得到及时的新产品销售信息，是否可以享有送货上门、免费停车等附加服务，是否可以在任何有空闲的时间入店购物……这些问题已经成为评价一间商店好坏的重要标志。

世界最大零售商业沃尔玛倡导的"一站式"购物新概念不仅对生产者有利，而且深受消费者欢迎。在沃尔玛，消费者可以体验"一站式"购物（One-Stop Shopping）的新概念。在商品结构上，它力求富有变化和特色，以满足顾客的各种喜好。其经营项目繁多，包括食品、玩具、新款服装、化妆用品、家用电器、日用百货、肉类果菜，等等。

分析:顾客这样多种多样的需求靠生产企业的直接销售来满足是难以想像的。

1.3 商业的发展

商业是个历史范畴,它的产生和发展是社会生产不断发展的必然结果。

1.3.1 商业现代化的意义

现代化已成为一种为社会普遍接受的价值取向,一般被理解为一个复杂的历史过程,就是人们利用现代科学技术,全面地改造自己生存的物质条件和精神条件的进程。

商业现代化是指把科学的商业理论、先进科学技术装备及科学管理方法广泛应用于商业活动领域,使商业更好地适应市场经济条件下现代化生产发展和人民群众消费水平不断提高的需要。商业现代化,是经济现代化的重要内容之一。

1)商业现代化的基本含义

（1）商业理念的现代化

现代商业摒弃传统商业的过度重利意识,树立起全新的服务意识。现代商业理念注重的是商业利润与整体经济社会发展的平衡关系,是经济发展与整个社会生态效益的关系,它强化商业对整个社会长远发展的责任感和服务意识,以及基于此的企业创新。

（2）商业文化的现代化

现代商业文化最本质的东西是强调人的道德、观念和境界。因此,现代商业文化的基本内容也应该表述为以商业为载体,以商人的经营活动、消费者的行为为动力和纽带,反映、传播、创造、弘扬社会的物质文明和精神文明。

（3）商业形象的现代化

全新理念的商业形象包括健康的消费心理形象、现代的国际品牌、良好的商业信用、商业空间形象和商业服务品牌。现代化的商业形象建设,将全面提升商业的档次和内涵,使城市风貌和商业功能发生深刻变化。

（4）商业组织的现代化

首先是商业企业体制的现代化,包括决策体制、用人体制、升迁体制、激励机制、约束机制的创新;其次是业态的现代化,包括业种和业态的创新,商业经营服务功能提升和创新;再次是经营的现代化,包括发展连锁经营、电子商务等现代经营组织方式。

（5）商业技术的现代化

广泛应用以计算机网络为核心的信息技术,实现商业活动在标准的商业结构和商业规范基础上的和谐运行。

小链接

中国古代商业大事记

①原始社会末期:产生原始商业。夏代已经零星地出现了一些专门从事商品交换的人。

②商朝时期:职业商人("商人"一词由来)和最早货币产生;交换成为一种专门的行业,商人成为一个独立的社会阶层。

③西周时期:商业由官府控制。

④春秋战国时期:私商逐渐取代官商成为商人主体,出现许多大商人;黄金、白银也开始作为货币;形成了许多著名都会。

⑤秦朝时期:统一货币、度量衡,修驰道,促进了商业发展。

⑥西汉时期:富商大贾周流天下;开通陆上和海上丝绸之路,中外贸易发展起来。

⑦隋唐时期:城市商业繁荣,农村集市有些发展成市镇并出现了"柜坊"(银行雏形)、"飞钱"(类似汇票);海外贸易空前兴盛。

⑧宋元时期:商业活动不受时间空间限制;经济重心东进南移;纸币出现(世界最早的纸币"交子");对外贸易方面陆路转为海路。

⑨明清时期:城镇经济空前繁荣,货币经济占主要地位;各地涌现出许多地域性商人群体——商帮,其中实力最强的是徽商和晋商。

2)商业现代化的意义

(1)商业现代化有利于加快城市现代化的步伐,推动经济社会的全面进步

商业现代化将在很大程度上有利于塑造城市现代化的商业形象。商业现代化不仅将使商贸企业、物流企业、制造业等获得更多市场机遇和竞争能力,而且将使交通运输、设备制造、通信服务、电子商务、商务咨询、金融投资等众多行业获得新的发展空间。它将推动经济发展与人民生活不断改善,形成良性循环,为社会进步和经济可持续发展做出贡献。

(2)商业现代化有利于促使产业结构和经济功能发生根本变化,展示城市繁荣繁华与便民利民

商业现代化将通过促进现有第三产业的壮大和完善,从而在一定程度上优化现有的产业结构。商业现代化有利于激发商业竞争主体,不断完善经营管理手段,创新商业营销模式,调整商业结构布局,探索新的商业业态,开发商业服务功能,改善商业购物环境;有利于强化现代商业理念、重视对人的关怀;有利于既引导、满足消费,又创造、扩大消费的商业机制的运行;有利于凸显商业城市的繁荣繁华与消费便捷。

(3)商业现代化有利于商业按照市场化规则、国际惯例运作,按照国际先进标准改造商业流程,建立现代商业新秩序

商业现代化是全面适应市场经济规则,对传统商业思想、经营观念不断变革的过程,从而有利于建立起以市场为导向、以竞争为动力、以技术为支撑、以法制为规范、公平高效的商业新秩序,并逐步形成商业主体积极进取、合法竞争、流通顺畅、消费便捷、充满活力的新局面。

(4)商业现代化有利于进一步提升地方商业的辐射能力,更好地发挥流通的驱动力作用

商业现代化有利于推动工商、农商联合及与外地产销企业的联合,有利于构建全国名特优新商品的批发代理经销网络;有利于充分发挥地方商业的比较优势,广泛有效地利用有效资源,积极培育批发市场体系;有利于完善市场信息发布体系,引导商业建设把握市场潮流,不断调整经营结构、产品结构和投资发展方向,创造良好效益。

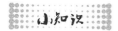

　　实践证明,商业的现代化能够提升地方承办各种国际性和全国性大型展览会、展示会、交易会、博览会、贸易洽谈会的能力,使所在城市成为新的信息汇集中心。所以,商业的现代化将进一步增强商业的集聚辐射能力,更好地发挥流通的驱动力作用,带动商品批发贸易和会展业的发展。

　　(5)商业现代化可进一步节约社会交易成本,提高资源配置效率,促进社会生产力发展

　　商业现代化之所以能节约交易成本,就在于通过商业现代化可减少各种交易对象在流通过程中的摩擦、障碍,加快其从生产领域到消费领域的转移速度,最大限度地节约流通时间,相对减少流通费用。同时,通过商流、物流、信息流的现代化,按市场导向使各种资源有效地配置在一起,加快其从投入到产出的过程,提高资源配置效率。此外,商业流通领域的现代化,提高了商品自身的配置效率,可相应地减少社会资源在流通环节的闲置、浪费。这对提高整个社会资源的配置效率,减少资源的浪费都是十分有利的,对提高整个社会生产力也十分有利。

小知识

物流对商业的影响

物流促进商业经济发展

　　20 世纪 80 年代以来,美、日以及欧洲的一些发达国家开始了一场对各种物流功能、要素进行整合的物流革命。

　　一是通过整合企业内部物流资源,形成了以企业为核心的物流系统。

　　二是通过在企业之间建立相互联系、分工协作的整个产业链条,形成了以供应链管理为核心的物流系统。

　　三是加强物流园区建设,出现了为工商企业和消费者提供专业化服务的第三方物流企业。

　　实践证明,在社会发展水平以及技术手段一定的情况下,社会的物流产业规模与经济增长量呈现正相关关系。日本在近 30 年内,物流产业每增长不到 2.6 个百分点,经济总量就增加超过 1%。现代物流业推动了社会生产方式、商业方式以及人们生活方式的改变,成为"第三利润源泉"和现代经济的"加速器"。

　　首先,物流的发展使商品流通速度加快,大大降低了人们需求被满足的时滞,从而扩大了需求,促进了经济增长。其次,物流的发展使得各类商品能便捷、高效地扩散到不同地区,客观上使得一个地区的商品种类更加丰富,从而引发社会需求的增长。再次,物流产业的发展对促进创新与产业结构升级有着直接、重要的影响。一个发达的经济必然存在着完善的物流产业结构。现代物流的发展,将有效整合地区内物流资源,将制造业企业物流活动延伸至商务环节,组成并优化链路,通过生产、销售环节,将生产资料以最快的速度变成增值的产品,送到顾客手中,以增加整个供应链价值,推动整个经济的发展。

物流影响商业业态

　　物流在商业竞争的任何阶段都扮演着重要的角色,商业业态的发展更替对物流提出了

新要求,现代物流的发展又促进了商业业态的创新。现代物流已不再是仓库加运输的概念了。在虚实结合创造出更多、更新商业模式的当今,现代物流开始向供应链的两端延伸。一端伸向供应商乃至工厂;另一端伸向零售末梢乃至个人消费者,贯穿了原料、生产、供应、门店到消费个体。现代物流与电子商务以及企业信息管理融为一体,正在扮演着以物流为核心的商业服务平台的作用,在这个平台上不断加载新的商业模式。以现代物流为基础,不仅支撑着连锁业,而且支撑着电视购物、网络购物、邮购、电话行销、直销、网络与实体之虚实结合所创造出的所有商业模式。

(6)商业现代化有利于促进商品生产向新的深度、广度发展

商业现代化可从根本上改变商业流通领域物质技术条件落后的状况,提高流通环节的科技装备水平及科技管理水平,极大地拓展商业流通领域吸纳、吞吐商品的能量和张力,提高商业活动开拓市场的能力。这样可以促进工业、农业生产的专业化水平,使产品品种不断创新,产品质量不断提高,名牌不断涌现。

(7)商业现代化可更好地为提高人民群众消费质量、满足消费需要服务

现代商业利用了现代化的管理理念和手段。运用电脑技术提高商业信息的管理现代化水平,极大增强商业企业开发信息资源、利用信息资源的能力。信息技术的应用,更加及时地根据国内国际市场行情的变化,提高商业活动的竞争能力和效率。特别是电子商务的发展,能够更好地为提高人民群众消费质量、满足消费需要服务。

1.3.2　现代商业发展的趋势

1)现代商业的特点

现代商业是商业现代化发展的结果。因此,决定了现代商业不同于以往传统商业的特点。

①社会性。
②动态性。
③复杂性。
④系统性。
⑤知识性。

2)现代商业发展的趋势

20世纪以来,商业在国民经济中的地位日益重要。从世界市场的发展过程中可以看出21世纪现代商业发展一些主要趋势,并且这些趋势在中国商业现代化进程中已经日渐明显。

(1)经营规模大型化和经营方式连锁化

小链接

如今国外零售商业越来越趋向于大型化,如在超级市场的基础上又出现了营业面积在1万平方米以上的超级商店。营业面积在2.5万~6万平方米的超级市场,其经营规模更大。最近,在美国又出现了这样一种理论,认为搞多店铺的商业街是小生产的形态,而大生产则

要求搞商业城和商业广场,更便于规划,更体现经济性,商业的集聚功能更容易发挥。

随着经济的发展,现代商业呈现出经营规模化和经营方式连锁化的趋势。

①发达国家的商业组织结构呈集中化发展趋势。商业企业组织的集中化,意味着主导商业企业的巨型化、规模化,可以取得规模效益。

②大型化过程中采用的是连锁经营的方式。连锁经营作为一种先进的经营方式,其优势在于:能够取得规模经济效益、能够提高经营效率、有利于减少交易费用、增强竞争能力。

小链接

连锁店

连锁店是在同一本部集中统一管理下,由共同开展同类商品或服务的分散经营的多个店铺所组成的商业或服务业集团。连锁店同独立商店及一般的分店制相比较,其特点是:多店铺结构、统一经营、联购分销、专业化分工、企业形象统一、商品结构大众化。连锁经营的基本原理,就是把现代工业大生产的原理应用于商业领域,实现经营活动的标准化、单纯化、专门化、集中化。

(2)商业业态多元化

随着社会化大生产和现代市场经济的发展,商业业态也随之发生变化。商业现代化并不排斥商业业态的多元化。

一方面,原有的商业业态逐步走向成熟和发展;另一方面,新的商业业态又不断涌现。新旧商业业态并存,呈现出多元化的趋势。无论是批发业,还是零售业,都是多种业态并存。

(3)商业组织联合化

随着商业领域竞争和垄断的不断加剧,国外商业组织增强竞争能力和取得规模效益,便走向了大型化、一体化和联合化。

(4)经营战略多角化

在激烈的市场竞争条件下,多角化经营已成为国外商业业发展的一个大趋势。多角化经营的战略主要有以下4种。

①跨业化经营。

②兼业化经营。

③品牌化经营。

④跨国化经营。

小案例

世界商业巨头的跨国经营状况

沃尔玛公司致力于通过实体零售店、在线电子商店以及移动设备、移动端等不同平台、不同方式来帮助世界各地的人们随时随地节省开支,并生活得更好。每周,超过2.75亿名顾客和会员光顾沃尔玛设在全球 27 个国家拥有的 58 个品牌下的 11 300 多家分店以及电子商务网站。沃尔玛全球 2019 财年营收达到 5 144 亿美元,全球员工总数超 220 万名。沃尔玛将继续在可持续发展、企业慈善以及就业机会领域担任领军者的角色。

与在世界其他地方一样,沃尔玛在中国始终坚持"服务顾客,尊重个人,追求卓越,诚信行事"四大核心价值观及行为,专注于开好每一家店,服务好每一位顾客,履行公司的核心使命,以不断为我们的顾客、会员和员工创造非凡。

沃尔玛对中国经济和中国市场充满信心,并致力于在中国的长期投资与发展。沃尔玛于 1996 年进入中国,在深圳开设了第一家沃尔玛购物广场和山姆会员商店。经过 20 多年在中国的发展,在中国内地已拥有约 10 万名员工。

目前,沃尔玛在中国经营多种业态和品牌,包括购物广场、山姆会员商店、沃尔玛惠选超市等。沃尔玛目前已经在全国 180 多个城市开设了 400 多家商场、约 20 家配送中心。沃尔玛进入中国以来,累计服务顾客 70 亿人次。

美国快餐连锁巨头麦当劳遍布全球 120 多个国家和地区,拥有约 32 000 间分店,在很多国家代表着一种美式生活方式。由于是首间和最大跨国快餐连锁企业,麦当劳已是公众讨论关于食物导致肥胖,公司道德和消费责任焦点所代表的快餐文化,被指责影响公众健康,例如高热量导致肥胖,以及缺乏足够均衡营养等,很多人抨击其为垃圾食品。

麦当劳公司要求全球的肉鸡供应商 2018 年开始逐步停止使用人类抗生素,以防止出现更多的超级细菌。

截至 2019 年年底,肯德基在全球 130 多个国家 2.1 万家餐厅的系统销售额超过 240 亿美元。在 2018 财年第三季度,肯德基的系统销售额增长了 7%,同店销售额增长了 3%,净销售额增长了 5%。

截至 2019 年 12 月 31 日,肯德基在中国的门店数量为 5 910 家,比 2018 年增加了 566 家。肯德基隶属于百胜中国餐饮集团,是一家美国快餐企业,除肯德基之外,百胜中国还有必胜客、东方既白、小肥羊、塔可贝尔等多个餐饮品牌,合计门店数量为 8 484 家。拥有这么多门店的百胜中国,一年可以赚多少钱?

德国麦德龙集团(METRO Group,麦德龙超市),是德国最大、欧洲第二、世界第三的零售批发超市集团,是德国股票指数 DAX 的成分公司,世界 500 强之一,有 3 000 多家分店,遍布在 36 个国家和地区,在全球各地已拥有 10 多万名员工,2017—2018 财年 METRO 批发销售局的销售额达到了 295 亿欧元。

家乐福(Carrefour)成立于 1959 年,是大卖场业态的首创者,是欧洲第一大零售商,世界第二大国际化零售连锁集团。现拥有 11 000 多家营运零售单位,业务范围遍及世界 33 个国家和地区。集团以 3 种主要经营业态引领市场:大型超市、超市以及折扣店。集团年税后销售额超过 1 000 亿欧元,员工总数超过 43 万人。

2018 年 7 月 19 日,美国《财富》世界 500 强排行榜发布,家乐福位列 68 位。2019 年 6 月 23 日,苏宁易购公告称,其全资子公司苏宁国际拟出资 48 亿元收购家乐福中国 80% 的股份。交易完成后,苏宁易购将成为家乐福中国的控股股东。

2019 年 6 月 23 日,家乐福中国 80% 的股份被苏宁易购以 48 亿元收购。

商业企业越是跨国化,其经营收益就越是丰厚。

商业的跨国化经营是双向的。一方面向国外扩张,寻找新的市场;另一方面吸引大量的外国投资,向外国资本开放。自1992年日本八佰伴进入上海至今,沃尔玛、家乐福、麦德龙等全球50家最大的跨国商业巨头已大多数进入中国市场。

(5)营销方式多样化

在日益激烈的商业竞争中,国外商业的营销方式日趋多样化,尤其是零售商业更是多种多样。在巩固和发展原有店铺销售的基础上,大力发展各种现代营销方式。

小资料

国外发展现代营销方式的做法

①改变面对面的柜台售货方式,普遍推广开架售货、自助服务的方式。随着自选商场、超级市场的发展,发达国家普及推广了自助服务的售货方式。

②延长营业时间,大力发展24小时营业的便利店、夫妻店等。

③积极发展专业店、样本店和补齐店(怪缺店)、"跳蚤"市场(旧货市场)、星期日市场、水上市场和圣诞市场等。

④开展消费者信贷业务,逐渐改变"一手钱一手货"的传统销售方式。消费者信贷的主要形式有分期付款、信用卡、商业支票和零售商贷款等。

⑤发展各种形式的无店铺销售。无店铺销售主要有网络销售、邮寄销售、流动销售(直销或上门访问推销)、自动售货机销售等形式。网络销售主要是利用网络技术,建立网上商店,通过互联网来销售商品。

小案例

目前,美国50%以上的食品企业设立了自己的网站,80%左右的食品批发商和配送商通过网络销售。邮寄销售主要是通过电话、电视、报刊、广播、通信等传媒方式向顾客介绍宣传商品进行销售的一种方式。流动售货具有简便、准确、快捷的特点,也是广为各国商业企业采用的方式。自动售货机是使用硬币、纸币或代金卡就可以自动出售物品、信息或服务的机器。

自动售货机销售的广泛采用,在欧美是1930年前后,在日本是1960年以后,日本全国平均20多人就拥有1台自动售货机。最近,日本又开始将自动售货机引入超级市场,出现了无人售货超级市场,即不需要雇员而只靠自动售货机售货,节省人力成本开支,其经营成本比一般超级市场要减少30%。

(6)布局趋向郊区化

20世纪50年代以来,发达国家城市的发展出现了逆城市化的趋势。市区商业资本也纷纷涌向郊区,许多百货店、超级市场、连锁店等也陆续在郊区开设分店,形成了各种郊区购物中心。从而出现了市区商业的衰退和郊区商业的繁荣。

小案例

国外甚至称郊区购物中心为零售商业的"第三次革命",郊区商业成了国外商业发展的一大趋势。随着城市化水平的提高,郊区居住人口比重的增加,郊区商业日益发达。

美国的郊区商业最为发达。郊区商业主要是以零售商业为主体,辅之以批发商业和相关第三产业。作为郊区商业主体的购物中心,则是以若干大型百货商店、超级市场、连锁店等为核心,由众多小型零售商店及服务网点构成。美国的郊区购物中心主要有3种,即近郊购物中心、远郊购物中心和地区购物中心。在其他发达国家商业现代化过程中也出现了商贸网点向郊区扩散和延伸的趋势。

(7)管理方法与管理手段的现代化

20世纪中期以来,随着科学技术的发展和信息革命的进行,商业的现代化程度也逐渐提高。首先是管理方法的现代化,其核心内容是实行科学管理。其次是管理手段现代化。这是指在运用各种管理方法实施商业管理的活动中广泛运用电子计算机技术等先进技术手段,改变传统落后的手工操作管理。

小知识

现代商业管理应综合运用经济学、行政学、管理学、社会学、情报信息学、统计学、行为科学、经济数学和预测决策技术等多方面科学,将经济方法、行政方法、法律方法、数学方法等有机地结合起来,将定性管理与定量管理有机地结合起来。

(8)商务活动电子化

随着科学技术的发展,特别是信息技术的日新月异,人类社会正在步入信息社会。网络作为"第四媒体",已经逐渐成为信息传播的主要载体,正在开始改变人们的生活方式。21世纪是网络时代,电子商务则是网络时代的最大热点和朝阳领域。

(9)经营追求特色化

现代化商业组织在激烈的竞争中,越来越重视追求特色经营战略。这种战略在方式上更具有人性化色彩。现代商业企业大多数将市场定位于一定的经营范围,服务于特定的顾客群体,贴近顾客,了解顾客的心理和需求,力求通过使企业的产品或服务具有与众不同的特点吸引消费者,在市场竞争中保持特色。这种经营战略一旦占领市场,就具有很强的竞争力,而且由于有了自己的特色就较好地避免了与其他企业发生直接竞争,可能成为长期保持优势的基础。

(10)经营理念的伦理化、人性化

现代化商业组织大多意识到经营理念的伦理化、人性化对于自身发展的意义。"服务"已成为现代商业之间竞争的焦点。在商品质量保证的前提下,竞争成败的关键就是服务,现代商业的管理者已深刻地认识到这一点,并努力在"服务"上做文章。坚持以人为本的服务理念,一切从顾客的需要出发,想顾客所想,急顾客所急。坚持以人为本、诚以待人、关心人、方便人、服务人成为现代商业发展的一个趋势。

(11)经营环境的秩序化

无论是发达国家内部还是在世界范围内,现代商业所必需的良好的道德与法制环境、商业生态环境得到了进一步完善和发展。市场经济是法治经济的原则,已经成为共识。

世界贸易组织(WTO)的成立提供了统一的运行规则。流通国际化的顺利进行,不仅需要必要的体制基础,还需要统一的运行规则对其进行管理和协调。现在各国都承认 WTO 具有"世界商业法"地位,使经济全球化和流通国际化进入到全球法治化时代。

以上是现代商业表现出来的主要趋势。随着社会经济和商业产业的进一步发展,现代商业还将会出现更多的新的特征。

小知识

WTO 深入影响全球商业流通秩序

WTO 协调的范围由货物商业扩展到服务商业、知识产权、电子商务等,并使农产品和纺织品重新回到商业自由化的轨道,适应了随着流通国际化的深入发展国际流通范围不断扩大的要求。

WTO 制定的一系列基本原则不仅成为各成员国跨国商业的基础和争端解决的依据,而且对发展中国家和体制转轨国家的流通市场化、法治化建设也发挥了很大的促进作用。进行国内流通市场化、法治化建设是提高国际竞争力的制度前提。体现市场经济原则和法制精神的 WTO 原则和机制,可引导并促进流通国际竞争力明显落后的国家消除制度障碍,有利于促进其国内的市场化、法治化建设,从而更有效地融入世界市场。以中国为例,保护私人财产、推行现代企业制度、促进内外商业一体化改革等,在一定程度上就是为建立市场经济国家,适应加入 WTO 要求而采取的举措。

【做一做】

一、经典案例阅读

从沃尔玛(Walmart)的发展看商业的作用。

1. 背景资料

沃尔玛公司概况

沃尔玛公司由美国零售业的传奇人物山姆·沃尔顿先生于 1962 年在阿肯色州成立。经过 50 多年的发展,沃尔玛公司已经成为美国最大的私人雇主和世界上最大的连锁零售企业,多次荣登美国《财富》杂志世界 500 强榜首并当选最具价值品牌。

沃尔玛提出"帮顾客节省每一分钱"的宗旨,实现了价格最便宜的承诺。沃尔玛还向顾客提供超一流服务的新享受。公司一贯坚持"服务胜人一筹,员工与众不同"的原则。走进沃尔玛,顾客便可以亲身感受到宾至如归的周到服务。沃尔玛推行"一站式"购物新概念。顾客可以在最短的时间内以最快的速度购齐所有需要的商品。正是这种快捷便利的购物方式吸引了现代消费者。

此外,虽然沃尔玛为了降低成本,一再缩减广告方面的开支,但在各项公益事业的捐赠上,却不吝金钱,广为人善。有付出就有收获,沃尔玛在公益活动上大量的长期投入以及活动本身所具有的独到的创意,大大提高了品牌知名度,成功塑造了品牌在广大消费者心目中的卓越形象。沃尔玛能超越其他公司最关键的一个原因,是沃尔玛针对不同的目标消费者,

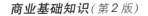

采取不同的零售经营形式,分别占领高、低档市场。例如,针对中层及中下层消费者的沃尔玛平价购物广场,只针对会员提供各项优惠及服务的山姆会员商店,以及深受上层消费者欢迎的沃尔玛综合性百货商店等。

沃尔玛1996年进入中国,在深圳开设了第一家沃尔玛购物广场和山姆会员商店,经过20多年发展,沃尔玛已经在全国19个省、2个自治区、4个直辖市的169个城市开设了443家门店,包括其主要的沃尔玛品牌、旗下仅面向会员的山姆会员店以及沃尔玛社区店3种业态。同时,开设了9家干仓配送中心和11家鲜食配送中心。

沃尔玛中国注重人才本土化,鼓励人才多元化,特别是培养和发展女性员工及管理层。目前,沃尔玛中国超过99.9%的员工来自中国本土,商场总经理全部由中国本土人才担任,女性员工占比约66%,管理团队近50%为女性。2009年,公司成立了"沃尔玛中国女性领导力发展委员会",以加速推动女性的职业发展。

秉持着目前良好的发展势头,沃尔玛将持续扩大在华的投资,未来线上线下齐头并进给顾客提供更好的服务。同时,沃尔玛将继续升级现有门店,加强食品安全,与本土供应商共赢发展。沃尔玛希望能更好地适应中国经济新常态,创造更多就业岗位,在与中国经济共发展的同时,成为消费者信赖的优秀企业公民。

沃尔玛一直坚持履行企业社会责任,在关注教育、爱护环境、回馈社区、关爱弱势群体、灾害救助等方面坚持不懈地付出努力。

与在世界其他地方一样,沃尔玛在中国始终坚持公司的优良传统,即专注于开好每一家店,服务于每一位顾客。始终为顾客提供优质廉价、品种齐全的商品和友善的服务。沃尔玛在中国每开设一家商场,都会为当地引入先进的零售技术及创新的零售观念。在激发竞争的同时,帮助提高当地零售业的经营水平和服务质量,从而促进当地经济的共同繁荣。

沃尔玛在中国的经营始终坚持本地采购,提供更多的就业机会,支持当地制造业,促进当地经济的发展。目前,沃尔玛中国销售的产品中,本地产品达到95%以上,与近2万家供应商建立了合作关系。沃尔玛一贯视供应商为合作伙伴,与供应商共同发展。在媒体的调查中,多次被供应商评为"满意的连锁企业"。

无论在哪里运营,沃尔玛都致力于成为优秀的企业公民。在中国,沃尔玛赢得了许多奖项。

2. 案例评析

商业一头连接生产,一头连接人民生活,不仅要承担为生产服务的责任,还要千方百计为消费群众提供价廉物美的商品和优质的服务。只有为生产和消费服务得好,商业才能发展壮大自身的力量,形成商业发展的良性循环。沃尔玛以各个方面独特的服务在商业流通领域独领风骚,既极大地支持了生产又方便了群众生活,充分发挥了商业的作用。

阅读思考:

1. 沃尔玛的发展在哪几个方面说明了商业的作用?
2. 沃尔玛为客户提供了哪些独到的服务?

二、实训活动

◎ 内容

调查了解本地一个超市的工作流程和工作业绩(包括记录经营商品的种类、产地,统计平均日客流量,估计平均日销售额。观察超市应用的技术手段、观察商品的摆放位置,观察超市员工服务礼仪规范),通过调查分析商业存在的意义和商业在国民经济中的作用,加深对商业的认识。

◎ 目的

了解商业的主要工作过程,就所调查的超市的销售能力分析商业的作用。

◎ 人员

1. 实训指导:任课老师。

2. 实训编组:学生按 8~10 人分成若干组,每组选组长及记录员各 1 人。

◎ 时间

5~7 天内完成(可利用课余时间)。

◎ 步骤

1. 由教师在校内组织安全教育。

2. 与实训公司相关部门取得联系,并组织学生集体去该公司参观。

3. 邀请该公司相关业务人员介绍操作规程。

4. 经允许随同店员参加劳动,现场观看营业活动,并做好记录。

5. 撰写调查文档。

◎ 要求

利用课余时间,分组进行调查,了解超市的流程和服务规范和技术手段等,调查估计顾客流量,分析认识商业对生产以及对人们生活的意义和影响。

◎ 认识

随着市场经济的发展,商业不断发展。新的技术,新的服务规范不断涌现,对生产和人民生活发挥着越来越大的影响。

【任务回顾】

通过本任务的学习,了解了商业的产生和发展过程。懂得了商业的有关重要概念和商业发展的影响因素,了解了商业现代化的特征和现代商业的发展趋势。

【名词速查】

1. 社会分工

社会分工就是指人类从事各种劳动的社会划分及其独立化、专业化。社会分工的不断深化,既是社会生产力发展、劳动生产率提高的必然结果,又对社会经济结构和人类交往、商品交换体系的演化产生着深刻的影响。

2. 商品交换

商品交换就是商品所有者按照等价交换的原则相互自愿让渡商品所有权的经济行为。

3. 商业概念

商业有广义与狭义之分。广义的商业是泛指以营利为目的的事业。狭义的商业是指专门从事商品交换活动的营利性事业。商业概念的要点如下。

①商业是商品经济发展到一定阶段的产物。

②商业是从生产中独立出来专门从事商品购销活动的经济部门。

③商业是以组织商品流通来获取盈利为直接目的的经济活动。

4. 商业的职能

职能是指某事物自然具有的内在的特殊功能。商业的职能分为,商业的基本职能和辅助职能。商业的基本职能是媒介交换以实现价值,实体分配的职能、信息职能、融通资金、风险承担。

5. 商业现代化

商业现代化是指把科学的商业理论和其先进科学技术装备及科学管理方法广泛应用于商业活动领域,使商业更好地适应市场经济条件下现代化生产发展和人民群众消费水平不断提高的需要。商业现代化,是经济现代化的重要内容之一。具体包括5个方面的现代化。

①商业理念的现代化。

②商业文化的现代化。

③商业形象的现代化。

④商业组织的现代化。

⑤商业技术的现代化。

【任务检测】

一、单选题

1. 第三次社会大分工发生在(　　　)。

　　A. 原始社会中后期

　　B. 原始社会末期

　　C. 原始社会瓦解而奴隶社会开始形成时期

　　D. 奴隶社会中期

2. 下面就社会分工与商品交换的关系表述正确的是(　　　)。

　　A. 商品交换决定社会分工　　　　B. 分工是交换的前提、交换促进分工

　　C. 两者互为前提、相互促进　　　　D. 两者间无必然联系

3. 简单商品流通与发达商品流通的区别在于(　　　)。

　　A. 流通形式不同、流通目的不同

　　B. 流通形式同、流通目的不同

　　C. 流通形式不同、流通目的同

　　D. 流通形式同、流通目的同,区别在其他方面

4. 关于商业的中介地位表述正确的是(　　　)。

　　A. 中介地位表明商业地位的空前提高

　　B. 是由商业的基本职能决定的

　　C. 发达的市场经济条件下商业只有先导地位,不再有中介地位

　　D. 商业的中介地位是由交换在再生产中的地位决定的

5.现代商业具有( )特点。

    A.社会性   B.经济性   C.时代性   D.技术性

二、多选题

1.商业的产生在很大程度上解决了( )。

    A.交换与生产在时间上的矛盾   B.交换与生产在空间上的矛盾

    C.交换与生产在技能上的矛盾   D.交换与消费、分配的矛盾

2.理解商业的概念需要把握的要点是( )。

    A.商业是市场化的交换   B.商业是专业化的交换

    C.商业是趋利性的交换   D.商业是货币化的交换

3.商业的一般作用有( )。

    A.缩短社会再生产时间   B.节约社会资金

    C.加速商品经济发展   D.促进社会分工的发展

4.影响商业发展的宏观因素有( )。

    A.商业自身发展基础因素   B.人口因素

    C.经济因素   D.科技因素

5.商业现代化的基本含义包括( )。

    A.商业理念现代化   B.商业文化现代化

    C.商业技术现代化   D.商业组织现代化

三、判断题

1.社会分工的发展有利于提高劳动生产率。   ( )

2.简单商品流通与发达的商品流通只是形式上的不同,无实质性区别。 ( )

3.因为商业是商品经济发展到一定阶段的产物,所以商业是一个历史的概念。 ( )

4.商业的业务活动主要由买和卖两个最基本的环节构成。   ( )

5.交换在再生产中的中介地位高于商业在经济中的中介地位。   ( )

四、思考题

1.商业的概念是什么?

2.商业的职能是什么?

3.商业现代化的意义是什么?

参考答案

一、单选题

1.C   2.B   3.A   4.D   5.A

二、多选题

1.ABC   2.ABCD   3.ABCD   4.BCD   5.ABCD

三、判断题

1.√   2.×   3.√   4.√   5.×

四、思考题

1. 商业的概念是什么？

商业有广义与狭义之分。广义的商业是泛指以营利为目的的事业。狭义的商业是指专门从事商品交换活动的营利性事业。

商业概念的要点：

(1)商业是商品经济发展到一定阶段的产物。

(2)商业是从生产中独立出来专门从事商品购销活动的经济部门。

(3)商业是以组织商品流通来获取盈利为直接目的的经济活动。

2. 商业的职能是什么？

商业的职能分为，商业的基本职能和辅助职能。商业的基本职能是媒介交换以实现价值；辅助职能包括实体分配的职能、信息职能、调节职能、融通资金、风险承担。

3. 商业现代化的意义是什么？

(1)商业现代化有利于加快城市现代化的步伐,推动经济社会的全面进步。

(2)商业现代化有利于促使产业结构和经济功能发生根本变化,展示城市繁荣与便民利民。

(3)商业现代化有利于商业按照市场化规则、国际惯例运作,按照国际先进标准改造商业流程,建立现代商业新秩序。

(4)商业现代化有利于进一步提升地方商业的辐射能力,更好地发挥流通的驱动力作用。

(5)商业现代化可进一步节约社会交易成本,提高资源配置效率,促进社会生产力发展。

(6)商业现代化有利于促进商品生产向新的深度、广度发展。

(7)商业现代化可更好地为提高人民群众消费质量、满足消费需要服务。

任务 2
理解商业活动与商业运行过程

任务目标

1. 掌握并能够陈述商业主体、客体的概念。

2. 了解商业主体、客体的运行过程和环节。

3. 叙述商业活动的特点。

4. 掌握商业活动的基本要求。

课时建议

知识性学习：10 课时。

案例学习讨论：1 课时。

现场观察学习：6 课时（业余自主学习）。

【导学语】

你知道什么是商业活动吗？商业部门的买卖活动都是商业活动吗？商业领域商业活动的特殊含义是什么？

请跟我来,看一看下面的内容,一定会帮助你了解这些问题的答案。

小案例

北京的王先生一家搬了新居,准备在客厅装一台上海甲公司生产的某名牌空调柜机。他家原来的壁挂式空调就是上海这家公司的产品,质量很好。他与王太太商量后决定仍然购买该品牌,但因为新居客厅大,要把壁挂式换成柜机。北京乙电器商店专门卖上海甲公司的各式空调机。今年春天,乙电器商店进行了优惠销售活动,王先生选中一款,办理好了各种手续,乙电器商店承诺第二天就送货上门。王先生白等了一天,经过电话催问,对方说业务忙需要再等一天。张先生只得请假再等,直到第三天晚上空调机才送上门。货虽然送到了,但因为时间太晚没有能够安装,王先生只好又请假一天等商店派人安装。王先生对商店的做法很失望。虽然,经过试用觉得产品质量还算满意,但心里对该品牌的忠诚度不如从前了。

想一想:
1. 案例中的商业主体是谁?
2. 商业客体是什么?
3. 商业活动的内容是什么? 商业活动做得怎么样?
4. 商业服务、产品质量和信誉是什么关系?

【学一学】

2.1　商业活动

2.1.1　商业活动的含义与特点

1)商业活动的含义

商业活动是指经法律认可,以商品或劳务交换为主要内容的营利性经济活动,是商品交换的发达形式。商业活动已经成为现代经济生活的重要组成部分,其形式主要体现为商业经营者的购、销、存等业务。

2)商业活动的特点

商业活动不是自古就有的,而是社会生产力发展到一定历史阶段的必然产物,它随着商品交换的产生和发展而产生并不断发展,在不同的社会发展阶段有着鲜明的时代特征。主要表现在以下 3 个方面。

（1）商业活动是商流、物流、信息流与资金流的统一

商业的基本职能是媒介商品交换,组织商品流通。商业活动在执行商业职能的过程中,必然要发生价值形态的变化、商业实体的运动、商业信息的传递与反馈以及商业资金的运动。

通常,人们把商业流通过程中价值形态的变化即所有权的变动过程,称为"商流";把商业实体的运动过程称为"物流";把"商流"与"物流"运动过程中所发生的信息传递与反馈过程,称为"信息流";把商品与货币相交换,取得了相应的货币,实现了价值的货币流通过程,简称为"货币(资金)流"。商业活动是商流、物流、信息流与资金流的统一。

（2）商业活动必须以市场为中心

商业作为市场化交易的一种形式,自产生之时起,就与市场紧密联系在一起。因为商业活动必须通过市场来进行,所以,市场是商业活动的载体,是商业活动的舞台,没有市场就没有商业活动。

一般来讲,市场从 3 个方面制约着商业活动的发展。一是市场上生产者和消费者的数量、结构和行为直接制约着商业行为,决定着商业活动的内容、形式和发展规模。二是市场上商品和货币的数量,以及它们之间的比例变化,制约着商业活动的形式、范围和内容。三是市场的空间和时间,制约着商业运动的范围和方向。这就要求商业活动必须以市场为中心和依托,从市场需要出发开展商业活动。

（3）商业活动有着自身的运动形式

①从运动的目的来看,是为卖而买。在商业活动中,卖是关键,卖的状况直接决定着商业经营者的发展规模和速度。

②从运动的程序来看,是先买(G-W)后卖(W-G′)。买是商业运动的起点,是卖的基础,只有先买,才能为卖创造物质前提。

③从运动的过程来看,是连续性买卖。在时间上和空间上都具有连续性,商业经营者总是希望以尽可能多的时间和尽可能大的空间保持同广大生产者和消费者的联系,以确保生产、流通和消费不间断地进行下去。

④从运动的形态来看,是快买快卖。勤进快销,减少积压,成为商业活动的基本准则。

⑤从运动结果来看,是贱买贵卖。因为只有贱买贵卖,才能从中赢利,从而推动商业的不断向前发展。

小链接

范蠡(约公元前496—前473),他经商致富,通过自己的实践,形成了一套经营理论。

这套经营理论的内容,首先是要求按照天时和农业的生产规律来决定自己的经营对策,预知不同时间需用之物,事先做好准备。

范蠡还要求根据市场供求关系来判断价格的涨跌,要在商品贵到适当程度及时抛出——"贵出如粪土";而在相当贱的时候及时收进——"贱取如珠玉"。不能因价贵而保守惜售,因价贱而观望不前。在具体商品的经营上要注意商品质量,储藏货物要完好。

范蠡更特别要求注意加速商品和资金的周转,不能把货币滞压在手中,也不能囤积居奇,贪求过分的高价,要从加快周转中来增加利润。

想一想:

1. 范蠡的商业经营活动有哪些特点?

2. 范蠡认为商业资本的流动对商业活动有什么影响?结合以上学习的内容,谈谈你的看法。

(4)商业活动是一种复杂劳动

商业活动不单纯是一种简单的商品买卖行为,而是包含着丰富的经济内容和复杂的流通过程。它包括人员、资金、设备、信息和经营管理等多种要素,并且需要将这些要素有机配置,综合筹划,协调配套,才能保证商业活动的有效性和科学性。

(5)商业活动是有效劳动与无效劳动的统一

商业劳动与生产劳动不同,它不仅受从业人员主观能动性的影响,而且还要受到外部客观条件的制约,尤其是购买者购买时间的制约,从而使商业人员的劳动可能在一段时间内没有直接的劳动成果,成为无效劳动。而在另外一段时间内,又可能因购买者不断,商业人员忙都忙不过来,从而使有效劳动表现得非常突出。但是,商业人员的无效劳动仍是必要的,因为它一般不是由商业人员自身造成的,而是由客观因素导致的。此外,这种必要的无效劳动还可以为有效劳动提供条件。这种现象,在商品销售的淡季和旺季,表现得非常明显。通常情况下,在商品销售的淡季,无效劳动比较多,有效劳动比较少;而在商品销售的旺季,无效劳动比较少,有效劳动比较多。商业活动中,这种有效劳动与无效劳动相统一的特点,要求我们在组织和安排商业劳动的过程中,必须注意进行恰当的配置。

(6)商业活动具有很强的服务性

商业劳动与生产劳动不同,它不仅直接接触商品实体本身,而且还要接触广大的消费者,与消费者打交道,要为消费者提供咨询、演示、导购、售后服务等服务。而且,服务水平的好坏,直接关系到商业劳动的成果。因此,商业活动具有很强的服务性。这就要求我们从事商业活动时,必须树立良好的服务意识。

(7)商业活动具有很强的主观能动性

如前所述,商业活动在人与人之间打交道,因此,商业劳动者的知识水平、文化素质、道德修养、敬业精神等主观因素对商业劳动的成果影响非常大,往往可以决定是否能够实现潜在的交换。为此,开展商业活动,必须要调动商业人员的积极性。

(8)商业活动以特色经营为立足之本和成功之道

商业活动之所以要以特色经营为立足治本和成功之道,这是由商业产业的市场结构所决定的。商业产业的市场结构是一种垄断竞争的市场结构。所谓垄断竞争的市场结构,简单来讲,是指存在着垄断和竞争因素相结合特点的市场情况。在垄断竞争的市场结构当中,经营者要想成功地开展活动,关键在于提供差异化的产品和服务。这实质上就是要求我们的商家必须搞特色经营。

2.1.2 商业活动的基础要素

商业活动要素的概念是从生产要素的概念延伸的,泛指投入商业活动的各种要件。商业活动主体在进行商业活动时,需要一定的投入要素,这些要素主要有商业活动人员、商业活动资本、物质手段以及商业活动信息等。

商业活动要素在整个商业活动中相互影响,相互作用,不可或缺。其中,商业活动人员总是处于主导地位,发挥着主导性的作用;商业活动资本是开展商业活动的物质基础和前提条件;商业活动物质技术是实现商品空间和时间转移的必要条件;商业活动信息是商业活动的必备要素之一,如果没有准确及时的商业活动信息,商业活动就会盲目地进行。

1)商业人员

(1)商业人员的劳动

商业活动也是人们的劳动过程,是商业活动人员在组织商品流通过程中运用自己的脑力或体力支配商品运动,实现商品价值与使用价值转移的过程,在商品流通领域起联系生产和消费的中介作用和提供商业服务的作用,是社会总劳动的重要组成部分。

(2)商业人员劳动的内容

商业人员劳动主要包括以下两个方面的内容。

①属于生产过程的劳动,即属于生产过程在流通领域内继续的有关劳动,如商品的分类、编配、包装、加工、维修、储存、运输等。

②与商品价值形态转化有关的劳动,即纯经营活动,如办理商品交易手续、结算贷款、商业谈判、信息处理、企业管理等。

通过这些劳动,才能实现商品由生产领域向消费领域的转移,从而实现生产的目的,满足社会的消费需求。因此,商业人员的劳动具有双重性:生产性劳动与非生产性劳动的统一。

(3)商业人员劳动的特点

①商业劳动是创造价值的劳动。一方面,通过商业劳动把商品卖出去,实现物质生产部门所创造的价值;另一方面,通过自身劳动、使产品增值或直接创造服务价值。

②商业人员劳动是一种服务性劳动。商业劳动主要是为生产者和消费者服务的劳动。另外,买卖商品必须要展示商品、介绍商品的性能和特点,有时还要介绍商品的市场供求状况,以及进行售后服务等。服务内容和服务质量的高低,都会对商业的经营状况产生很大影响。

③商业人员的劳动是一种劳动密集型为主的劳动。商业劳动是以人的劳动为主,商业经营业务主要是靠人力来完成。因此,在商业活动中,商业人员投入量的比例比较高,而决定商业劳动效率的高低主要取决于商业人员的素质,其次才是劳动手段。

④商业劳动是一种弹性劳动。商业劳动效率往往受到外界各种因素的影响,许多因素

是不以人的意志为转移的,其经营成果有较大的弹性。

在超市或商场里,经常可以看到榨汁机销售人员现场演示水果榨出果汁并邀请消费者品尝的过程。想一想:这些商业人员的劳动具备上面讲述的4个特点吗?

（4）商业人员的分类

按照商业劳动的性质和特征,商业人员主要分为以下4类。

①业务人员。业务人员指在商业活动中直接从事经营业务活动的人员,即具体从事商品的采购、销售、调运、储存,办理买卖手续,组织商品流通的人员。如企业的采购员、推销员、售货员、保管员等。业务人员是商业活动的直接组织者,是商业人员的主体,在商业人员中占的比例最大。

②技术人员。技术人员指在商业活动中不直接进行商品买卖活动,而是利用一定的技术手段和方法为企业经营管理服务的人员,如质检员、会计、统计、物价、市场调查、公关广告人员等。随着商业的现代化,技术人员已成为商业活动人员的必要组成部分,在商业人员中占有越来越重要的地位。

③管理人员。管理人员指在商业活动中专门执行计划、组织、领导和控制职能的人员。这类人员一般不直接进行商品交易活动,而是对整个商业经营过程进行计划、组织、领导和控制,在自己主管的范围内有一定的决策权,并借助于他人的力量来完成其工作目标。管理人员的工作水平和工作成效对商业活动的影响较大,如部门经理等。

④服务人员。服务人员指以劳务形式参与商业活动的人员。如餐饮旅游业中的餐厅服务员、客房服务员,商业经营业中的导购、咨询人员等。随着商业的发展,服务人员的内涵也将不断扩大,服务人员的数量和覆盖面都将不断地增加。

除以上主要人员外,还有一些从事辅助性工作的人员,如后勤人员、杂务人员等。

想一想:

在超市里,经常可以看见穿着统一制服的商场人员,如收银员、理货员、销售员等在忙碌。

你能分清各类商业人员的主要业务范围吗?

小案例

中盛公司是日本一家服装连锁店,长期以来效益一直不好。管理者从消费者意见反馈中得出结论:他们的员工对所售商品缺乏必备的知识,对消费者的问题不能做出令人满意的回答。于是,管理者从不多的经费中抽出相当一部分,对员工进行培训。聘请纺织业、服装业的专业人士对员工进行从服装的原料、制作,到衣物的审美、搭配等全方位的培训。通过几个月的培训后,中盛公司员工对服装的知识远远超过了人们对一个服装销售者的要求,他们成为专家型的销售者,受到消费者的普遍欢迎。在短短两年内,中盛公司成为日本服装业的佼佼者。

想一想：

中盛公司的成功说明了什么问题？

2）商业资本

（1）商业资本的含义

商业活动主体在组织和开展商业活动时，仅仅只有商业活动人员是不够的，必须投入相应的货币——即商业活动资本。如果没有商业活动资本的存在，商业活动主体就无法组织商品流通，也不可能实现商品价值和使用价值的转移。所以，商业活动资本是商业活动主体开展商业活动的物质基础和前提条件。

小案例

在夏天就要来到的时候，某花露水销售商考虑到销售情况，提前用 10 万元进货，夏末净获利 2 万元。这中间的 10 万元，是销售商专门从事商品买卖，以获取商业利润为目的的资金，就是通常所说的商业资本。

（2）商业活动资本的筹集

商业活动资本的筹集来源主要包括：国家、企业法人、个人或外商等投入的自有资本金，商业活动主体借入的负债资本金，通过发行股票或债券来筹集资本等。通过以上种种形式筹集而来的资本，便成为商业活动主体拥有、控制的经济资源。如果用货币表现出来，就形成了商业活动主体的资本，也称商业资本。

（3）商业活动资本的种类

根据其在商业活动过程中存在的形态、变换的过程、状况及所有关系的不同，商业活动资本可分为不同的种类。

①从存在的形态来划分，可分为商品资本和货币资本。商品资本主要是指用来交换的商品的价值形态，在商业活动中占有较大的比例。货币资本则是指在商业活动过程中的货币形态，包括现金及银行存款等形式。通常货币资本的比例相对来说较小。

②从资本参与流通情况来划分，可分为流动资本和固定资本。流动资本是指直接参与商品流通的货币形态。固定资本是指不直接参与商品流通，而是以物质形态间接参与商品流通的资本形态。前者构成商品的实体，后者如设备等。

③从表现形式来划分，可分为有形资本和无形资本。有形资本是指通过有形实物来表现的商业活动资本，如商业活动主体的营业场地、仓库等建筑物，机器设备，所采购的商品及其他物品等。这部分的资本是看得见摸得着的实体，能准确地计算其价值的大小。而无形资本则是指不以实物形态且能在较长时间内给商业活动主体提供稳定收益的长期资本。

④从商业活动资本的所有关系来划分，可分为自有资本和借贷资本。自有资本主要是指商业活动主体自己所有的那部分资本金，包括申请注册的资本金及企业自筹的资本金，即企业的公积金、公益金及未分配的利润等部分。对自有资本，企业拥有所有权和使用权，而借贷资本则是为了补充自有资本的不足而向财政、金融等部门借入的资本金。借贷资本是为了充分地利用社会资金，企业对其仅有使用权而没有所有权。

3）商业信息

商业活动信息是商业活动的必备要素之一，尤其是在现代的商业活动中，如果商业活动主体不积极地收集各种商业活动信息，简直就无法在激烈的市场竞争中站稳脚跟。因此，对于商业活动主体而言，谁拥有商业活动信息，往往就意味着拥有财富。

（1）商业活动信息的概念及内容

商业活动信息是反映市场供求、价格、竞争状况及其变动的各种信息的统称，它是商业活动主体进行经营决策的依据。

商业活动主体在依据目标市场需求组织经营的基础上，应主要掌握和了解以下5个方面的内容。

①需求信息。

②供给信息。

③竞争信息。

④国家的宏观信息。

⑤商业活动主体的内部信息。

（2）商业活动信息的特点

商业活动信息与其他一般的信息相比，具有以下4个特点。

①商业活动信息是一种经济信息，具有较强的目的性和连续性。商业活动是围绕商品的买卖而开展的，从一开始就决定了它的目的，无论是发出还是接收商业信息，人们都有明确的目标。同时，商业活动不是单独的一次交易，而是一连串的交易过程，这就决定了它具有连续性。

②商业活动信息更为复杂和多变。影响商业活动的不仅有生产、消费及自身等因素，而且还有各种社会的、自然的、历史的因素。因此，商业活动必然与社会再生产的各个环节、各部门及各地区发生作用，这就决定了商业活动信息无论是构成还是来源，都具有复杂性和多变性。

③商业活动信息的传递具有双向性。商业活动部门在组织商业活动时，不仅要负责信息的发送，而且还要注意信息的反馈。商业活动信息的反馈对于商业活动有特别重要的作用。

④因为商业活动信息是围绕市场这个中心进行流动的，只有通过市场，商品的价值和使用价值才得以实现，人们的物质利益才能最终实现，所以，为商业活动提供的各种商业活动信息也必将围绕市场进行流动。

4）商业物质技术设备

（1）商业物质技术设备的含义及类型

商业物质技术设备主要是指商业活动中的经营设施与经营手段，包括建筑物、营业用具、储藏设施、技术装备等，它们是商业活动中必需的劳动资料，商业经营者正是通过物质技术设备开展商业经营活动的。一般情况下，商业物质技术设备可以分为三大类：通用设备类、专用设备类、其他设备。商业物质技术设备类型见表2.1。

表 2.1　商业物质技术设备类型

通用设备类	机械、动力、运输、传真机等
专用设备类	营业柜台、货架、加工设备
其他设备	房屋、建筑类等

（2）商业物质技术设备特点

商业物质技术设备具有以下两个特点。

①有机构成低。商业专业化地媒介商品交换，自身不从事生产，而是为社会实现商品价值服务，主要表现为服务于人与人之间的交易，不涉及人与自然之间的物质变换关系，因此活劳动比重大，物质技术设备居于辅助地位。

②发展变化缓慢。商业活动具有相当的分散性与复杂性，与生产部门相比，不易采用高度复杂的、定型化的物质技术设备，而那些相对简单、适应性强的物质技术设备则被长期、广泛地运用。不过，随着经济与科技的发展与进步，商业物质技术设备水平也在不断提高。

小问题

沃尔玛超市中有各种各样的商业物质技术设备，如叉车、货架、收银机、托盘、推车等，请一一说出它们的名称，并分析它们属于何种设备类型。

5）商业经营管理

经营管理不仅要协调商业企业与外部环境之间的关系，实现商业主体的外部均衡，还要协调商业主体内部各要素之间的关系，实现商业主体的内部均衡。这就要求商业主体具有较高的经营管理水平。如果经营管理水平不高，那么商业活动的各项要素就很难有效地配合，很难形成整体的合力，商业主体也就难以保持生机与活力。

2.1.3　商业劳动在商业活动中的地位

人类社会的经济活动总是表现为具有一定生产经验与劳动技能的人利用生产资料，改造自然，创造物质财富的过程。如果没有人们的劳动，也就没有社会再生产的过程，更谈不上为实现一定的目的而进行经济活动。也就是说，一切社会经济活动总是由人来引起、控制和支配的过程。人是社会经济活动的主体，处于社会经济活动的主导地位。在整个商业活动过程中，商业人员总是处于主导地位，发挥着主导性的作用。

1）商业人员的劳动是商业活动的原动力

在商业活动过程中，商业人员及其劳动是决定性的因素。商品价值、使用价值的运动都必须借助于商业人员的劳动来实现。离开了商业人员的劳动，即使是最现代化的科学技术手段也难以在商业活动中发挥作用。不管是什么商品都不可能靠自身的运动来实现其价值形态变换和空间位移过程。

2)商业人员通过各种物质手段支配商品的运动

商业活动实际上是商业人员运用各种商业物质手段,包括仓储设备、运输设备、店堂店铺、销售工具及货币资金,对商品进行收购、运输、储存分类、编配、包装和销售,以及会计、统计、经营管理等一系列的经济活动。无论是哪一项具体的业务工作,都必须依靠商业人员去完成。

3)商业人员是推动商业发展的根本因素

人类社会的发展主要取决于生产力水平的提高。在生产力的诸要素中,人是最为活跃的因素,是推动社会进步的根本力量。如果商业人员数量比例不当,素质低、能力差,即使有最多的商业活动资金和最先进的物质手段,也不能取得较好的成就,其他商业活动资源也会出现浪费、闲置或配置失误。目前世界上商业活动比较发达的国家和地区,十分重视商业活动人员素质的提高和能力的优化,十分注重发展高等商科教育,使高素质的专业人员比重不断提高,而国内一些先进流通企业也特别注重员工队伍建设,注重不断从整体上提高全体员工的素质。

总之,商业人员的劳动是商业发展必须具备的前提条件。没有商业人员的劳动,就没有商业活动,社会再生产过程就会中断。商业人员的劳动又是一个复杂的过程,既有创造价值的劳动,也有不创造价值的劳动;既有提供有形商品的劳动,也有提供劳务或服务、生产"无形"产品的劳动。商业劳动既有属于生产过程在流通领域中的继续,又有其自身所进行的生产性劳动,它们都在不同程序上增大了商品价值。

2.1.4 商业活动的基本要求

商业活动的基本要求,也是一切市场交易活动应该遵循的基本要求。商业活动是现代经济生活中的重要组成部分,它主要通过经营者的买卖行为来实现。在市场经济中,为了保证商业活动的正常进行,必须遵循商业活动的基本要求。概括起来,主要有以下4个方面。

1)交易的自愿性

所谓自愿性,是指商业活动必须建立在交易双方意志自由的基础上。为了保证交易的自由进行,必须否定各种形式的超经济强制行为。要排除依仗非经济的强制力量(如以政府为后盾)所进行的强买强卖行为。政府、行会组织、经济共同体(国家和地区)组织,对市场交易行为不能采取不应有的干预、限制、封锁、禁止、行政垄断等措施。

2)交易的互利性

所谓互利性,是指通过交易买卖双方都能从中得到益处。互利性是交易自愿性的基础,是从事一切交易活动的基点。为了保证交易的互利性,一方面,应该使交易建立在等价交换的基础上。为此,市场上存在的片面抬价、商业欺诈、坑害消费者的行为都是应该受到谴责和摒弃的。另一方面,交易者必须进行交易成本利益的比较,然后再作出交易的决定。

3)交易的契约性

所谓契约性,是指在交易中买卖双方对交易的具体内容(如交易的品种、数量、质量、交货的时间和地点等)事先要作出具体的规定。这种规定,可以是口头上达成的协议,也可以是书面上达成的契约。口头上达成的协议,必须建立在双方信用的基础上,否则,如果出现纠纷,就难以用法律的手段来解决争端。

4)交易的非人格性

所谓非人格性,是指市场交易不能依赖于人格作担保,这是市场交易不同于社会交往最突出的地方。市场经济中,各种关系非常复杂,不确定性因素越来越多,在交易中不能以人格的好坏作为交易的条件,谁也不能保证交易活动按照自己的预期方向发展,一旦出现事与愿违的情况,人格的力量是难以发挥很大作用的。为此,我们必须提防有些人利用所谓人格作担保而从事一些有损人格的交易。正因为如此,我们强调现代市场交易应该以订立契约为原则。

2.2 商业运行环境与机制

2.2.1 商业运行环境

商业活动运行是指商业活动主体在组织商业活动过程中所发生的各种经济行为的总称,包括商品采购、运输、储存、加工、销售等各个环节的经济活动。商业活动运行是商业活动主体有目的的系统行为,商业活动主体只有通过组织商品流通,才能实现商品的价值与使用价值,进而实现自身的行为目标。任何经济活动都是在一定的环境下进行的,商业活动运行也不例外。

1)商业运行环境的内涵

商业活动运行环境是指影响和制约商业活动的外部因素与条件。它包括经济环境和非经济环境两个方面。

2)商业运行的经济环境

商业活动运行的经济环境是指影响和制约商业活动运行的经济因素与经济条件。这些因素与条件非常广泛,主要有以下几个方面。
①生产方面的因素与条件。
②分配方面的因素与条件。
③消费方面的因素与条件。
④市场方面的因素与条件。
⑤金融方面的因素和条件。
⑥商业活动物质技术设施方面的因素和条件。

小案例

沃尔玛遭遇交通瓶颈

本来,高度自动化物流系统在高效信息系统的协同作用下产生的效应使沃尔玛最大限

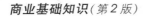

度降低了商品库存和在途时间,有效压缩了营运成本,其配送中心从收到店铺订单到向生产厂家进货和送货只需要两天时间。

尽管这样,沃尔玛还是遇到了在全国配送成本太高的困难。一般情况下,沃尔玛会根据不同的运输条件选择不同的运输方式。有时采用空运,有时采用船运,有时采用卡车进行公路运输。在中国,沃尔玛则绝大部分采用公路运输。虽然,集中配送降低了成本,但长途的高速公路费用以及略高的油价往往使节省变得得不偿失。

小知识

恩格尔定律

随着家庭收入增加,用于购买食品的支出占家庭收入的比重就会下降,用于住房和家庭日常开支的费用比例保持不变,而用于服装、娱乐、保健和教育等其他方面及储蓄的支出比重会上升。其中,食品支出占家庭收入的比重被称作恩格尔系数。恩格尔系数是衡量一个国家、一个地区、一个城市、一个家庭的生活水平高低的标准。恩格尔系数越小表明生活越富裕,越大则生活水平越低。企业从恩格尔系数可以了解市场的消费水平和变化趋势。

3)商业运行的自然环境

商业活动运行的自然环境是指影响和制约商业活动运行的自然地理环境和自然物质环境。前者如地形、地貌、气候、温度、国土面积等,后者如自然资源的种类、分布与开发水平等。自然条件是一切经济活动的基础。

自然环境对商业活动的影响表现为:经济发达的地区,商业也发达;经济落后的地区,商业相对落后。但从总体上来看,自然环境不是制约商业活动发展的主要因素,而且随着商业活动的发展,自然环境对商业活动的影响将会逐步降低。随着全球工业化、城市化进程的进一步发展,大规模开发自然资源的加剧,造成自然资源短缺、环境日益恶化,各国政府不得不加大对自然环境保护的力度,自然环境的这种变化必将对商业活动产生新的影响。

小案例

中国自然资源从总体上看是丰富的,但从人均占有量来看又是短缺的。面对资源日益紧缺的自然环境,那些致力于开发和寻求新资源、研究新型材料或替代品的商业企业会找到无限的商机。1990年,市场上天然油脂紧缺,使一些以此为主料的肥皂厂陷入困境。四川某肥皂厂也遇到同样困难,但该厂马上研出"芙蓉"牌肥皂粉,既提高了产品功效,又降低了原材料消耗,很快赢得了消费者的青睐。

想一想:
自然资源的短缺和环境污染是对商业活动有利还是有弊?

4)商业运行的人口环境

商业活动运行的人口环境是指影响和制约商业活动运行的人口因素及其变动情况。人口是构成市场的最基本因素,因而人口环境对商业活动的运行和发育有直接的影响。人口因素包括人口规模、人口的性别、年龄构成、人口的职业构成、人口的城乡与地区构成、人口的流动趋势等一系列因素。人口环境对商业活动运行的影响是多方面的。

5）商业运行的政治法律环境

商业在很大程度上受政治法律和政策的影响。一个国家的国体与政体决定国家的根本性质，从而决定其商业运行的性质。法律是充分体现政治统治的强有力形式，政府部门利用各种法规和各种政策，对企业的行为予以控制。和平安定的政治环境、健全完善的法律和开明、正确、得力的政策，能够使得经济得到长足的进步，城乡居民的消费水平提高，自然有利于商业的发展。

6）商业运行的文化环境

社会文化深远地影响着人们的生活方式和行为模式。消费者的任何欲望和购买行为都深深地印有文化的烙印，其消费各具特色。另一方面，商业经营者本身也深受文化的影响，表现出不同的经商习惯和风格。例如，中华民族对龙凤呈祥、松鹤延年的美好祈盼，在消费者对产品设计、包装、商标、色彩和推销方式的特殊心理偏好上都有反映。社会文化对商业的影响深远而广泛。

文化环境对商业活动运行的影响还常常间接地通过影响消费者的购买心理和购买行为来实现。

小案例

在阿拉伯国家，虔诚的穆斯林教徒每日祈祷。无论居家或旅行，祈祷者在固定的时间都要跪拜于地毯上，而且要面向圣城麦加。根据这一特点，比利时一家地毯厂商范得维格，巧妙地将扁平的"指南针"嵌入祈祷用的地毯上，该"指南针"指的不是正南正北，而是始终指向麦加城。这样，穆斯林教徒只要有了他的地毯，无论走到哪里，只要把地毯往地上一铺，便可准确找到麦加城所在方向。敏锐的商家马上发现了这种地毯的商机，大量进货，产品一上市，立即成了抢手货。

7）商业运行的科技环境

每一种科学技术的新成果都会给社会生产和社会生活带来影响，甚至是深刻的变化，从而影响商业的发展。具体影响表现在以下 3 个方面。

①新技术的发展和运用促成新的市场机会，产生新商品和新的行业。

②新技术的发展和运用赋予了商业改善经营管理的能力。

③新技术的发展和运用改变商业模式、结构和消费者购物习惯。

科技含量在现代商业活动中的分量明显提高，在某些情况下，它还是商业活动方式能否产生的决定性条件。例如，没有储存技术和条形码技术的存在和发展，就不可能产生超级市场；没有计算机和网络技术的发展，就不可能有电子商务的出现。因此，在现代商业活动中，必须注重科技环境对商业活动运行的影响。

2.2.2　商业运行机制

商业运行是商业主体在一定的运行环境下有目的的、系统的经济行为,这些经济行为是相互影响和相互制约的。为了保证这些经济行为正常合理地运行,需要一定的机制来发挥作用,这个机制就是商业运行机制。

商业运行机制是指商业活动中各要素之间相互联系、相互作用的制约关系及其活动功能。商业主体是商业运行的组织者和决定力量,因此,商业运行机制,也可以说是商业主体的经营机制。一个完善的商业主体经营机制应包括动力机制、决策机制、调节机制和约束机制4个部分。

1)动力机制

商业运行的结果、原动力是经济利益。没有经济利益,商业运行就没有启动力量。马克思指出:"利益把市民社会的成员彼此连结起来。"客观的经济利益是使各经济主体联结成经济关系的动力源。就商业主体而言,经济利益体现在经济效益(或利润)和社会效益(如商誉)上。

按照动力的来源,动力可以分为原动力、后发力、系统外引力3种。原动力就是商业主体为追求最大的经济利益而产生的激励力量。在动力机制中,原动力机制包括激励、利益、分配等机制,涉及经济行为的根本利益,亦即经济利益的分配问题。动力机制决定着经济主体行为的基本方向,从而间接地决定经济利益的大小。

2)决策机制

商业决策机制的启动与实际行动是由动力机制决定的。动力机制决定了决策的总方向,而决策机制则是由商业的经营决策特点所决定的。

商业经营决策的特点有以下5个。

①时效性高。由于市场竞争激烈,机会瞬息即逝,必须当机立断。决策过于复杂,时间耗费过久,就会丧失市场机遇。

②短期决策比重大。绝大部分经营决策属于短期决策。商品经营活动不同于生产企业的长期投资决策,市场形势千变万化,商品经营者要随时跟着市场跑并把握其变化,所以,绝大部分经营决策不能时间过长,更不能议而不决,决而不行。

③风险小。商品种类多种多样,一种决策失误,给企业造成的压力或损失,有可能由其他商品经营决策正确的受益来弥补。

④不确定性大。一个商品经营者不可能时时刻刻完全把握市场态势,始终作出正确判断。因此,商业经营决策往往不是在十拿九稳的情况下作出的。

⑤反馈周期短。商品经营者主要从事商品买卖业务,没有占用生产过程时间。同时,商业经营也要求决策时效性高,短期决策多,因此决策的反馈周期短。这样可以针对市场变化,马上作出反应,及时调整经营战略。

3)调节机制

商业调节机制是以动力机制和决策机制为基础的。从主体角度而言,调节机制是一种

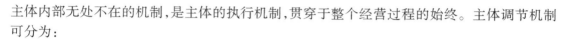

主体内部无处不在的机制,是主体的执行机制,贯穿于整个经营过程的始终。主体调节机制可分为:

（1）外部调节机制

外部调节包括两个方面。一是市场机制自发调节。这主要是通过市场上商品供求关系的变化,以及由供求而引起的价格变化来调节商业主体的经营活动。二是自觉的调节,主要是国家或政府运用各种经济政策,规范商业主体的市场行为。

（2）内部调节机制

内部调节机制是指商业主体在既定的外部力量作用下,自动地保持对外部环境信号作出反应的灵敏性,以及保持主体内部的运转协调和平衡。这种内部调节机制的效果,反映主体内在的活力和运行效率。

4）约束机制

约束机制是指商业主体按商品流通的客观规律以及国家有关方针、政策、法规和道德准则的要求来规范和约束自己的行为。商业主体行为包括商业自然人行为和商业企业行为,其中主要是商业企业行为。企业行为是指企业在一定的市场环境条件下,经营者对种种经济活动所产生的理性反映。商业主体经营行为目标是多元的或复合的,一般来说,它不会自动地同社会经济运行目标完全重合或吻合。因此,除了需要调节机制加以调控外,还需要一定的约束机制加以约束。商业运行的约束机制主要有以下几个。

（1）市场约束

在市场约束下,商业主体行为不能随心所欲,而是要自觉地服从于市场所发出的信号,根据市场变化,确定自己的经营规模、经营方向和经营方式等。由于商业主体行为要受市场约束,因此,国家对其控制和调节主要可通过市场来进行。

（2）预算约束

所谓预算约束是指以预期的收入控制支出。这种收入对支出的约束,不是事后的结算,而是事前的行为约束。在这种约束条件下,商业主体在经营的过程中,就会权衡哪些商品该经营,哪些商品不宜经营;是扩大经营规模还是维持现状或缩小经营规模;资金是否需要借贷,借贷多少;利润该如何分配等问题,由此便形成了对经营者的自我约束或自我控制机制。

（3）法律约束

在现代市场经济条件下,商业经营日益受到法律的约束,这是社会进步的要求,也是社会进步的体现。通过法律约束,可以保证商业活动的有序进行,可以合理地维护消费者的利益和社会共同利益。

2.3　商业主体及其运行

商业主体在商业活动中的作用是充当商品监护人和商品流通组织者的角色。商业出现之后,充当商品监护人的主要是商业主体即经营者,而不是生产者。

2.3.1 商业主体的内涵

1)商业主体的内涵

所谓商业主体,即商业经营者,一般称为经营者,是指商业活动的行为主体,是实际参加商业活动的当事人,常常与生产者、消费者相对应。商业主体在组织形式上可以是个体商人,也可以是商业企业、商业公司,还可以是商业企业的集团;在规模上,既可以指单个的商业经营者,也可以指整个社会的全部商业经营者。

商业主体的作用是通过其在组织商品流通过程中所履行的职能而表现出来的。商业主体职能分为基本职能和派生职能,其基本职能就是媒介商品交换,组织商品流通,并通过其购买与销售等活动加以实现。

2)商业组织

(1)商业组织的内涵

商业组织即商业主体组织,是指以商品经营活动为内容,以商场交易方式为基础,以实现交换并获得利润为目的,以一定的经营要素的聚合为形式的实体性经济组织。它是商流、物流、信息流与资金流运动的具体承担者,也是将商品从生产领域带到消费领域的社会载体。按照组织化、体系化与社会化程度的不同,商业组织可分为商人、商业企业、商业企业集团和综合商社等形式。

(2)现代商业组织创新

商业组织创新是现代商业发展的重要原因。它不仅推动现代商业的发展,而且对整个国民经济和社会发展都具有十分重要的影响。

商业组织创新是指为适应社会经济的发展与社会的进步,以及市场环境和宏观经济的变化而出现的商业组织的新组合。具体来讲,通过商业组织的创造、集中、分散、融合与协作等途径,改变商业组织的形态,提高商业组织的运行效率。

2.3.2 商业主体的运行

1)商业主体运行的目标与特征

(1)商业主体运行的目标

商业主体运行的目标可以概括为两个方面:一是经济效益或利润目标,即要实现货币投资的增值,取得一定的利润。这是商业主体本身生存和发展的客观需要,是商业主体运行的自身要求,表现为追求自身的经济效益。二是社会效益,即实现生产的目的,满足社会消费需求,这是社会经济运行对商业主体运行的客观要求。

小案例

"非典"时期,汇源果汁赞助了《同一首歌》抗"非典"专辑。这样利用公益活动、公益广告开展商业活动,无疑在民众中树立起了良好的企业形象和品牌形象,提高了社会效益,进而也带动经济效益的提高。

（2）商业主体运行的特征

商业主体运行的基本特征是依法经营、自主经营，这是由商业主体运行的目标所决定的。

法律是评判商业主体活动的准则，只有依法进行各种营销活动，才能受到国家法律的有效保护，否则会受到法律制裁。从商业主体运行的利润来看，自主经营反映了商业主体运行的本质规定。商业主体是从预付资本开始，经过商品交换获取商业利润的，其全过程都体现了商业主体的意志。无论在哪个环节否定了自主性，商业主体运行就将中断或者变质，利润目标就难以实现。商业主体运行满足消费需求、实现消费者或需求者效用的最大化，不能以非市场的方式强制进行，而只能在健全市场体系、规范交易行为的基础上，充分发挥市场机制的调节作用，将消费需求信息传导给商业主体，并通过市场竞争在满足自主经营的前提下，商业主体才能够发挥积极性、主动性、创造性，才能够按照消费需求组织商品流通。

2）商业主体运行的客观要求

商业主体要发挥自己的职能和实现自己的运行目标，需要具备一定的客观条件。从商业主体运行的内部条件来看，要求商业主体必须是自主经营的市场主体，同时必须是具有竞争活力的市场主体。从商业主体运行的外部条件来看，主要包括以下几个方面。

（1）经济运行必须实行市场经济

理论与实践表明，只有在市场经济条件下，商业主体才能正常地发挥自己的职能，商业主体的运行目标才能真正地得以实现。

（2）市场环境竞争有序，市场态势相对均衡

因为只有市场竞争有序，交易规则明确，市场供求态势相对均衡，商业主体运行才能正常地发挥其作用和职能；反之，如果不具备这些条件，垄断、特权、不正当竞争、场外交易等充斥市场，或者长期的结构性甚至总量性的供求矛盾存在，就会使商业主体运行无序，主体行为扭曲、变异，从而影响商品流通的顺畅进行。

（3）购销关系相对稳定

购销关系的变动表现为商品的购销量、品种、交易方式、成交条件、成交对象等方面的变化。这些变化要求商业经营者采取相应的措施，调整资金、人员、设备和管理方式等。随着这些方面的调整，往往会使商业主体运行过程出现某种停顿或停滞。因此，购销关系相对稳定有利于商业主体高效运行。当然，购销关系的相对稳定，并不是要购销关系固定不变乃至僵化。只要合理地进行调整，在购销关系不稳定的条件下同样可以实现商业主体的高效运行。

在市场经济发达的国家中，绝大部分产品都按既定的订货合同生产，即所谓的按单生产，只有少量的试制品或新产品没有按单生产。

（4）商业主体与客体运行比例协调

商业主体的经营能力、经营规模、经营范围与商品流通规模、流通时空差异、流通服务水平等能够相适应，两者之间能够保持适当的比例关系。

2.3.3 商业主体在商业活动中的主导作用

商业主体在商业运行中的主要作用是充当商品的监护人和商品运动的组织者和推动者。商业主体运行是以商业客体(即商品)的运行为内容的,而商业客体的运行则是由商业主体来推动的。在市场上,商业客体只是流通中的一种物品,它自身不能运行,因此,商业客体的运行必须借助于商业主体的力量来推动,商业主体就成为商品监护人和商品运动的推动者,履行媒介商品交换即组织商品运行的职能。

1)商业主体是商业活动的主导性因素

(1)商业主体是商业活动或商品运动的组织者和推动者

一切经济活动都是由具有一定生产经验并掌握一定劳动技能的劳动者,利用相应的生产要素,通过对自然界、社会的作用,以实现物质财富和精神财富创造和再创造的过程。同样,商业活动也是由人来推动和发展。商业人员在组织的协调下活动,商业活动的效率和效益完全取决于全体从业人员的整体智力、素质、潜力和创造力。这也是商业竞争的决定性因素。

(2)商业运动过程是全体商业人员的劳动过程

商业人员的不同劳动构成了商品流通的各个环节,流通不同环节的商业劳动构成了商业活动的全过程。没有商业劳动,就没有商品流通。商业人员的素质和数量,决定商品流通的效益和规模,也决定商业活动在国民经济生活中的地位和作用。

(3)商业的物质要素作用的发挥依赖商业人员的素质

包括资金、信息反馈、商业设备的掌握和维修、效率和效能,完全取决于劳动者的具体状况,特别是劳动者的主观能动性所起的决定作用。这是因为:人是有主观能动性的,处在一定时期一定水平上的商业人员通过发挥主观能动性会获得更大的效应。

(4)商道即"人道",商业即"人业"

没有任何一个部门和行业能像商业一样,与广大消费者、生产者建立最广泛、最直接、最密切的经济联系。为民、便民、利民成为商业主体的基本职责。"遵人道、敬人业",是商业取胜的根本。以零售企业为例,它每天每时都要与消费者打交道,它的言行举止、价值观念、职业道德、买卖行为和购物环境既是服务又是文化传播。

2)要重视商业主体素质的提高

商业运行的整体素质取决于商业主体的素质,即管理者与经营者的政治素质、文化素质、能力素质和心理素质的综合表现。现代市场竞争实质上是企业经营者素质的竞争,是决定商业运行效益和效率的决定性因素。

(1)提高商业主体素质是市场经济的内在要求

市场经济实质是交换经济。谁来交换、交换什么、以什么形式交换,以及交换的效果,即交换的深度和广度,一要依靠经营主体对市场运行的认识程度;二要依靠经营主体对客观的驾驭能力;三要依靠经营主体对千变万化的市场的适应能力。这些都取决于商业主体的素质和水平,取决于商业主体的创新能力、竞争能力、捕捉信息的能力和应变能力。

（2）提高商业主体素质是买方市场所提出的基本要求

在商品供求平衡或供过于求的条件下,消费者成为市场主体,有绝对的选择、对比、购买的权利。谁能赢得消费者,谁能占领市场,谁能保持或提高市场的占有率,不仅取决于商品品种和质量,还取决于经营者的经营能力和营销手段。这就要对商业主体的素质提出更多、更高的要求。

（3）提高商业主体素质是提高企业管理水平和企业效益的要求

市场竞争是客观的、强制的,也是残酷的。优胜劣汰、适者生存,这是市场竞争的必然结果。在同一市场环境下,谁能生存,谁能发展,完全取决于内在的因素,取决于经营者的水平因素。美国倒闭的企业约90%是由管理者的能力不高而造成的,日本倒闭的企业由于经营不当占72%。因此,商业主体的素质是决定企业管理水平和经济效益最基本、最主要的因素。

商业主体素质是多层次的概念,既包括管理者和经营者的素质,也包括全体职工的素质。经营者和全体职工的素质是基础,管理者素质是主导。既要重视对全体从业人员的素质教育和培育,更要重视整个管理人员素质的提高。

2.4　商业客体及其运行

2.4.1　商业客体的内涵

客体是相对于主体而言的,是指主体活动的对象或受体。动态地看,客体就是在主体作用下的运行物。商业客体即商业活动的客体,是指商业主体从事商业活动的受体或承载物,即在生产领域与消费领域之间由商业主体组织流通的商品。

1）商业客体的内涵

商业客体具有两个方面的内涵。

（1）商业客体只能是商品而非产品

商品与产品的区别可以从两方面来认识:从社会经济形式来看,商品是用来交换的劳动产品,是价值和使用价值的统一,是与商品经济相联系的范畴;产品仅是人类劳动的成果,并不涉及交换,是与自然经济或产品经济相联系的范畴;从交易活动类型来看,商品依托于市场,是与市场化交易相联系的范畴,是在平等主体之间自愿、公平地让渡价值与使用价值的前提下存在的;产品依托于组织,是与组织化相联系的范畴,是在上级与下级、政府与公民之间单向地、指令式地转移与分配货物和劳务的前提下存在的。

（2）商业客体只能是有形商品而非无形商品

无形商品虽然也有价值与使用价值,也是用来交换的劳动产品,但是无法储存与转卖,其生产和消费是同时进行的,边生产边消费,难以区分出独立的流通过程,因此,它不能成为商业客体,只能成为服务业客体。当然,在商业活动中服务不仅存在,某些情况下还是商业活动的重要内容,但是商业活动中的服务是附加于有形商品之上的,是为促成和方便有形商品的流通而发生的,并不是脱离有形商品而独立进行的服务。

成为商业客体必须同时具备 3 个方面的条件。一是必须具备效用性,效用性是指商业客体必须能够满足消费者的某种需求欲望。二是必须具备稀缺性,稀缺性是指商业客体的供给是有限的。三是必须具备流通性,流通性是指商业客体在交易过程中当事人的关系是不确定的。

2)商业客体的分类

商业客体的分类即商品的分类,商品有广义和狭义之分。广义上的商品,泛指一切可供买卖的经济物品,包括农产品、工业品、不动产、信息、有价证券、劳务等。狭义上的商品则是指经过生产后具有满足消费者需求的使用价值并能在市场上进行交换的有形经济物品。简言之,商品就是指用来交换的劳动产品。商业经济中所指的商品分类,一般是指狭义上的商品分类。

根据商品用途的不同,可将商品分为消费资料和生产资料。

(1)消费资料

消费资料是指最终消费者为满足自己的需求直接购买的商品,又称生活用品或消费品。根据消费者购买商品特点的不同,可将消费品分为日用消费品、选购消费品和特殊消费品,后来人们又划分出了非渴望品这一类。消费品类别见表2.2。

表 2.2　消费品类别

类　别	含　义	特　点	主要代表商品
日用品	指消费者经常购买,且可以用最小的购买努力就能购买得到的日常生活的必需品	1. 购买次数频繁 2. 不受时间影响 3. 属于习惯性购买 4. 一般不多做挑选 5. 喜欢就近购买	食品、日用杂货等
选购品	指消费者在选择和购买的过程中,经过反复比较、挑选之后才购买的商品	1. 购买频率较低 2. 有固定的消费习惯 3. 喜欢挑选 4. 对产品的差异性要求高	服装、化妆品等
特殊品	指那些价格高、耐用、商标具有特别魅力的商品	1. 购买频率低 2. 对特定商标的商品有强烈的消费偏好 3. 喜欢付出特别的购买努力,即宁可花时间,也要买好、买到	汽车、高档家具、古董、书画等
非渴求品	指消费者不知道的商品,或者虽然知道也没有兴趣购买的商品	喜欢标新立异,追求个性、时尚	如刚上市的新产品

（2）生产资料

生产资料是指为了进行生产或经营其他事业而购买的商品，又称生产用品或工业品。生产资料可分为设备、原材料、零部件3类。生产资料类别见表2.3。

表2.3　生产资料类别

项目	分类	含义	特点	代表商品
设备	主要设备	是在工厂固定的生产过程中使用的主机，包括机器设备和各部门专用或通用的设备	1.价格高、技术性强、使用寿命较长　2.谈判时间长，需要订合同　3.购买次数少，属于集中购买　4.售后服务要求高	大型机器、电子计算机系统等
	辅助设备	指对主要设备起辅助作用，但又能单独使用的设备	1.售价低　2.使用寿命短　3.多数已标准化、通用化	工具、模具、小型机械等
原材料	原料	在生产加工过程中发生化学变化的生产资料	1.生产者众多　2.受自然条件影响大	农产品、矿产品
	材料	在生产加工过程中发生物理变化的生产资料		生铁、钢材、棉纱
零部件	零件、部件	泛指装配整机使用的零件和部件	一般不用制造加工，买来后即可构成产品的一部分	汽车零部件、手机零部件、家用电器零部件等

一种商品属于消费资料还是属于生产资料，不取决于商品本身的属性，而取决于人们购买这种商品的用途。由于用途不同，同一商品的流通过程可能是截然不同的。

2.4.2　商业客体的运行

商业客体运行是指商业客体在商业主体的推动下，由生产领域向消费领域转移、实现商品的价值并替换商品使用价值的活动，也就是商业流通。商业客体运行过程又叫作商品流通过程，是商业主体运行与商业客体运行的统一过程。

1）商业客体运行过程

商业客体运行过程是一个复杂的社会经济过程，是商品价值流通过程、商品实体流通过程、货币（资金）流通过程和信息流通过程的统一。这些流通过程并非孤立、分离地发生，往往彼此交织、纠结在一起，使商业客体运行过程呈现出复杂的面貌。

(1)"商流"是商品所有权的转换或让渡过程

商品价值流通过程也简称为"商流"。商品是用来交换的劳动产品,在交换过程中,如果没有商品所有者向商品需求者转让商品的所有权以实现商品的交换,商业就不存在。因此,"商流"是商业客体运行过程的本质方面,没有"商流"也就无所谓商业客体运行过程。

(2)"货币流"是由"商流"引起的

商品价值流通过程在现实经济生活中表现为商品与货币相交换。商品只有顺利售出,取得了相应的货币,其价值才能实现,因而在商品价值流通过程中必然同时伴随着货币流通过程,也简称为"货币(资金)流"。在商业客体运行过程中,"货币流"是由"商流"引起的,"商流"决定"货币流","货币流"对"商流"也有反作用,特别是在经济货币化、信用化条件下,货币流通过程直接影响着商品流通过程。

(3)"物流"往往是与"商流"相伴发生的

在商品交换过程中,卖方追求的是商品的价值,而为了实现商品的价值,卖方不得不让渡商品的使用价值;买方追求的是商品的使用价值,而为了获得商品的使用价值,买方不得不支付货币。因此,在商业客体运行过程中,货币流是由买方到卖方,而与之方向相反的则是由卖方到买方的商品实体的流通过程,简称"物流"。物流往往是与商流相伴发生的,但是也有例外,如不动产交易或期货交易。不动产交易或期货交易的商品实体或者没有发生物理运动,或者被置于商流之外,实际发生运动的是商品所有权证书。

(4)"信息流"是商业客体运行过程的有机组成部分

在商品交换过程中,与商流、物流、货币流同时发生的还有信息流通过程,简称"信息流",即关于商品的性质、用途、规格、功能、价格、使用方法等方面信息的流动。商业客体运行过程中的信息流不同于商业主体运行过程中的信息沟通与传播活动。后者发生于商业主体之间,以促销或实际完成交易为目的;前者则是关于商业客体自身的运动过程,是商业客体运行过程的有机组成部分。

2)商业客体运行原则

商业客体运行目标在一定的环境下,需遵循一定的运行原则才能得以实现。商业客体运行原则实际上是商业客体运行目标在一定环境约束下的体现。

(1)自然约束性原则

自然约束性原则是由商品使用价值的流通引起的,它要求商业客体的运行遵循商品物理、化学或生物变化等方面的自然规律,在商品从生产领域到消费领域的转移过程中最大限度地保存使用价值。

(2)经济约束性原则

经济约束性原则是由商品价值流通引起的,要求商业客体运行遵循规律,在商品从生产领域到消费领域的转移过程中尽量节约劳动耗费,提高流通效益。

(3)社会约束性原则

商业客体运行不仅是商品实体的自然转移与商品价值变换的经济流通运动,而且还是其所涉及的各环节、各方面的社会关系的调整活动过程。

例如,商业客体运行首先要维护社会稳定,避免引起社会动荡,具体表现为网络布局合理、商品供应充足、商品价格适中、质量可靠、防止囤积或抢购、杜绝黑市等;其次要传播商品知识,指导消费行为,倡导健康的生活方式,不断提高整个社会的文明程度,促进社会的繁荣进步。

商业客体运行要有利于协调生产者、经营者和消费者 3 个方面的关系。

【做一做】

一、经典案例阅读

沃尔玛扛起社会责任

沃尔玛中国投资有限公司总部积极配合中华全国总工会及各级地方工会的工作,在沃尔玛商场、山姆会员店和配销中心以及在中国的所有营运机构都建立了工会组织。

在全国总工会、深圳市总工会和沃尔玛公司的共同努力下,沃尔玛最大的营运单位——沃尔玛总部与员工精诚合作,共谋企业发展,努力为员工提供最佳的工作、发展环境和生活条件。

沃尔玛在华的分店全部建立了工会组织,不仅让这家巨头跨国公司进一步改善了自己的公众形象,而且为在华的外资企业起到了一个积极的导向作用。超大规模的沃尔玛已经意识到,大公司的社会责任也更大。因此,他们还在中国发起了一场绿色运动。

他们利用沃尔玛的规模和资源改变习惯、保护地球,为顾客、员工、他们的子女以及下一代创造一个更好的生存环境。为建立一家 21 世纪的企业,需要以全新的视野来看待如下这些责任和机会:环境、浪费、产品、采购、医疗保健、工资、社区等。

沃尔玛的环保目的简洁明了:100% 使用再生能源、实现零浪费、出售对环境和自然资源无害的产品。力争在车队、制冷、商场、照明、包装和航运各个方面成为世界上最高效的企业。此举将有利于环境保护,节省成本,提高效益。

沃尔玛推出"环保 360"项目。该项目是沃尔玛全公司的一项举措,旨在将环保从简单地减少公司自己对环境的损害扩展为让员工、供应商、社区和顾客的共同参与。

沃尔玛推出"全球创新项目"。该项目的其中一项内容就是让沃尔玛的员工和供应商去思考如何将公司所售商品中的不可再生能源去除。

沃尔玛表示:"展望未来,能源成本可能以我们开店速度的两倍增长。寻找更清洁、更廉价的能源对我们'天天低价'的商业模式非常重要,同时,也能为我们的顾客带来实惠。我们在这方面的领导地位将会受到顾客的赞誉,并有利于创造更清洁的环境。同时,我们还可以将节省的成本让利给顾客。"

2019 年 1 月,沃尔玛中国正式启动 Omega 8 项目,一个与中国初创企业共同快速成长的创新平台。依托 Omega 8,沃尔玛中国将与更多创新创业型企业合作,探索前沿科技在零售行业的应用,为解决零售痛点提供技术解决方案,从而更好地服务顾客。Omega 8 自推出以来已经开展了 15 个项目的概念验证测试。

阅读思考:

1. 分析沃尔玛为了承担社会责任,做出了哪几个方面的努力?

2.讨论沃尔玛在承担社会责任的过程中,是否完成了商业主体运行的两个目标?

二、实训活动

◎ 内容

调查了解本地区一个贸易市场的商品进销存情况,通过调查分析了解其经营特色。

◎ 目的

了解商业活动有什么特点?观察并分析某些商品购销的物流、商流、资金流、信息流是如何统一到商品进销存的商业活动中的?

◎ 人员

1.实训指导:任课老师。

2.实训编组:学生按8～10人分成若干组,每组选组长及记录员各1人。

◎ 时间

3～5天。

◎ 步骤

由教师在校内组织安全教育。

任课老师根据当地情况任务进行分解,分组学生就一个方面的问题进行调查。

安排分组学生去各个不同种类的批发市场。

安排学生去百货商店、超市、物流中心等。

撰写调查文档。

实训小结。

◎ 要求

从商业活动的人员、物资设备、商品的流动等方面加以观察,初步认识商业活动运行的特点。

◎ 认识

商业运行主要表现为商业人员运用商业资金、商业物资技术设备、商业信息和商业管理等手段,组织和推动商品流通。在这个经济活动中,人员、资金、物资技术设备、信息和管理等要素是推动商品流通的原动力。

【任务回顾】

通过对本章的学习,初步掌握了商业主体、客体的概念;了解了商业主体、客体的运行过程和环节;通过调查本地区一个贸易市场的商品进销存情况,了解了其经营特色,亲身体会到了商业活动的特点。

【名词速查】

1.商品的价值

商品的价值是凝结在商品中的人类一般劳动。

2.商品的使用价值

商品的使用价值是指商品能满足人的各种效用的属性,即商品的自然属性。

3.劳动密集型

劳动密集型是指为生产一定产量所必须投入的生产要素中劳动投入的比例高于其他生产要素比例的产业。如轻纺工业、手工业和服务业等产业。这些产业占用资金少,设备的技术程度低,容纳劳动力较多。随着社会生产力的发展和科学技术在生产中的广泛应用,劳动密集型产业将逐步向资本密集型产业或知识密集型产业转化,或者在新的物质技术上形成新的劳动密集型产业。

【任务检测】

一、单选题

1.(　　)是商业活动人员的主体。

 A.业务人员 B.技术人员 C.财务人员 D.后勤人员

2.下列各项中,(　　)属于日用品。

 A.服装   B.汽车   C.食品   D.古董

3.商业客体运行表现为(　　)的运动过程。

 A.人   B.物   C.信息   D.资金

4.商业主体运行的目标是经济效益目标和(　　)。

 A.利润目标 B.社会效益目标 C.市场目标 D.占有率目标

5.超级市场出现的客观条件之一是储存技术和条形码技术的存在和发展,这体现了(　　)对商业活动的影响。

 A.自然环境 B.法律环境 C.科技环境 D.人文环境

二、多选题

1.商业活动是(　　)与(　　)的统一。

 A.有效劳动 B.无效劳动 C.商业劳动 D.生产劳动

2.商业活动的基础要素有(　　)。

 A.人员   B.资金   C.物资手段 D.商业信息

3.商业物资技术设备的特点有(　　)。

 A.有机构成低 B.发展变化缓慢 C.复杂性   D.多变性

4.商业运行机制包括(　　)。

 A.动力机制 B.决策机制 C.调节机制 D.约束机制

5.商品客体有两方面的内涵(　　)。

 A.商品   B.产品   C.有形商品 D.无形商品

三、判断题

1.商业活动是自古就有的。   (　　)

2.自然环境是一切经济活动的基础。   (　　)

3.商业主体运行的基本特征是依法经营、自主经营。   (　　)

4. 根据商品的用途不同，可将商品分为消费资料和生产资料。 （ ）

5. 商业客体只能是商品而非产品。 （ ）

四、思考题

1. 商业活动的特点是什么?

2. 商业人员有哪些分类?

3. 商业活动的基本要求是什么?

参考答案

一、单选题

1. A   2. C   3. B   4. B   5. C

二、多选题

1. AB   2. ABCD   3. AB   4. ABCD   5. AC

三、判断题

1. ×   2. √   3. √   4. √   5. √

四、思考题

1. 商业活动的特点是什么?

（1）商业活动是商流、物流、信息流与资金流的统一。

（2）商业活动必须以市场为中心。

（3）商业活动有着自身的运动形式。

（4）商业活动是一种复杂劳动。

（5）商业活动是有效劳动与无效劳动的统一。

（6）商业活动具有很强的服务性。

（7）商业活动具有很强的主观能动性。

（8）商业活动以特色经营为立足之本和成功之道。

2. 商业人员有哪些分类?

（1）业务人员。

（2）技术人员。

（3）管理人员。

（4）服务人员。

3. 商业活动的基本要求是什么?

（1）交易的自愿性。

（2）交易的互利性。

（3）交易的契约性。

（4）交易的非人格性。

任务 3
认识主要的商业业态和常用的商业交易方式

任务目标

1. 叙述商业业态的概念。

2. 清楚主要的商业业态类型和特点。

3. 清楚商业交易方式的内涵。

4. 认识商业交易方式的主要类型和特点。

5. 了解商业交易方式的不断创新过程。

课时建议

知识性学习:10 课时。

案例学习讨论:1 课时。

现场观察学习:6 课时(业余自主学习)。

【导学语】

你了解各种商业的经营方式吗？知道百货商场和超市有什么不同吗？如果买衣服，你会去哪里买？买其他用品呢？面对众多的商家你怎样选择？

大家跟我一起来看看这个真实的故事。然后完成本任务的学习，一定对你掌握这些知识有所帮助。

小案例

麦德龙这样的大超市主要是面对公司客户

麦德龙本是仓储式超市，属于集商品销售与商品储存于一个空间的零售形式。但随着麦德龙在世界各地分店的不断建立，也采取批发的经营方式。

例如，在郑州建立的麦德龙郑东商场就是这样。这是一家"现购自运"商场，规定顾客现金采购商品后自己进行运输，麦德龙概不帮忙。同时，它只服务于自己的专业顾客（会员），如酒店、餐饮业、中小型零售商、工厂、企事业单位、政府部门等机构中的会员顾客。也就是说，它只做批发、团购业务，而且只对自己的会员客户服务。

该超市认为："如果我不限定我的客户，让所有人都来，我的运营成本就要增加，管理难度也加大。例如，我可以在货架上放一件一件的商品，也可以在货架上放一箱一箱的商品。如果我要在货架上摆一箱可口可乐，一件一件地放，要放24次。如果一箱一箱地放，一次就够了。我们可以从接货处直接用机器将货品摆上货架。我选择那些愿意一箱一箱购买的客户，而不是那些希望一件一件零买的客户，这样可以减少操作成本。操作成本的减少意味着人员成本的减少，因此我的商店不需要太多的人。"

而成为其专业客户的条件很简单——只需要有营业执照。其供应链管理的特色之一就是对顾客实行会员制管理，并建立顾客信息管理系统。

想一想：

1. 从案例出发，你认为批发与零售的主要区别是什么？
2. 郑州批发、零售业应采取什么对策才能在竞争中立于不败之地？

【学一学】

根据不同商业主体组织在商品流通过程中所处地位和发挥的作用以及经营活动的内

容,商业的基本组织形式可以分为两类:一类是批发商业;另一类是零售商业。它们是商业活动中经常运用的交易方式。

3.1　批发商业

批发商业是介于生产商与零售商之间进行商品流通活动的中间商,他们以较大的批量从生产者处购得商品,然后以较少的批量转售给下一环节中间商。

3.1.1　批发商业的含义

批发商业就是指向零售商业企业、其他批发商、直接使用的生产单位以及个人等批量销售商品和服务的商业。批发商业企业出售的商品是作为转售和加工用的,而不直接供应给消费者个人。它是对同一商品进行批购批售的经济组织。

3.1.2　批发商业的特点与类型

1)批发商业的特点

与零售商业比较,在经营活动上批发商业有其自身的特点。

①批量交易,价格低。一般来说,批发商业的交易批量一般要达到一定的交易规模才能进行,通常都有最低的交易量规定。与零售商业相比,批发商业每笔交易量都比较大。

一般来说,批发商业实行批量作价,成交量大,成交价格比较低;成交量小,价格就相对较高。与零售商业相比,批发的价格比较低。

②交易双方购销关系稳定。由于批发交易的对象是专门的经营者和使用者,双方的业务比较固定,变化不大,而且长期的稳定合作还有利于减少双方的交易成本。

③经营范围广,经营和服务网点少。一般来说,批发商业有的面向地区,有的面向全国,经营活动范围很广,服务半径较大,在交易上联系着众多的生产者和商品经营者。批发商业的市场规模很大,但交易机构数量比较少,不像零售交易那样到处设立服务网点。

④专业性强。现代社会,商品种类繁多,采购者的选择性越来越明显。为了适应和满足各类用户的需要,批发商一般选择经营某一类商品,准备充足的货源,使自己经营的产品层次向纵、深方向发展。

⑤处于流通领域的中间环节。批发交易是介于生产商与零售商之间进行的商品流通活动,其对象一般是进行转卖或加工的经营者或采购者。批发商业处于流通的中间环节,他们购买商品的目的不是消费。

2)批发商业的类型

批发商业的类型很多,可按不同的标准划分。

(1)按经营商品种类的多少划分

①综合类批发商业。综合类批发商业企业经营的商品门类繁多,包括食品杂货、服装鞋帽、电器用具等商品,是小型零售商经常购进商品的场所,如百货批发市场。

②单一种类或整类商品批发商业。从事批发某一特定种类的商品,在品种、规格、花色、品牌等方面具有相当的完善性,同时还经营一些与这类商品密切相关的商品,是食品杂货、

药品、五金等行业的零售商经常购进商品的场所。

③专业批发商业。专业批发商业只经营一个产品类别中的部分品种,专业程度较高。专业批发商精通产品的专业知识,能在较狭窄的产品范围内为顾客提供专业的选择和专门的技术知识及服务,其服务的对象是大型零售商、专业商店和产业用户。如纺织品批发市场、建材批发市场等。

小知识

义乌小商品城是目前全球最大的小商品集散中心,被联合国、世界银行等国际权威机构确定为世界第一大市场。小商品市场是义乌经济的最大特色和优势,"小商品海洋,购物者天堂"已经成为繁荣、文明的义乌市的代名词。

(2)按规模等级的不同划分

①大型批发市场。营业面积在8万平方米以上,或年交易额达到10亿元以上的批发市场。

②中型批发市场。营业面积在3万平方米至8万平方米,或年交易额在3亿元至10亿元的批发市场。

③小型批发市场。营业面积在3万平方米以下,或年交易额为3亿元以下的批发市场。

(3)按所在地性质的不同划分

①产地型批发市场。它指依托当地大型生产基地形成的产销一体化的批发市场。在国内,如长江三角洲经济区,有一批以大型生产基地与当地特色产业紧密结合的专业批发中心在近年兴起,并凭借其商品成本低、花色品种丰富及更新快的优势,成为一级专业批发市场。

②中转地批发市场。中转地批发市场是消费品中转流通的批发中心,主要是靠发挥资讯、交通和服务的优势发展起来的。其中,大型集散型专业批发市场往往是某类商品的传统集散地,是自发或经政府部门引导发展起来的。

③消费地批发市场。消费地批发市场是指兼营批发和零售的批发市场。这些专业市场没有产业的依托,在资讯和规模上无法与大型集散批发市场竞争,除了批发商品外,还兼营其他业务,一般是面向当地居民开展小批量的批发和零售业务,如零售、仓储、运输等。

此外,按经营商品的性质可分为工业品批发市场、农产品批发市场和消费品批发市场;按服务地区的范围划分可分为全国批发商、区域批发商和地区批发商。

3.1.3 批发商业的作用与职能

1)批发商业的作用

批发商业是以商品的集散为其主要经济活动的组织,它处于商品的生产商和零售商之间,是商品流通的中间环节,为社会化大生产和大规模流通的现代经济发挥了很大作用。

(1)为零售商、制造商提供服务

为了满足销售和生产的需要,小型的零售商、制造商需要从数量繁多的供应者那里购进多种产品,但由于地理、资金、时间、运输等方面的限制,没有力量直接或大批量购进。有了批发商,大量的零售商和工业用户能够就近、及时地买到商品,并减少了买方的储存、运输、生产信息等多方面的麻烦和费用,提供了高效的服务。

（2）为供应者（制造商）完成各项职能

制造商在生产方面有优势,但在储存、运输、销售和市场需求等方面存在不足。大多数消费品制造商只有通过分布广而数量多的小型零售商,才能完成要求出售的数量。批发商可以高效率地为制造商完成运输、储存、市场信息和分销等方面的职能。

2）批发商业的职能

批发商业可以缩短商品再生产过程流通时间,有利于增加整个社会生产,有利于更好地满足消费需要,有利于节省流通费用。批发商业的职能主要有以下几个方面。

（1）集散商品职能

这是批发交易的首要职能。由于生产部门一般是批量生产,但品种单一,而零售部门往往经营品种多、数量较少,批发交易通常先把分散在各地的生产企业的产品收购、集中起来,然后经过编配,再分别批发给各个零售商。这样既满足了生产部门单一品种大批量生产、大批量销售商品的需要,又满足了零售部门多品种、小批量购进,勤进快销的需要。

（2）加工商品的职能

生产部门批量生产出来的产品进入流通领域,不一定都具备了马上进入消费的外在或内在条件。批发商在进行批发交易前,往往需要对从生产部门采购来的商品进行挑选、分级、分装、改装、编配等活动,从而将品种齐全、数量适当的系列化商品及时提供给零售部门,以提高流通效率。

（3）调节供求的职能

商品生产与消费在时间和空间上存在不一致性。批发商在进行批发交易时,可以将收集起来的信息进行整理与分析,根据消费的具体需求和商品的吞吐来调节供求矛盾。其中,批发商根据市场规模,考虑到如购买力、市场特点、销售状况、货源等方面的信息在内的市场需求变化,对商品的储存作统筹安排,可作为生产者制订产品开发、生产计划方面的依据;关于产品供应等方面的信息,可作为零售商采购、销售决策的依据,支持零售商勤进快销,以加快商品流转。

（4）融通资金职能

批发商在进行批发交易时,可以分别向生产企业或零售商提供融通资金的便利。主要表现在以预购商品的形式从生产企业购进商品,从而为生产部门提供再生产所需资金;也可以赊销的方式向零售部门销售商品,从而使零售商不至于因资金短缺而影响正常进货,有利于加快商品流通速度。

（5）承担风险的职能

商品在从生产领域进入消费领域的过程中,存在着如商品损耗、变质、过时、滞销、货款拖欠、丢失、退换等损失在内的各种流通风险,以及由于市场营销环境发生变化引起的其他经营风险和流通风险等,而这些风险大多发生在商品储存期间。由于批发商在组织商品流通过程中必须承担商品储存的任务,具有调节供求的职能。因此,承担流通中的风险,是批发交易的主要职能。

3.2 零售商业

3.2.1 零售商业的含义

零售商业是指把商品和劳务直接供应给最终消费者的交易活动,是商品流通过程中的最后一道环节。

零售商业直接面对的服务对象是顾客,这一环节上的商品销售才是产品价值的最终实现,它的活动对于整个企业的营销具有重大的意义。

3.2.2 零售商业的特点与职能

1)零售商业的特点

(1)流通领域的终点

产品在流通领域中从生产企业流向中间商,最终进入消费领域——零售商业,从而结束商品的流通过程。商品销售的目的是向最终消费者提供商品或劳务,消费者从零售商处购买商品的目的是供自己消费,而不是用于转卖或生产。

(2)主营商品,兼营服务

零售商业除了销售商品外,还要为顾客提供各种售前、售中与售后的服务。如产品宣传、介绍、送货上门、免费安装、维修等。目前,为顾客提供服务已成为零售商业领域重要的竞争手段。

(3)交易次数频繁,出售数量零星,每笔交易额较小

零售交易本身就是零星的买卖,交易对象是数量众多且分散的单个消费者,这就决定了零售交易每笔交易量不会太大,但消费者每天都要不停地进行消费活动,从而造成交易次数频繁。

(4)经营商品品种多样,丰富多彩

随着经济的发展,消费者需求越来越多样化,选择所需的空间越来越大,顾客在购买商品时,都希望选到价廉物美的东西。顺应消费者的需求,零售商业也特别注意选择经营能够吸引消费者购买的商品品种,尽可能多地做到同种商品多品种、多规格、多花色,并且还要凸显自己的经营特色。

(5)设置网点较多,交易在店内进行

一般来说,零售商对店址的选择、商品布局、店堂陈列、营业时间的安排、店前空间范围等诸多因素进行周密考虑,以吸引更多的消费者前来购买,从而扩大交易规模。同时,由于消费具有广泛性、分散性、多样性、复杂性,少数几个零售网点满足不了消费者的需求,因此,零售商往往会扩大自己经营的规模和布局。

2）零售商业的职能

（1）备货及分类、组合商品的职能

消费者为了生活，需要各种各样的商品，消费者不可能也没必要到生产企业或批发商处购买，这就需要零售商通过备足各种商品，并对其分类、组合，以满足消费者的需要。

（2）实现价值和使用价值职能

商品转化为货币的过程，是实现商品的最终价值的过程。通过零售交易的商品进入消费领域，商品的使用价值得以实现，成为现实的使用价值。

（3）最终销售的职能

零售商业处于商品流通的终点，联结着生产与消费，对于完成商品最终销售、满足消费需求、保证社会再生产的顺利进行发挥着重要作用。

（4）服务职能

零售交易直接面向消费者，而消费者在购买商品时都希望得到优质的服务。服务质量直接影响消费者的购买情绪，因此，为了吸引更多的顾客，零售商在售前、售中和售后过程中，有必要提供诸如电话订购、邮寄目录、送货、安装、保修、维修等全过程的服务，以及设立停车场、餐厅、休息室、游乐室、保育室等全方位的服务。除此外还应高度重视服务质量和提高服务水平，努力为消费者提供更加周到的服务。

（5）融资职能

零售交易一方面向生产企业或批发企业融通资金，主要通过预购和预付货款的形式进行；另一方面向消费者提供融资便利，主要是通过赊销形式与发放信用卡、购物券等方式来销售商品，使消费者很方便地得到商品。

（6）承担风险职能

零售商承担的风险主要是指商品在运输、保管过程中的商品损坏、丢失、积压或销售过程中的价格波动、货币贬值等。

（7）传递信息的职能

由于零售交易直接面对消费者，因此通过零售贸易可以最快、最全地了解市场上的需求状况。零售商将这些信息向批发商或生产企业反馈，往往能对调整商品结构起重大作用。同时，零售商通过广告宣传及时将供给信息传递给消费者，对激起消费者的购买欲望、扩大商品销路也有重大作用。

3.2.3 零售商业的业态类型与选择

小案例

我国零售业的变迁：从传统百货到新零售的转型之路

从最初的小型百货店、专卖店到之后的大型购物中心，新中国成立以来，零售业的业态发生了巨大变化，并购潮使得各区域的零售企业资本重组，市场格局不断变化。

最大的变迁则缘于电商的出现让传统零售业者倍感压力,O2O线上线下融合的新零售时代开启,科技元素加入其中,实体零售商频频转型。

几十年前,零售业主要以小店和专卖店形式存在,百货可谓是当年相对综合且高级的实体零售场所。

有一些老人回忆,在"三转一响"的年代,觉得到百货大楼购物是很体面的,一般的日用品都是在夫妻店购买。那时候的百货店和现在的购物中心完全不同,商品比较统一,并没有太多个性化产品,一家百货店从衣服、食品、照相机到钟表等都有。

于是,第一百货、第七百货、第九百货等应运而生,在并没有太过细分的零售业态,也缺乏网络覆盖的年代,街边小店和百货是实体商业的主要消费场所,不少老人见证了数十年前百货业的辉煌。比如,上海的淮海路、四川北路等当年都是以各类百货店为主力业态,至今还能看到些许痕迹。

王府井百货的变迁与外资的进入

王府井集团前身是享誉中外的"新中国第一店"——北京市百货大楼。它创立于1955年,是新中国历史上第一座由国家投资、建设的大型百货商店;1990年成立企业集团,在北京市国民经济和社会发展中实行计划单列;1996年在中国市场率先推进百货连锁战略,实现现代零售业转型;2000年与北京东安集团实施战略重组,继续扩大在北京和全国其他区域的零售市场占有率;2004年入选中国商务部重点扶植的20家大型流通企业;2010年引入3家战略投资集团,进一步扩大在资本市场的影响力。

王府井的零售网络覆盖华南、西南、华中、西北、华北、东北、华东七大经济区域,在28个城市开设47家大型百货商店,形成了处于不同发展阶段的门店梯次。

随着零售市场的发展和进一步开放,到了20世纪90年代,沃尔玛、家乐福、麦德龙、罗森等一批外资零售巨头进入中国市场,而这批外资巨头多以合资形式开启在华业务。锦江、百联等本土大型商业企业则成为这些外资零售商的最初合作伙伴。

"这些外资巨头的进入使得中国零售市场的业态更加细分。比如,原本消费者都认为买东西不是百货店就是普通超市,而沃尔玛、家乐福和麦德龙这类外资巨头的出现让消费者看到了原来还有大卖场——这个相对于标准超市而言,面积更大且货品价格更便宜的零售业态。而罗森(作为首家外资连锁便利店入驻上海)等一批品牌的进入则带动了便利店、折扣店等"小而美"业态的发展。同时,市场格局也有了变化,外资零售商开始占据中国市场的一席之地。

资本运作潮

零售业有个区域化特征。TESCO(英国最大零售商)曾在报告中指出,中国零售市场各区域的差别很大,消费者的喜好与货品的供应链都不同,因此,要统一管控且自己一家一家去开店很有难度。

这份报告显示出,当零售企业发展到一定程度,需要做扩张发展时的难度——不仅仅是成本问题,而是区域化差异太大,很难一下子覆盖并管控。于是,通过资本手段融资并收购成为过去十几年甚至20年内,中国零售业的又一大发展特征。

首先是涌现了一大批零售类上市公司,比如,王府井百货1993年改组股份制,在上海证券交易所挂牌上市;而永辉超市、联华超市、人人乐、中百集团、步步高、高鑫零售、三江购物等零售类上市企业也不断涌现。

有了资本介入后并购潮开始了

2013 年,王府井集团控股股东——王府井国际,收购中国春天百货集团,使全国布局的百货连锁版图迅速扩张。步步高集团则与湖南家润多超市有限公司达成合作协议,收购家润多 22 家经营权及门店资产——这些门店主要分布在长沙、益阳、常德、衡阳、郴州等地,重新开业后变成步步高的连锁门店。

华润系可谓是最喜好收购的企业之一,从 1983 年算起,华润集团公开的大小并购案例多达上百宗,行业涉及能源、零售、医药、水泥、金融等多个领域。

2005 年,华润万家斥资 4 亿元,收购天津月坛集团和浙江宁波慈溪市慈客隆超市集团。

2007 年,华润股份收购天津家世界全部股权。

2009 年 5 月,华润万家收购无锡永安超市。

2011 年 8 月,华润创业 36.9 亿元收购江西区域龙头洪客隆超市全部股权。最知名的当数华润系收购并整合国际零售巨头 TESCO(英国零售商)。

这样的并购使得更多区域型零售企业走向全国市场,在较短的时间内实现了全国扩张。一些具有代表性的巨头企业出现,更多的中小型零售公司则成为这些巨头的一部分。

新零售时代的转型

中国零售业发展到近几年,随着电商的崛起,整个零售格局发生了颠覆性变化。在线购物在冲击了实体零售商的同时,也促使传统零售业者转型,更多的电商巨头陆续介入实体零售企业的投资与合作,线上线下融合的新零售时代来临。

1)零售商业的业态类型

商业业态是商业企业经营形态的简称,它是以其经营方式和经营特点为根据在市场上表现出来的存在形态。

零售商业业态是指零售企业为实现销售目的所采取的组织形式和经营方式的总称,也是零售商业的法律形式、组织体系、营销方式的统一。

零售商业的业态类型千变万化,新组织形式层出不穷。零售商业的业态类型就像产品一样,也有生命周期。一种零售商业的业态类型在某个历史时期出现,经过一个迅速发展的时期,逐步成熟,然后衰退,直至退出历史舞台。为了满足消费者对服务水平和具体服务项目的各种不同要求,我国零售业的组织形式发生了激烈的变革,已从单一的百货商店发展成为多种零售业态共存、百花齐放的模式。

(1)百货商店

百货商店指在一个建筑物内,按商品部对多类商品进行经营,实行统一管理、分区销售,满足顾客对时尚商品多样化选择需求的零售业态。如上海新世界、北京王府井百货、上海第一百货商店等。

小案例

在沃尔玛公司的商店中,包含 3 种零售业态。一是沃尔玛购物广场。购物广场,又称超级购物中心,经营应有尽有的生活日用品,通过"一站式"购物,适应今天人们繁忙的生活方式,为顾客提供综合服务。二是山姆会员商店。山姆会员商店实际上是仓储式商店,它以仓储价格向会员提供各种优质产品。山姆会员商店的利润很低,主要靠收取适当的会员费。会员购买商品时,能享受到低于市价10%～30%的低价。三是折扣商店。折扣商店就是廉价商店。

（2）专业商店

专业商店是指专门经营某一类商品或某一类中的某几种商品的专业化零售业态。专业商店具备丰富专业知识的销售人员和适当的售后服务,每类商品的花色、品种、规格、数量都比较齐全,满足顾客对某大类商品的选择需求。

专业商店的根本特征就是一个"专"字。专业商店具有规格全、花色新、服务优良和个性化的特点。随着市场细分和产品专业化的发展,专业商店发展非常迅速。

（3）专卖店

专卖店是指专门经营或授权经营制造商的品牌,注重品牌名声,适应消费者对品牌选择需求的零售业态。专卖店一般在繁华商业区、商店街或百货商店、购物中心内选址。从业人员具备丰富的专业知识,提供专业知识服务。

（4）折扣店

折扣商店又称廉价商店。广义上的折扣商店是指在商品价格方面采用折扣策略经营的商店,也有人称其为是利用廉价销售进行快速周转大量商品的大型零售店。

折扣店的商品齐全,类似于百货店,但出售的商品主要是家庭生活用品,如电器、五金、玩具、服装、宝石等。近些年,美国有50%～70%的电器产品是通过折扣店销售出去的。折扣店的所有商品都标有折扣价,价格低廉,且大幅度地低于一般商店。采取自我服务方式,设备简单,也很少提供送货等服务。折扣商店之所以能够以折扣价格出售商品,主要是由于商店节约了投入费用,而并非经营质次价高、不合时令的商品。

（5）目录展示店

目录展示店就是向顾客提供商品目录的商店。在商品目录上,附有实物商品的照片和说明,标有货号、价格和折扣数。顾客从商品目录中选定商品后,将其编号、价格、数量等填入购物单,直接交给店方或电话订货。商店按照购货单送货并同时收取货款。如果顾客亲自看货,商店也设有陈列室,可供看样选购。

（6）超级市场

超级市场是指采取自选方式,以销售食品、生鲜食品、副食品和生活用品为主,满足人们日常生活需要的零售业态。

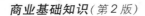

超市的由来

"超级市场"源于英文 Super Market,简称"超市",是以顾客自选方式经营食品、家庭日用品为主的大型综合性零售商场,是许多国家特别是经济发达国家的主要商业零售组织形式。

1930年8月,美国人迈克尔·库仑在美国开设了第一家超市——金库仑联合商店。当时,美国正处在经济大危机时刻,迈克尔·库仑根据他几十年的食品经营经验,精确地设计了低价策略。他的这家超市的平均毛利率只有9%,这和当时美国一般商店25%～40%的毛利率相比,是令人吃惊的。

为了保证商品售价的低廉,就必须做到进货价格的低廉。而要达到这个目的,只有大量进货才能压低进价,于是迈克尔·库仑就以连锁的方式开设分号,建立起保证大量进货的销售系统,由此,这家超市首创了自助式销售方式,并采取一次性集中结算。

到20世纪30年代中期以后,超市这种零售组织形式便由美国逐渐传到了日本和欧洲。在我国,超市被引入是在1978年,当时被称作"自选商场"。

(7)连锁商店

连锁商店主要是指流通领域中若干同业店铺以共同进货或授予特许经营权等方式联结起来进行标准化服务,以共享规模效益的一种现代商业组织。我国的这一连锁店定义不仅包括正规连锁,也包括自愿连锁和加盟连锁。

连锁店最早产生于美国,而后逐渐在欧洲和日本发展起来,被称作零售业的第二次革命。

小知识

自从20世纪80年代末肯德基率先在我国开设连锁店以来,连锁商店在我国发展迅速。我国的商业企业计算机应用和网络建设也已具备一定基础,如在条形码识别系统、电子收款机的开发上已达到实际投入使用的水平。随着中国加入世界贸易组织,零售市场对外开放,大量外资、合资连锁商店将对我国中小型单体零售企业造成严重威胁。本小利微的中小型企业只有联合起来,走连锁化道路,实行规模经营,形成群体优势,才能摆脱困境,在竞争中求得生存与发展。

(8)便利店

便利店(Convenience Store)是位于居民区附近的实体店或提供网上购物的虚拟店,是指以经营即时性商品或服务为主,以满足便利性需求为第一宗旨,采取自选式购物方式的小型零售店或网上商店。

便利店的兴起缘于超市的变化(如超市的大型化与郊外化)给购物者带来的不便。超市的变化体现在距离、时间、商品、服务等方面。如远离购物者的居住区,需驾车前往;卖场面积巨大、品种繁多的商品消耗了购物者大量的时间和精力;结账时忍受"大排长龙"的等候之苦。以上种种使得那些想购买少量商品或满足即刻所需的购物者深感不便。于是,人们需要便利店这样一种方便的小超市来填补空白。

便利店具有距离的便利性、购物的便利性、时间的便利性、服务的便利性。很多便利店将其塑造成社区服务中心,努力为顾客提供多层次的服务。例如速递、存取款、发传真、复印、代收公用事业费、代售邮票、代订汽车票、火车票和飞机票等。对购物便利的追求是社会发展的大趋势,这决定了便利店具有强大的生命力和竞争力。

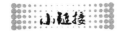

7-Eleven便利店诞生于美国,前身是成立于1927年的"南大陆制冰公司"。由于店铺的营业时间是从早上7点开始到晚上11点结束,1946年,南大陆公司正式将图腾店改名为7-Eleven,从而真正地揭开了便利店时代的序幕。1973年,日本的铃木敏文经过艰苦的谈判,拿下美国7-Eleven在日本的特许经营权,并于次年正式创办日本7-Eleven。

1991年3月,7-Eleven日本收购美国7-Eleven 73%的股权,成为其最大股东。

发展至今,7-Eleven遍布世界包括加拿大、澳大利亚、日本、泰国、中国等在内的200多个国家和地区,拥有超过100万家店铺。

在零售业有一种说法:"世上只有两种便利店,7-Eleven便利店和其他便利店。"在互联网无情冲击实体店的今天,7-Eleven一直保持着强劲的增长。数据显示,7-Eleven便利店是全球最赚钱的连锁便利店集团,2017年全球500强企业排名第167。

便利店商品以快消食品和日用品为主。其中,食品扮演了非常重要的角色。具备良好品质且方便食用的便当、面包、三明治、关东煮等鲜食,是吸引消费者进入便利店消费的主要因素。

从1987年增加代收电费服务开始至今,7-Eleven推出过50多种便利服务,涵盖票务代售、费用代缴、ATM、快递和多功能复印等诸多类别,一个便利店可以解决大部分生活服务需求。

(9)仓储式商店

仓储式商店是指以经营生活资料为主、储销一体、低价销售、提供有限服务的零售业态,一般采用会员制形式。企业向其经常性购买的顾客发放一种凭证,或者顾客向企业缴纳会员费或以其他规定的方式获得该凭证,依照企业的规定或会员章程享受价格优惠、免费服务等优待权。世界上最早的仓储式商店是1964年在德国开业的麦德龙,也有人说是1968年在荷兰建立的万客隆。中国第一家仓储式商店是1993年8月8日开业的广州天河广客隆。

仓储式商店的有以下特点。

①仓库与商店相结合,营业场所与商品储存场所在一处。

②投资少,内部装饰简陋,通过一切手段从各个环节努力降低成本。

③服务有限,主要出售顾客需要选择的大型、笨重的家用设备,如家具、冰箱、电视机等。

④批零兼营,适应批量购买的小企业和个人消费者。

⑤以低价取胜,微利促销,以批量优惠、会员优惠促进大量销售。

⑥通常实行连锁经营。

麦德龙股份公司(Metro AG)常称作"麦德龙超市",是德国最大、欧洲第二、世界第三的零售批发超市集团,在麦德龙和万客隆(仅限欧洲)品牌旗下拥有多家麦德龙现购自运商场。"现购自运"是指专业顾客在仓储式商场内自选商品,以现金支付并取走商品。与传统的送货批发相比,现购自运的优势在于较好的性价比,食品和非食品分类范围广,即时获得商品,更长的营业时间。商场提供 17 000 种以上食品,30 000 种以上的非食品。特别是在生鲜食品的供应上,包括水果/蔬菜、活鱼、肉制品、奶制品。麦德龙现购自运的目标顾客包括餐饮业,酒店业,食品、非食品贸易服务商以及机构采购。

麦德龙是第一家获得中国政府批准并在中国多个主要城市建立连锁商场的合资企业。麦德龙的到来填补了中国在仓储业态上的空白。

(10)购物中心

购物中心是指多种零售店铺、服务设施集中在由企业有计划地开发、管理、运营的一个建筑物内或一个区域内,向消费者提供综合性服务的商业集合体。如香港铜锣湾购物中心、华龙购物中心等。

购物中心通常位于城市的周边,规模一般在十几万至几十万平方米,大多以一两家名店为龙头,功能以购物为主,还提供餐饮、美容、休闲、娱乐等多种服务。人们到购物中心,不仅能购物,也能全方位地享受都市生活,是集游玩、娱乐、休闲、获取信息为一体的综合性商业集合体。由于来此购物的消费者大多驾车前往,因此购物中心常常设置大量的停车位。购物中心以优势服务、低成本、低价格吸引消费者,因信誉和全方位的服务而拥有长期、固定的客户。

小案例

香港旅游购物天堂铜锣湾

香港是亚洲的"购物天堂",而云集世界各地顶尖奢侈品的铜锣湾就是这个"购物天堂"最热门的购物中心。正所谓,到香港购物,必去铜锣湾。铜锣湾(Causeway Bay),原称东角,位于香港岛的中心北岸之西,是香港最主要的购物区之一,亦是繁荣的商业中心。该地段集中了很多购物中心、日资的百货公司以及酒店等,在街头巷尾还有很多餐厅,所有高档次的时尚潮流物品都可以在这里找到。现在,铜锣湾已成为尖沙咀以外最重要的旅游区。

说铜锣湾是购物天堂可一点也不夸张,聚集在这里的有时代广场、崇光百货、三越百货、皇室堡、世贸中心和利园百货等"超级"百货商场。从世界顶级名牌到地方名牌,全球几乎所有品牌都在这里设有专卖店;在铜锣湾,巴黎的奢华、米兰的典雅、伦敦的经典和纽约的简约风格构成了一道宜人的时尚风景。

(11)无店铺销售

无店铺销售也称直销,是不通过商店而向消费者销售商品和提供服务的一种形式。常见的有电话销售、邮购销售、访问销售、自动售货、电视购物、网上商店等。

小链接

网上购物,就是通过互联网检索商品信息,通过电子订购单发出购物请求,然后填上私人支票账号或信用卡的号码,厂商通过邮购的方式发货,或是通过快递公司送货上门。其特点是:成本低廉,覆盖面广,全年无休地经营,通过一对一的行销来提升顾客的满意度等。

随着互联网在中国的进一步普及应用,网上购物逐渐成为人们的网上行为之一,越来越多的人在网上买过东西。

目前,中国网络购物做得最好的要数淘宝网。阿里巴巴集团 2019 财年第三季度财报显示,阿里巴巴集团收入同比增长 41%,达到 1 172.78 亿元,成为中国首个实现单季营收破千亿的互联网公司。

其中,淘宝移动月度活跃用户达到 7.21 亿,同比新增超过 1 亿用户,为品牌和商家带来生意增量价值超过 9 000 亿元。7.21 亿人,意味着在中国平均每两个人中就有一个人是淘宝移动端的月活跃用户。

2)商业业态类型的选择

(1)选择商业业态类型的原则

①以消费者为中心。选择什么样的零售业态,必须以消费者为中心,并将其作为出发点。我国的超市就是适合消费者生活的需要而出现的。而 20 世纪 90 年代后期,我国出现大商场不断倒闭的现象,其最重要的原因,就是不顾消费者需要、盲目建设的结果。

②使业态合理化。在市场经济条件下,任何企业要发展壮大自己,都必须做好市场定位。就零售商业企业来讲,市场定位包括 4 个方面的内容。

一是区域定位,即商店应该开在什么地点、选择什么区段,才能取得区域优势。

二是规模定位,即商店的经营规模有多大才能产生规模经济效益。

三是商品和服务对象定位,即应该经营什么商品,经营什么档次的商品,以什么阶层的消费者为服务对象。

四是业态定位,也就是选择什么样的组织形式与经营方式与目标市场的需求相适应。业态定位是零售商业企业市场定位的重要内容。零售商业企业选择什么样的业态,要以业态合理化为原则,就是要与目标市场的定位相适应。

(2)影响零售商业业态定位的主要因素

①地址。零售商店的位置不仅影响到零售企业服务顾客的范围,也关系到零售企业业态的选择。选择业态首先考虑零售店的位置。位置不同各种外部条件就不同,应选择适当的商业业态。

②竞争程度。一般来说,经营同类商品的企业越多,距离越近竞争就越激烈。从这一因素考虑,零售商应尽可能避免集聚在一起开设新的商店,以免影响自己的商圈。当然,从消费者的角度来看,这种认识又是不全面的。因为,从消费者的心理和购物习惯来看,他们要求商店集中分布,形成商店群,这样可以产生"群体效应",带来诸多好处:一是可以低价购买商品。因商店较多,竞争激烈,商家自然会降价出售商品;二是商店众多,品种齐全,可以满足不同层次消费者的购买;三是购买商品可以"货比三家",有更多的选择余地,可以提高购买成功率。因此,在考虑竞争程度时,还必须综合利弊,作出抉择。

③商品。做商品买卖,必须对商品本身有充分的了解,这是经商必备之道。不同的零售业态,往往要求有不同的商品与之相适应。例如,服装就适宜于开专业店或折扣店,而不适宜于开超级市场或仓储店;又如家具就适合于开仓储店,而不适宜于开目录店;再如金银首饰,适合于开目录店,而不适宜于开邮购店。凡此种种,核心要求在于选择什么类型的零售业态,必须要考虑到商品本身的特点。

④规模和租金。一个商店的规模,主要取决于营业面积的大小。占地面积小,可以开便

利店或专业店;占地面积大,则可以开百货商店、超市或购物中心等。

在当代城市,物业的租金对零售业态的选择产生着日益重要的影响。因为租金的高低直接影响到经营费用的高低,从而影响到商品价格的竞争力。因此,有些零售业态可以在租金比较高的地段开设时装店、首饰店等专业店,而有些零售业态则适宜在租金比较低廉的地方开设,如超级市场、仓储商场、折扣店等。因此,什么样的零售业态,还必须考虑到城市的物业租金。

⑤其他。其他因素主要包括价格策略、销售方式、投资规模等,它们都会影响到零售业态的选择。例如,搞低价竞争,就可以选择折扣店、仓储店等低价竞争的零售业态;搞消费者自助服务,就可以选择超级市场这类自助服务的零售业态;投资规模小,就可以选择方便店这类投资规模要求不大的零售业态;投资规模大,就可以选择百货店、超级市场、购物中心这类投资规模要求较大的零售业态。

3.3 商务代理

3.3.1 商务代理的含义、特征与功能

1)商务代理的含义

商务代理也称商业代理或商事代理,是指代理人为被代理人代理商业事务并收取佣金的盈利性的商业活动。

商务代理属于委托代理,但是,商务代理与一般的委托代理不同。商务代理中代理人的代理行为属于商业性质,而其他委托代理中代理人的代理活动不属于商业性质。通常把从事商务代理活动的代理人称为代理商。

2)商务代理的特征

代理发展到今天,已成为各国较为普遍采用的购销方式。各国的代理制虽不尽相同,但概括起来都具有以下 6 个特征。

(1)代理商必须具备法人资格

代理商是独立经营的商业主体,与制造商建立了长期的固定关系,两者之间是平等互惠的关系,代理合同是它们之间的纽带。

(2)代理商的主要业务是采购和销售

商务代理中,被代理人主要是制造商或厂商,因此,代理商的主要工作是代理销售和代理采购。

(3)代理商的代理权有地域限制

代理商所从事的业务总是在一定的处所或一定的地区范围内进行,超过地区范围便不再具有代理权。

(4)代理商没有变动商品价格的权利

代理商接受被代理人的委托,必须严格执行制造商的商品定价,不能随意改动,一般只能在限价内上下浮动。

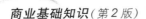

(5)代理商的佣金制度

商务代理是有偿代理,虽然不用承担市场风险,但销售过程中的费用一般自理,只是一些制造商委托代理商进行促销活动时,支付部分促销费用。代理商按销售额或采购额的固定比例提取佣金。

(6)代理商的代理活动必须在业务范围内进行

代理商主要是佣金代理形式的公司,对它所代理销售或采购的商品一般不具有法律上的所有权。代理商只能行使代理业务,不能对所代理销售或采购的商品进行业务之外的活动。

3)商务代理的功能

(1)开发新市场

当企业发展到一定规模的时候,通常会面临着开拓、占领新的市场,但本企业的营销人员对异地的新市场情况不十分了解,而商务代理对目标市场、需求变化、储运、渠道、销售等情况了如指掌,能够了解消费者的需求和挖掘潜在的需要。因此,通过商务代理可以有效地开发新市场。

(2)保持市场占有率

如今,我国市场正处于前所未有的激烈竞争时代,众多品牌不断涌现,产品间的差异性越来越小,同质性越来越高,保持市场占有率不是轻松的事情。商务代理由于熟悉目标市场,通常拥有一定的渠道和销售网点,对于企业保持市场占有率提供了更多的优越条件。

(3)适应环境变化,减少风险

商务代理在一定程度上能适应环境变化,使代理与被代理双方分担市场风险;商务代理又是一种信誉交易,它改变了传统的现金交易方式,按销售额的固定比例提取佣金,在一定程度上降低了结算风险。

(4)降低流通费用

实行商务代理,透明度高,是一种直达式的流通制度。商品首先由生产企业确定统一公开的最终销售价格,通过商务代理,减少流通环节,降低成本。例如,根据美国商务部的调查,独立批发商营销费用率一般为14%,而销售代理商流通费用率一般为4%。

(5)提供信息的功能

当今社会,信息对企业的发展至关重要。由于代理商广泛接触用户,触角遍布四面八方,其渠道广、信息灵的优势能够为生产企业提供很好的信息服务。

3.3.2　商务代理商的选择

1)选择商务代理的条件

(1)首先认清自己

①认清自己的经营思路。企业要有明确的经营思路,长期规划和清晰的目标。选择经销商的时候,应根据自己企业的营销思路和产品定位来决定取舍。例如,有的企业盲目选择

之后,才发现经销商的渠道和自己的产品不相符合。

②认清自己的资金实力。认清资金实力,许多厂家要求自己的渠道一定要"丰富多彩",各种渠道都要有,渠道能兼容厂家的各种产品。但是每个渠道都是要投入的,需要各种费用,例如,启动成本、渠道的促销、广告费用等。

③认清自己的市场行销能力和管理水平。这实际上是要求厂家能清晰地界定厂家和经销商各自在渠道中的角色定位问题。厂家只有清楚自己做市场推广工作的能力,才能更好地明确双方的责任和权利。除了加强对自己销售人员的管理之外,还要加强对经销商的管理认识,建立系统的经销商管理制度,制定合理的渠道政策有效地进行控制各种可能出现的渠道冲突,提高经销商的忠诚度,实现厂商双赢。

（2）慎重选择代理商

①考察代理商代理的商品。要选择与委托人经营的商品尽可能一致的代理商,可以充分利用代理商现有的商品营销网络及各种设备条件。选择时,应根据代理商代理的商品,进行分层、分级、细致的分析,确实切实可行,才能确定其为代理商。另外,不要选择代理产品较多的代理商,因为代理商代理的产品过多,会影响其代理能力。

②考察代理区域。要选择经营场地在商业比较发达地区的代理商,可以发挥多方面的优势:很好地发挥促销作用或辐射作用,打开销售市场;采购更好的商品;更好地接近顾客,了解市场行情;运送商品方便,节省费用,降低经营成本。

③考察代理商的影响力。要选择在市场上和社会上具有影响力的代理商,可以利用他们宽广的销售网络,较大的经营规模和较高的声誉,以及良好的人际关系,充分发挥代理商应有的作用。

④考察代理商的能力。着重考察代理商在融资、管理水平和服务方面的能力。融资能力包括代理商有良好的财产状况和具备承担风险的财力,并且有远见、有魄力,敢于投资,善于投资,可以减少风险、扩大市场,加快商品的周转;代理商要有相关的配套服务设施和服务项目,如仓库设施、运输工具、信息传播和售前售后服务等,可以维护或提高委托人的形象,提高委托人的信誉。

2）选择商务代理的步骤

（1）寻找

随着商务代理的不断发展,代理商的数量在不断增加。委托人要想很快找到称心如意的代理商并不是一件容易的事情。一般来说,寻找代理商可以通过两条途径进行,一是通过信函,二是通过广告。

（2）确定

委托人通过上述途径找到代理商后,就可以根据选择代理商的标准筛选代理商,最后确定适合自己的代理商。

3）代理确立后的工作

（1）支持代理商

代理商能否成功进行商务代理,一方面取决于自身的条件和能力,另一方面也离不开委托人的支持。委托人对代理商的支持可以有多种形式,概括起来,主要有以下6种。

①协助代理商拟订市场营销计划和策略,以便更好地开拓市场和占有市场。

②树立代理商的形象,并向社会大力推广。

③及时与代理商进行沟通,加强信息交流。

④提供必要的培训和指导,以便更好地贯彻委托人的意愿。

⑤共同进行广告宣传,共同承担新产品的宣传费用。

⑥其他形式。如在必要的时候提供资金支持等。

(2)激励或刺激代理商

代理商不是委托人的经营机构,两者是合作的性质。一般来讲,对代理商的激励或刺激措施主要有以下5种。

①提供优质商品。从某种程度上说,这是对代理商最好的奖励。

②积极的物质奖励。主要形式有:给予较高的佣金、奖金,给予一定的津贴等。

③消极的物质奖励。主要形式有:降低佣金、取消奖金、推迟交货、终止代理关系。

④代理权激励。代理权激励是指委托人通过变换代理权的形式与内容来激励代理商。代理权激励主要有两种变换形式:一是先采用多家代理再转为独家代理;二是先采用独家代理后转为多家代理。从长期来看,代理权的激励比一般物质激励作用更大。

⑤其他方式。如委托人在代理商进行一段时期的商务代理后,发现该代理商基本条件不错,但缺乏关键技术、设备或名牌商标,为了激励代理商,可采用技术授权的方式,给予其技术授权,即委托人将自己的技术、商标、品牌授予代理商使用,并从中收取一定的权利转让费。此外,还有委托人与代理商之间互相参股进行投资等方式。

(3)控制代理商

厂商将商品投入市场后,都力图控制其销售态势。当他通过代理商来销售商品时,就必须对代理商进行控制。对代理商的控制主要从以下3个方面着手。

①明确营销目标。任何一个厂商都有自己的营销目标和营销方案,为了使委托人与代理商的行动一致,必须让代理商了解委托人的营销目标和实施方案。为此,委托人在与代理商签订合同时可以加以阐明。

②确定评价指标。确定评价代理商工作成绩的各项指标,对代理商加以评估。

③设立奖惩制度。通过评估,对代理商进行奖优罚劣。

4)商务代理纠纷的处理

在商务代理中,委托人与代理商虽有利益一致的一面,但他们毕竟是市场中两个不同的利益主体,有各自的利益追求和目标,因此不可避免地存在着利益冲突的一面,如在代理权限、代理商品、代理佣金和费用等方面都会存在冲突等。

按照惯例,商务代理纠纷的解决,首先一般由双方协商和解;和解不成,交由仲裁机构进行仲裁;否则,可以提出诉讼,由法院进行判决。一般情况下,商务代理纠纷没有什么根本利害冲突的,主要通过协商和解来解决。

3.4　商业交易方式

3.4.1　商业交易方式的含义

商业交易方式是指商品交换的方式和手段,是商业主体为实现商品从生产领域向消费领域转移所采取的购销形式和经营方式。如购买货物既可以采用零售形式,又可以采用批发形式;可以采用现金形式,也可以采用赊账形式等。主要的交易方式包括经销、代理、招投标、拍卖、期货交易等。

3.4.2　商业交易方式分类

1)按照货款支付方式的不同分类

按照货款支付方式的不同分类,商业交易方式可分为现金交易、信用交易和票据交易。

（1）现金交易

所谓现金交易,是指在商品买卖活动中,在商品所有权转移的同时当即付清货款的交易方式。

现金交易是一种最古老的交易方式,它贯穿于商业产生后的整个历史行程之中。在现金交易中,商业运行所贯彻的基本原则是钱货两清的原则,即交易流程特点是"一手交钱,一手交货"。这个流程中完成了商品价值的运动、所有权的转让与商品实体的运动,商流、物流合一的运动方式是现金交易的本质特征。

现金交易的主要优点在于现金具有使用方便、灵活的特点,因此多数小额交易如零售交易是由现金完成的。

但现金交易也存在缺陷,主要表现在以下 3 个方面。

①易受时间和空间限制。对于不在同一时间、同一地点进行的交易,无法采用这种交易方式。

②受不同发行主体的限制。不同国家现金的单位和代表的购买力不同,跨国交易就不能直接用这种方式进行贸易往来,消费者必须要先兑换成可支付的货币形式,才可以进行支付。

③不利于大宗交易。大宗交易涉及金额巨大,使用现金作为支付手段,不仅不方便,而且不安全,增加交易的风险。

（2）信用交易

信用是指在商品经济条件下,卖方以赊销、延期付款的方式向买方提供信贷来促成交易。信用是商品经济发展的产物,并随着商品经济的发展而呈现出多种信用形式,如银行信用、商业信用、消费信用、国家信用等,其中最普遍的形式是银行信用与商业信用。

信用交易是指以商业信用为中介而进行的商品买卖活动,主要包括延期付款和预付货款两种形式。

（3）票据交易

根据《中华人民共和国票据法》,票据指的是一种记载有一定的付款日期、付款地点、付款人的无条件支付的流通凭证,也是一种可以由持票人自由转让给他人的债券凭证,如汇票、本票、支票、期票等。

票据交易是指以具有一定格式的书面票据为结算基础的交易方式。票据交易的出现是为了弥补现金交易的不足而出现的。通过使用票据,异地、异时交易都可以顺利进行,提高了交易实现的可能性,同时减少了携带大量现金的不便和风险。因此,在现代经济中,商品交易多以票据为媒介。

票据交易也存在一些问题,如票据易于被伪造、容易丢失,商业承兑汇票甚至存在拒绝付款和到期无力支付的风险,因此,使用票据仍然具有一定的风险。

2)按交易的时间不同分类

交易的时间不同分类,交易方式可分为现货交易和期货交易。

(1)现货交易

现货交易又称作"现货买卖",是指买卖双方采取即时或在较短的时间内进行实物商品交收的一种交易方式。

现货交易有以下4个特点。

①存在的时间最长。现货交易是一种最古老的交易方式,同时也是一种在实践过程中不断创新、灵活变化的交易方式。

②覆盖的范围最广。任何商品都可以通过现货交易来完成,人们在任何时候、任何地点都可以通过现货交易获得自己所需要的商品。在商品经济社会中,人们接触最多的就是现货交易。

③交易方式最为灵活。由于现货交易不受交易对象、交易时间、交易空间等方面的限制,因此,它又是一种最广泛的、灵活方便的交易方式。

④交收的时间最短。现货交易通常是即时成交,货款两清,或在较短的时间内实行商品的交收活动。应当指出,某些交易方式,例如信用交易中的赊销方式虽然实物交割与货款交付在时间上有一定的间隔,但仍属于现货交易的范畴。

(2)期货交易

期货交易是一种较为复杂的特殊交易方式,交易的客体并不是商品实体,而是商品的标准化期货合约。期货合约是一种在期货市场上可以任意转让的某一商品的标准化合同。一笔期货成交,是指买进几个期货合约或卖出几个期货合约。所以,期货交易可以理解为买卖标准化期货合约的交易。

小链接

期货交易的萌芽,出现于中世纪欧洲节庆时的市场上,最早的现代期货交易市场是1894年成立的美国"芝加哥商品交易所"。进入20世纪,进行期货交易的商品种类越来越多,诸如谷物、棉花、木材、有色金属、石油、国际通货、股票、债券等都在商品交易所上市。

小问题

冰箱现在已经走进千家万户,请问冰箱适合采用期货交易吗?

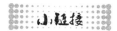

王先生预计三个月后玉米的价格要上涨,准备去期货市场赚取这笔差价。首先,王先生找到一家期货经纪公司,商谈好佣金等事宜,接着便在期货公司开户,并在账户上存入了一定数量的资金作为对以后每笔交易的保证金。然后,王先生通过当面、书面或电话的形式向经纪公司下达购买指令;经纪公司的交易指令中心接到指令后,以电话方式迅速传达给经纪公司所在交易所的出市代表,出市代表收到指令后以最快的速度将指令输入电脑,完成玉米合约的购买。在玉米合约被卖出前,期货交易所的结算部门每天按当天结算价结算客户账面盈利,经纪公司补交盈利差额给客户,如价格上涨,原合约 10 000 元,现在 15 000 元,就把盈利的 5 000 元加到客户的账户上,如价格下跌,就把亏损额从客户的保证金中扣除,直至最后玉米合约被卖出。

期货交易的功能:现代期货市场有规避价格风险和发现价格两大基本功能。

①规避价格风险功能。在实际的生产经营过程中,为避免商品价格的变化导致成本上升或利润下降,可在期货市场上买进或卖出与现货市场上数量相等但交易方向相反的期货合约,使两种市场交易的损益相互抵补。

②发现价格功能。在期货交易中,通过公开、公平、公正、高效、竞争的期货交易运行机制形成具有真实性、预期性、连续性和权威性价格的过程。期货市场形成的价格之所以被公众所承认,是因为期货市场是一个有组织的规范化市场。在期货交易所聚集了众多的买方和卖方,所有期货合约买卖都必须在交易所的交易场内通过公开竞价的方式进行,这样形成的期货价格能够比较准确地反映商品真实的供求状况及其价格变动趋势。

3.4.3　人工智能催生商业新业态

近年来,大数据、云计算、新一代信息技术已成为先进商业企业运营的"标配"。智慧商业成为新的发展趋势,不少商业企业纷纷布局其商业智能版图。其中,人工智能在越来越多的商业领域得到了广泛使用。

中国的人工智能市场近年来进入了快速增长期。艾媒咨询数据显示,中国人工智能产业市场规模于 2016 年达到 100.6 亿元,2017 年达到 152.10 亿元,2018 年达到 238.2亿元,2019 年增长至 344.30 亿元,2020 年超过 560 亿元。中国人工智能产业的快速增长,基于中国庞大人口和巨大市场规模所产生的大量数据,这是建立人工智能生态系统的先决条件。

政府的大力支持是人工智能产业在国内迅速崛起的又一个原因。过去几年,中国政府出台了不少相关政策,支持人工智能产业的发展。2016 年 5 月,国家发改委、工信部等发布《互联网+人工智能三年行动实施方案》,明确智能产业的发展重点,将人工智能提升到国家战略位置。2017 年 3 月,人工智能首次在政府工作报告中出现,并位列新兴产业之首。2017年 7 月,国务院印发了《新一代人工智能发展规划》,制定了国家人工智能产业政策,增强全国科技创新基础能力,提升经济发展和国防应用智能化水平,并预期中国的人工智能核心产业规模在 2030 年能超过 1 万亿元,带动相关产业规模超过 10 万亿元,从而使中国成为世界主要人工智能创新中心。2017 年 10 月,人工智能被写进十九大报告中。

2017年以来,国内各类商业企业加快发展智慧商业,人工智能的应用位列其中并迅速扩大,推动着未来商业现代化的发展。

1)智慧商业高歌猛进

2017年以来,一些商业企业纷纷布局全自动化的无人商店。2017年6月,无人便利店品牌"缤果盒子"正式投入商用。这是缤果盒子与欧尚集团在上海合作开设的首家无人便利店。顾客进入店内需先扫描门上的微信二维码,然后自助完成购物和付款的整个流程。同年9月,缤果盒子也提出了人工智能革新方案,其新推出的收银台可使用图像识别、超声波、传感器等多重交叉验证,准确率可超过99.9%。新的"动态货架"则可以通过摄像头捕捉更多用户信息,同时动态货架上还有专用的显示设备,可根据需要随时修改商品价格。阿里巴巴在2017年7月举行的淘宝造物节上展示了淘咖啡无人零售店,顾客可随意拿起想买的商品,或者通过店内的语音识别系统订购。离开时,入口处的系统会自动检测到顾客选择的商品并进行自动化电子划账结算。11月11日,苏宁易购分别于北京、重庆和徐州开设3家苏宁易购Biu无人店,主要售卖体育产品和生活用品。这些店最大的卖点是全程实现刷脸购物,消费者刷脸进店选购商品后,以正常步行速度通过付款通道即可实现付款。

2)购物过程更智能化

现时,实体店纷纷使用先进科技提升顾客体验。2017年7月,优衣库在北京、上海、广东、天津、福建等地的100家店铺推出"智能买手"。智能买手是一块内置感应系统,可以展示新品、优惠信息和推荐搭配,并进行互动的智能屏幕。优衣库希望通过这个智能系统帮助顾客更有效地找到产品。2017年9月,肯德基中国与蚂蚁金服宣布已经在其杭州分店"KPro"餐厅推出了一项新服务——人工智能技术面部识别功能。顾客通过虚拟菜单下单后,便可以在付款页面选择"面部扫描"进行付款。整个过程不到10秒钟即可完成。肯德基则早在2016年就与百度合作,在上海和北京开设了两家人工智能概念店——"Original+",打造人工智能服务场景。

在线上购物体验方面,企业通过储存消费者浏览网页的记录、产品搜索等资料建立资料库,了解消费者的需求和偏好,并实时作出相关的产品建议。2017年10月,苏宁易购宣布在旗下的互联网门店投入使用机器人"旺宝",提供购物服务和数据管理。借助人工智能、自主运动规划、大数据等技术,识别消费者身份,根据顾客个性化需求及其消费数据,开展相匹配的商品营销和其他服务,再同步将线下数据传至线上。

3)库存管理得以优化

商业企业使用人工智能强大的数据收集和分析能力,能准确预测不同因素对存货量的影响,包括顾客需求变化、天气改变、折扣活动等,从而更有效地改善库存,更好地控制成本。早在2017年10月,京东就在上海建成全球首个全流程无人仓,从入库、存储到包装、分拣,实现全流程、全系统的智能化和无人化。京东无人仓日处理订单能力超过20万单。

专家认为,人工智能在商业活动上无疑带来了不少便利,也使企业运营提高了效率和效益。然而,目前人工智能技术也面临一些问题。首先,由于现时人工智能尚处于初步运用阶段,企业需要累积经验,才能真正体验并充分发掘人工智能带来的优势。此外,使用人工智能产品的初始资金投入很大,加之该项技术迭代更新快速,将令企业存在成本增加与技术过时的风险。另一方面,人工智能的应用还存在以下隐忧,例如,大量中低技能的工作岗位将会被机器所取代,造成失业人员增加,以及个人资料和数据被窃取、外泄等问题。

即便如此,国内有关人工智能的智慧商业活动仍如雨后春笋般不断涌现。可以预见,今后中国商业将出现更多人工智能技术催生的新业态。同时,越来越多的企业将继续探索和使用这类新科技,结合数字化技术的发展,为产业升级和消费升级寻找新方向,为商业活动注入更多的新力量,进一步推动流通业的现代化。

【做一做】

一、经典案例阅读

19世纪中期,美国中西部大规模发展。由于芝加哥特殊的地理位置(毗邻中西部平原和密歇根湖),使其从一个名不见经传的小村落一跃成为重要的粮食集散地。中西部的粮食汇集于此,再从这里运往东部消费区。然而,由于粮食生产特有的季节性,加之当时仓库不足、交通不便,粮食供求矛盾异常突出。每年谷物收获的季节,农场主们用车船将谷物运到芝加哥。因谷物在短期内集中上市,供给量大大超过了当地市场需求,而恶劣的交通状况又使大量谷物不能及时疏散到东部其他消费地区,加之仓储设施严重不足,粮食购销商无法采取先大量购入再见机出售的做法,所以粮食价格一跌再跌,还是无人问津。可是,到了来年春季,因粮食短缺,价格飞涨,消费者深受其害。

于是粮商们率先行动起来,他们在交通要道旁边设立仓库,收获季节从农场主手中收购粮食,来年发往外地,缓解了粮食供求的季节性矛盾。不过,粮商因此要承担很大的价格风险。一旦来年粮价下跌,利润就会减少,甚至亏本。为此,他们一般在购入谷物后立即跋涉到芝加哥,与这里的粮食加工商、销售商签订第二年春季供货合同,以事先确定销售价格,进而确保利润,规避风险,并在长期的经营活动中摸索出了一套固定的交易方式。

1848年,82位商人共同组建芝加哥期货交易所(CBOT)。当时的交易所只是一家提供价格信息、促成商会的交易商会组织。在随后的远期交易的过程中遇到了很多困难,如商品的品质、等级、价格、交货时间、地点等都是根据双方的具体情况达成,不具有代表性。因此,一方一旦违约或价格情况发生变化,转让变得十分困难。针对上述情况,1865年芝加哥期货交易所推出标准化期货合约,同时对交易双方收取不超过合约价值10%的保证金。这是具有历史意义的制度创新,促成了真正意义上的期货交易的诞生。

阅读思考:

1. 什么是期货交易?

2. 期货交易的功能有哪些?

二、实训活动

◎ 内容

通过网络或实地调查一个批发商业企业与一个零售商业企业的业务流程,分析其不同商业贸易形式以及不同的运作过程特点。

◎ 目的

分析两大商业交易方式的运作过程有什么特点？区别是什么？

◎ 人员

1.实训指导:任课老师。

2.实训编组:学生按8～10人分成若干组,每组选组长及记录员各1人。

◎ 时间

3～5天。

◎ 步骤

1.教师在校内组织安全教育。

2.学生去批发市场。

3.学生去百货商店、超市、便利店等零售店。

4.调查文档。

5.小结。

◎ 要求

从选址、规模、客流量、消费者的类型、购物环境等方面加以观察,初步认识批发和零售的特点。

◎ 认识

商业交易方式有很多种,不同类型的商业交易方式都有着其存在的客观性,并不以人们的意志为转移。对商业交易方式总体特性的了解,将有助于对不同交易方式的选择。

【任务回顾】

随着经济和科技的日益发展,商业交易方式也在不断地发生变化,新的业态层出不穷,各放异彩。不同的商业交易方式对商业企业的运行和消费者的生活方式、消费结构和消费心理会有不同的影响。

【名词速查】

1.佣金

佣金是商业活动中的一种劳务报酬,是具有独立地位和经营资格的中间人在商业活动中为他人提供服务所得到的报酬。

2.法人

法人是具有民事权利能力和民事行为能力,依法独立享有民事权利和承担民事义务的组织。简言之,法人是具有民事权利主体资格的社会组织。作为口语,有时将法人代表也称为法人。

3.融资

从狭义上讲,融资是一个企业的资金筹集的行为与过程。也就是公司根据自身的生产经营状况、资金拥有的状况,以及公司未来经营发展的需要,通过科学的预测和决策,采用一定的方式,从一定的渠道向公司的投资者和债权人去筹集资金,组织资金的供应,以保证公司正常生产需要,经营管理活动需要的理财行为。

从广义上讲,融资也叫金融,就是货币资金的融通,当事人通过各种方式到金融市场上筹措或贷放资金的行为。

【任务检测】

一、单选题

1. 以下哪个属于无店铺零售业态(　　)。
    A. 超级市场　　　B. 百货公司　　　C. 便利店　　　D. 电视购物
2. 批发商业的首要职能是(　　)。
    A. 加工整理商品　B. 集散商品　　　C. 调节功能　　　D. 融通资金
3. 代理商按(　　)或采购额的固定比例提取佣金。
    A. 销售额　　　B. 批发额　　　C. 定购额　　　D. 出口配额
4. 集大型卖场、邮局、旅行社、机票销售、娱乐等社区服务于一身的大型商城是(　　)。
    A. 大型超市　　B. 百货店　　　C. 仓储会员店　D. 购物中心
5. (　　)是指以具有一定格式的书面票据为结算基础的交易方式。
    A. 现金交易　　B. 票据交易　　C. 信用交易　　D. 期货交易

二、多选题

1. 批发市场依据所在地性质不同,分为(　　)。
    A. 产地型批发市场　　　　　B. 消费地批发市场
    C. 中转地批发市场　　　　　D. 高级批发市场
2. 商务代理的功能包括(　　)。
    A. 开发新市场　　　　　B. 保持市场占有率
    C. 适应环境变化,减少风险　D. 降低流通费用
    E. 提供信息的功能
3. 代理商确立后的工作包括(　　)。
    A. 支持代理商　　B. 激励代理商　　C. 惩罚代理商
    D. 控制代理商　　E. 刺激代理商
4. 连锁店的经营形态按照所有权和经营权集中程度不同,可以分为(　　)。
    A. 正规连锁　　B. 特许连锁　　C. 自由连锁　　D. 合作连锁
5. 现货交易的特点是:(　　)。
    A. 存在的时间最长　　　　　B. 覆盖的范围最广
    C. 交易方式最为灵活　　　　D. 交收的时间最短

三、判断题

1. 承担流通中的风险,是批发交易的主要职能。　　　　　　　(　　)
2. 超级市场适合经营高档、贵重商品如珠宝等。　　　　　　　(　　)

3.一般来说,大宗的、均质的、价格容易波动的初级产品买卖适宜于期货交易方式。　　　　　　　　　　　　　　　　　　　　　　　(　)

4.信用交易中最普遍的形式是消费信用和国家信用。　　　　　　(　)

5.专业商店的根本特征就是一个"专"字。　　　　　　　　　(　)

四、思考题

1.批发商业的特点是什么?

2.简述购物中心的特点。

3.选择商务代理的步骤有哪些?

参考答案

一、单选题

1. D　　　2. B　　　3. A　　　4. D　　　5. B

二、多选题

1. ABC　　　2. ABCDE　　　3. ABDE　　　4. ABC　　　5. ABCD

三、判断题

1. √　　　2. ×　　　3. √　　　4. ×　　　5. √

四、思考题

1.批发商业的特点是什么?

与零售商业比较,在经营活动上批发商业有其自身的特点。

①批量交易,价格低。

②交易双方购销关系稳定。

③经营范围广,经营和服务网点少。

④专业性强。

⑤处于流通领域的中间环节。

2.简述购物中心的特点。

功能以购物为主,还提供餐饮、美容、休闲、娱乐等多种服务。购物中心常常设置了大量的停车位。购物中心以优势服务、低成本、低价格吸引消费者,拥有长期、固定的客户。

3.选择商务代理的步骤有哪些?

(1)寻找

①通过信函。

②通过广告。

(2)确定

委托人通过上述途径找到代理商后,就可以根据选择代理商的标准筛选代理商,最后确定适合自己的代理商。

任务 4
理解市场与商品价格

任务目标

1. 清楚市场的内涵。

2. 理解市场的功能和市场类型。

3. 会分析市场商品供求关系的变动。

4. 叙述价格的概念。

5. 了解商品价格的制定方法。

6. 描述商品价格的特点与作用。

7. 清楚市场竞争的主要形式。

课时建议

知识性学习:8 课时。

案例学习讨论:1 课时。

现场观察学习:6 课时(业余自主学习)。

【导学语】

你知道什么是市场？什么是商品价格？为什么在市场中,商品经营者会围绕商品价格而进行恶性商业竞争？

> 听说咱们附近的几个超市都在降价,降价总是好事吗？

> 这一任务是教我们了解这些问题的吗？

请大家跟我一起看看曾经发生在广东茂名市的一个真实的故事。

小案例

别让低价毁了你的生意

中国经济由 20 世纪 70—80 年代的短缺经济,转为现在的过剩经济。各行各业的竞争都非常激烈,时常会看到一些店铺倒闭、企业倒闭、老板跑路的新闻。这中间有企业自身实力不济的消亡,也有恶性竞争带来的整个行业的凋敝。

卖家无原则,买家贪便宜。为了抢占市场,一些人做出损人不利己的事,通过低价竞争,赢得短暂的利益。从长远来看,价格战对于诸多企业和经销商来说无异于自寻死路。

看看这个真实的故事

客户:你们那一件货价格是多少？

经销商老板老李:25 元。

客户:怎么那么贵？别家老王同样的一件货才 20 元。

经销商老板老李心想:不可能,一件货我只赚几块钱,靠的都是销量,老王价格比我还低,他是怎么做到的？拼了！就算赔钱,也要先把老王干掉！

经销商老板老李:那好,我 18 元钱给你,你要多少？

就这样一件货赔几块钱,老李的货反正是卖出去了,但他心里想的是,老王产品价格怎么这么低？他能赚钱吗？

近年来,经销商生意竞争是越来越激烈了,要面临的竞争对手数不胜数,其中最激烈的要数同行之间的竞争。

在这个竞争日益激烈的市场里,每家经销商都有自己的经营之道,技术、质量、服务项目都有可能成为获得客户青睐的杀手锏,最快占有市场的还当数谁的价格最低。

从此以后,老李每次一遇到客户提起老王的价格,即使不赚钱也要接这个单,就是为了和老王抢客户。

1年过去了、2年过去了,在老李的"努力"下,终于看见老王的生意做不下去了,大门贴着"本店转让"4个字。

就在老王的生意转让出去的那天,从来没有过交流的老王突然跑到老李的厂里,对老李说:"兄弟,以后我都不做生意了,当时为了把你挤垮,我一直做亏本买卖啊! 没想到你卖得比我还便宜。对了,接我生意的叫小张,他脑子很活,你得小心啊。"

老李苦涩地笑了笑,一句话也说不出来,心想:走了老王又来小张,这赔钱卖货的日子什么时候是个头?!

又过了2年,老李的大门也贴着"本店转让"4个大字,特别扎眼。

"抢别人的单,断自己的路!"以低价接单的人只看重眼前利益,看似迫不得已的个体选择,却在危害行业整体的健康发展。合作是讲双赢的,羊毛永远是要出在羊身上的,只有羊肥了,羊奶才会更多。没有利润,没有价格,没有好的现金流,就不可能有足够的资金去做更大的市场投资,就不可能有利润空间提供最好的服务。

观察现在的食品行业,你会发现,同类产品严重过剩,价格一家比一家低,哪个产品赚钱,大家就一窝蜂做哪个产品。哪个款式卖得好,大家都仿照该款式来做,同样一个品种,从2元到10元都有,包装上根本看不出差别。客户只看表面,感觉差得不太多。事实上,在看不见的地方,差距甚大。但是客户并不知道,他们盯着便宜的买,劣币驱逐良币,慢慢好的东西为了生存,也开始降价。

价格做烂了还能做好吗? 不可能!

价格是把双刃剑,可以伤人,也会伤己。非理性的价格战,通常等于同归于尽。

过度的价格战,低价竞争,不仅损害同行,累死自己,坑消费者,更损害中国的产业链,损害经销商的未来! 拒绝低价竞争,从我做起。

想一想:
1.两家企业所采用的是什么价格政策?
2.两家企业采用的价格政策有什么利弊? 这样的竞争是正常的价格竞争吗?
3.两家的价格竞争会影响整个市场秩序吗?

【学一学】

4.1　市场

4.1.1　市场的内涵

1)市场的含义

对市场的含义,可以从不同层次上加以考察。从较浅显的层次上看,市场是人们进行交换活动的场所,即进行交易的地方。离开一定的场所,商品交换就难以进行,如商店、商场、集市等就是商品交换的场所。从较深的层次来看,市场反映着商品交换关系的总和,即商品交换过程中各种经济关系的总和。参加商品交换活动的各个当事人(包括生产者、中间商、消费者),在商品交换过程中形成了错综复杂的利益关系。这些关系的总和,构成了市场含义的本质内容。

小链接

世界最大的珍珠零售市场

有着"京城珍珠第一家"美誉的红桥市场,已经成为世界最大的珍珠零售市场。红桥市场目前拥有300余家珍珠经营商,珍珠成品年销售额占世界的三成之多。从规模和档次上,红桥市场的珍珠在世界上都有较大的影响力。吸引着世界各地的顾客到红桥市场购买珍珠。

伴随着每年成千上万的外国游客的到来,红桥市场先后接待了包括联合国秘书长科菲·安南、美国前总统克林顿、英国前首相撒切尔夫人、瑞典首相佩尔松、俄罗斯总统普京夫人等在内的近百个国家1万余人次的各国政要和使节。

有趣的是,一些来京旅游的国外游客会主动提出前往红桥市场购物,并主动付给导游小费。

在红桥市场里,满眼望去净是黄头发、白皮肤或黑皮肤、黑头发的老外们,随处可以听到用英语的讨价还价声。

有人说,如果去北京旅游,故宫和长城是必看的北京风景;如果去购物,红桥市场、秀水街、中关村是必选的场所。

想一想:
1. 珍珠市场的交换主体是谁?
2. 交换客体是什么?

2)市场的基本属性

(1)客观物质性

市场是和商品交换同时产生的,是社会生产力发展到一定阶段的产物。其产生不依赖于人的主观意志。市场运行有自己的客观规律性。

(2)历史性

市场与商品一样是历史的产物。无论哪一种社会形态,只要具有适宜于市场经济存在的客观经济条件,市场就必然存在。

(3)社会性

表面上看,市场交换活动中,所存在的是物与物,或物与货币的关系。实质上,市场交换反映的是人与人之间的社会关系。

3)市场要素和市场交易原则

(1)市场的基本要素

①市场交换主体。市场交换主体就是参与市场交换活动的当事人,主要是商业和顾客。成为市场交换主体,必须具备一定条件,如必须对所交换的商品具有占有和支配权。

②市场交换的客体。市场交换的客体就是市场交换的物质对象,即商品。

③市场交换的媒介物。市场交换的媒介物就是对商品交换起媒介作用的货币(包括信用)。

④市场载体。市场载体是指市场主体交换商品所需要的物质设施,如仓储设施、运输设施、通信设施及商场设施等。

（2）市场的交易原则

市场的交易原则包括:自愿原则、平等原则、互利原则、商业道德。

4.1.2 市场功能与市场类型

1)市场的功能

（1）交换的功能

社会分工要求交换,只有专业化生产经营的各个主体彼此联系、配合起来,社会分工才有意义,社会经济才能正常运转。市场将参加交换的各个主体的商品,纳入商品交换的网络之中,完成交换,保障社会经济正常运转。

（2）资源配置的功能

资源配置有两种方式:一种是计划,即由组织通过命令、法规等方式实现资源的筹集、运用和分配;另一种是市场,即通过市场的综合作用,引导资源配置到效益较好的环节上去,其实质是利益调节。由于市场配置资源符合经济活动的内在规律,因此是世界各国普遍运用的资源配置方式。

（3）价值实现的功能

生产经营中所耗费的物化劳动与活劳动,在产品进入市场、顺利售出之前并不能获得社会的承认。只有产品成为商品,实际完成商品交换之后,所耗费的劳动才被承认为社会劳动并得到补偿,商品的价值才得以实现。不经过市场,产品的价值便无从实现。

（4）经济核算的功能

各种产品、各项生产要素、各类劳动在进入市场之前,没有共同的尺度,无法相互比较。只有在市场上、竞争中,产品的价值才能得到货币表现,各项生产要素的意义才能得到一致评价,复杂劳动才能换算为简单劳动。没有市场,各种经济因素就不能公平而自由地交换,就不能得出普遍适用的统一尺度。因此,市场具有很好的经济核算功能。

（5）调剂供求的功能

市场上有各种市场信号,有价值性的,如价格、工资、利率、汇率等;也有数量性的,如短缺、积压、长线、短线等。无论哪一种信号,都引导着生产者、经营者和消费者的行为选择,影响着生产、消费、运输、储存、流通、分配,从而促使供给与需求由不平衡趋向平衡。

（6）信息导向的功能

市场是各方信息汇聚之处,生产者在这里探询消费意向,经营者在这里寻找流通热点,消费者在这里获取产品信息、经营动态,无数信息被发布、接收、分析、反馈,构成了庞大复杂的信息流,从而为社会经济高效、有序、健康、稳定地运行创造着条件。

2)市场的类型

市场的种类多种多样,可以按不同的标准进行划分。

(1)按商品交换的主体不同,可以分为消费者市场与组织市场

消费者市场的购买者是个人消费者,他们购买的目的是满足生活消费需要;组织市场又分为产业市场、中间商市场和政府市场,其购买者是各类组织,它们购买的目的不是用于个人消费,而是加工、转卖、租赁或执行政府职能。

(2)按商品交换的客体不同,可以分为商品市场和要素市场

商品市场上交换的对象为经济活动的产出,要素市场上交换的对象则为经济活动的投入。商品市场又包括消费品市场、生产资料市场和服务市场,要素市场则包括金融市场(含资本市场与货币市场)、劳动力市场、房地产市场、技术市场、信息市场等。

(3)按商品交换的时间界限和商品交割的程度不同,可以分为现货市场和期货市场

现货市场又分为即期现货市场和远期现货市场两部分。它们都是进行的现货交易。在即期现货市场中,现货交易的规则是钱物两讫,基本上是一手交钱,一手交货,即使不是即期的商品交割,也是在很短的时间内进行实物商品的交割。远期现货市场进行的是远期合同交易,交易规则是同签订在先,商品交割在后。由于即期现货交易和远期现货交易,其交易的最终目的是进行实物商品的交割,因此,通称为现货市场。期货市场上进行的是期货交易,其交易规则较为复杂。期货交易的最终目的不是进行实物商品的交割,而是套期保值或投机牟利,绝大多数交易以对冲结束。因此,期货交易与现货交易具有质的不同。

(4)按商品交换的空间范围不同,可以分为地方市场、全国市场和国际市场

所谓地方市场,是指商品交易以特定的地方为活动空间的市场。这里的"地方"是指一个国家的某个局部范围。从城乡差别来看,地方市场又可以分为城市市场与农村市场两部分;从形成的成因来看,地方市场又可以分为自然形成地方市场和行政分割的地方市场两部分。

所谓全国市场,是商品交易以全国范围为活动空间的市场。全国市场的形成,并不排斥地方市场的发展。相反,地方市场的发展有助于全国市场的形成和发展。地方市场和全国市场都是国内市场。

所谓国际市场,是指商品交易跨越国界并以世界范围为活动空间的市场。国际市场是随着社会分工和社会化大生产的国际化而产生和发展起来的。国际市场又分为区域性的国际市场和统一的国际市场。所谓区域性的国际市场是指由某几个或某些国家联合为一体的跨国市场。如欧洲经济共同体市场、北美自由交易区市场就是如此。据统计,近来在国际贸易中,每年通过这种区域性国际市场完成的贸易额约占全球贸易额的一半。所谓统一的国际市场是指世界市场完全一体化的市场。随着世界经济的全球化和信息化的不断发展,统一的国际市场将逐步形成。

小链接

国际市场的特征

第一,国际市场的交易,是不同国家之间的商品交易,同时也是不同国家之间的经济主

体发生的交易关系,因而它必然涉及国家之间的关系,从而也必然有各国政府直接或间接的参与。

第二,相对于国内市场而言,国际市场的容量更大。

第三,国际市场的参与者无论在数量上还是在实力上都是国内市场所不能比的,因此,其竞争的激烈程度远远大于国内市场上的竞争。

第四,在国际市场上进行交易,其影响因素更多更复杂。各国的经济环境、政治环境、人文环境以及政府行为等都会成为国际市场的影响因素。

(5)按商品交换的场所不同,可以分为有形市场与无形市场

有形市场是指商品交换有固定的场所,如传统的集市。无形市场是指商品交换并无固定的场所,各方当事人通过电话、计算机网络等接洽、成交。随着信息技术和网络技术的发展,无形市场的重要性将会大大提高。

(6)按商品交易的管制程度不同,可以分为自由交易市场和限制性交易市场

所谓自由交易市场,是指商品自由交易、经营者自由出入、价格自由决定、信息公开透明的市场。所谓限制性交易市场是指政府有限度地放开交易的市场或者说政府对某些方面的交易采取禁止交易政策的市场。例如,政府规定某一市场中,某些商品可以交易,某些商品不可以交易,某些人可以进场交易,某些人不可以进场交易等,这样的市场就是限制性市场。凡是违背政府的管制而进行交易的市场就是通常所讲的"黑市"。

(7)按购买目的是最终消费还是加工或转卖,可以分为零售市场和批发市场

批发和零售的区别不在于量的大小,而在于流通的环节。购买的目的是为最终消费的市场是零售市场;相反就是批发市场。

(8)按市场竞争程度的不同,可以分为完全竞争市场、垄断市场和不完全竞争市场等

完全竞争市场又称纯粹竞争市场,是指一种竞争完全不受任何阻碍和干扰的市场。

完全竞争市场是一种最理想的市场类型。因为在这种市场状况下,价格可以充分发挥其调节作用。从整个社会来看,总供给与总需求相等,资源得到了最优配置。

但是,在现实经济生活中,完全竞争的情况是极少的,而且,一般来说,竞争最后必然导致垄断的形成。

完全垄断市场又称独占性市场,是指完全由一家企业所控制的市场。

在完全垄断市场上,由于只有一家做主,因而这一卖主就可以操纵价格。操纵价格必然高于实际价格,因为垄断企业作为价格的制定者,他知道每多售出一单位的产品都将导致价格的下降,这会使他通过限制产量来控制价格,从而把价格保持在较高水平上,以获取最大利润。

一般来说,完全垄断市场的运行对社会经济是有害的,但也并不是所有的完全垄断都是有害的。例如,有些完全垄断,尤其是政府对某些公用事业的垄断,并不以追求超额利润为目的。这些公用事业往往投资大、周期长且利润低,但公用事业也是经济发展和人们生活所必需的,由政府垄断经营会产生外部效益而给社会带来好处。

完全竞争市场和垄断市场是市场结构的两个极端,但是在现实中,更多的是各种中间状态的市场类型。

每种市场类型都需要具备一定的条件,3 种类型市场条件见表 4.1。

表4.1 3种类型市场条件

市场	完全竞争市场	完全垄断市场	不完全竞争市场
条件	①有众多的市场主体,即极大数量的买者和卖者。 ②市场客体是同质,即产品不存在差别。 ③生产资源可以完全自由流动,每个厂商都可以自由地进入或退出市场。 ④信息是充分的,即消费者充分了解产品的市场价格、性能特征和供给状况。生产者充分了解投入品的价格、产成品的价格及生产技术状况。	①卖方是独此一家,而买家则很多。 ②由于各种条件的限制,如技术专利、专卖权等,使其他卖者无法进入市场。 ③市场客体是独一无二的,不存在替代品。	①有大量的买者和卖者,每个厂商所占市场份额微不足道。 ②不同厂商的产品不同质,但又有较强的替代性。 ③厂商可以自由进入或退出该行业。 ④厂商行为互相独立。

3)现代市场体系的主要特征

现代市场体系处于不断丰富和发展过程之中,它不仅包括消费品和生产资料等商品市场,而且包括资本市场、劳动力市场、技术市场、信息市场以及房地产市场等生产要素市场。其中,商品市场、资本市场和劳动力市场是现代市场体系的核心,现代市场经济只有借助于完整的市场体系才能有效地配置资源。现代市场体系有如下特征。

（1）统一性

现代市场体系是统一的,由各种相互作用,相互联系在一起的子市场的有机的结合体。现代市场不仅使消费者在商品的价格、品种、服务上能有更多的选择,也使企业在购买生产要素和销售产品时有更好的选择。

（2）开放性

现代市场体系是开放的,市场主体能够自由地进入市场参与竞争,商品和要素能够在不同行业、部门、地区、国内外自由流动,现代市场体系对外开放是渐进的、全方位的。现代市场是一个开放的市场,能使企业之间在更大的范围内和更高的层次上展开竞争与合作,促进经济发展。

（3）竞争性

现代市场体系是竞争性的。竞争是指各经济主体为了维护和扩大自己的利益而采取的各种自我保护的行为和扩张行为,努力在产品质量、价格、服务、品种等方面创造优势。充分的市场竞争,会使经济活动充满生机和活力。在各类市场竞争中,垄断竞争对当代市场体系的开放具有特别重要的意义,它要求并且促进了国际分工,扩大了产品的市场空间,促进了市场一体化。

（4）有序性

现代市场体系是有序的,有序的市场体系才有效率。有行业自律、完善的行政执法、舆论监督、群众参与相结合的市场监管体系。市场有序性能保证平等竞争和公平交易,保护生产经营者和消费者的合法权益。

（5）脆弱性

现代市场体系是脆弱的。经济全球化存在一系列矛盾,易于形成对市场体系的冲击,各种外部冲击导致市场体系的脆弱性。这些冲击可能来自商品市场,也可能来自资本市场,还可能是来自资本市场和货币市场的投机性冲击。

4.1.3　商品供求关系

1）商品供求关系的实质

（1）商品供求关系的概念

商品的供求关系指商品市场上一定时期某种商品的供给量与需求量的对比关系,其表现形式为供过于求、供不应求或供求平衡。通常意义上讲的"畅销",是指某种商品在某一时期在市场上供不应求。而"滞销"或"难销",是指某种商品在市场上处于供过于求的状态。

（2）商品供求关系的实质

商品的供求关系,实质上体现着人与人之间的关系。其中有买者和卖者的关系,生产者与消费者的关系。在商品经济和市场经济条件下,买者和卖者、生产者和消费者都不是作为个人,而是作为一个总和、一个统一体来相互影响的。他们互为条件,互为对方的存在而存在,构成矛盾的统一体,推动着市场运动不断发展。

2）商品供求关系量的规定性

（1）商品供给量

商品供给量是指一定时期内进入市场并用于满足需要的商品数量。商品供给量首先表现为具有使用价值的商品的实物量,但同时表现为一定的价值量。

商品的实物量要通过价格转化为价值量。在一种商品使用价值既定的情况下,商品价值量的货币表现会随着价格的涨落而变化,呈现正比例关系。一般来说,商品供给量会随着市场价格上升而增加,随着商品价格下降而减少。

商品供给除直接受价格制约外,还受以下因素的影响。影响因素见表4.2。

表 4.2　影响因素

因　素	原　因	影响分析
生产能力	生产是供给的基础,没有生产的发展,供给就不能增加,贸易量亦不会扩大。	通过改变生产规模,增加投入,其供给量可以增加;反之则减少。
科学技术水平	科技越发展或先进,越能大大促进供给的增加,并可将缺乏供给弹性的商品转变为富有弹性的商品。	科学技术水平不断进步能增加商品的产量,提高产品质量,并使厂商更易于适应市场需求的变化。

续表

因　　素	原　　因	影响分析
生产成本	价格一定时,成本增加,利润减少。	当生产成本提高而售价未变时,则供给量或少,企业会转向生产盈利较高的产品。
自然条件	这主要是针对农产品供给而言的。	自然条件对农产品供给影响甚大。也会影响与农产品有关的加工制造部门的供给量,如纺织工业、食品加工等行业。
政府的政策措施	在当代,绝大多数国家基本上是实行市场经济体制,但政府却越来越多地参与市场调控。	政府的政策措施能够鼓励或抑制某种商品的生产。政府通过补贴、减税或退税、加速折旧、投资优惠等办法来刺激生产,增加投资,增加供给。相反,政府增税、提高利率等则会使生产萎缩,供给量减少。

（2）商品需求量

商品需求量,是指在一定时间内在市场上出现的有支付能力的对商品的需求数量。需求由购买者愿意购买及购买者有相应的支付能力这两个条件构成。如果只有前者,只能认为是购买愿望,而不是需求。

商品需求的特点是:具体性、复杂性、层次性、发展的不平衡性、多变性、不断上升性。这些特点是相对的,因为对不同的商品,在不同的时间、地点、条件下,它们又存在着差异。在一般情况下,需求量随价格的上升而减少,随价格的下降而增加。

小知识

需求弹性

需求的价格弹性又称为需求弹性,它是用来衡量需求量的变动对于价格变动的反应程度。需求弹性小的是一般生活资料商品,如粮、油、布等;享受资料如高级消费品则需求弹性较大。影响商品需求弹性的因素主要有:商品的种类、商品的替代性、商品的价格、人们的收入状况、产品的耐用性、消费习惯、时间因素等。

由于在商品需求中有些商品可以相互替代,因此出现需求的交叉弹性。交叉弹性越大,两种商品的相互替代性就越大;交叉弹性越小,两种商品的替代性就越小。

与需求价格弹性相类似的是需求收入弹性,它表示需求量的变动对于收入变动的反应程度。一般情况下,生活必需品的需求收入弹性较小,高级消费品或奢侈品的需求收入弹性较大。

想一想:

价格虽然降低很多,但是人们的购买也不会增加多少的商品,其价格需求弹性大还是小?

4.1.4　商品供求规律

1)商品供求规律的基本内容

供求规律是指商品供给和商品需求之间必然要相互适应,总是向供求平衡方向发展的一种必然趋势。供求规律的基本要求是供给决定需求,同时又必须不断地适应需求。供给决定着需求的物质对象,需求支配着供给的目的和方向。供给与需求互为条件,相互依存,构成一种对立统一的关系。

商品供给与需求趋向于平衡,并不表明供求关系每时每刻始终都处于平衡状态。所谓供求趋向于平衡,实际上意味着供求平衡只是在供求失衡状态下的一种客观必然的运动趋势和归宿。这是由供求矛盾关系所决定的。不平衡—平衡—不平衡是商品供求矛盾运动的规律。

在这一矛盾运动中,价格作为信号灯,起着关键作用,当供不应求的时候,价格上涨,刺激供应增加,达到供求平衡;随着供应的增加,价格下降,供应随价格的降低会逐步减少,供应减少到一定时刻平衡被打破,开始新的循环。

小案例

电视剧《大宅门》中有这样一个片段:七爷白景琦一行人在药材市场先是高价购买黄连100斤,继而放出口风说还需要1 000斤,并持币待购,各药商见有利可图纷纷从外地收进黄连,结果几天内本地市场上黄连泛滥,价格狂降,七爷等人此时购进大量黄连,节省了大批银两。

想一想:

1.七爷为什么要放出口风说还需要1 000斤黄连?

2.为什么几天后市场上黄连价格下降了?

3.你还能举出生活中价格变化的例子吗?

2)商品供求矛盾的表现形式

(1)交换空间上的差异

交换空间上的差异,即商品在流通过程中出现生产与消费者在地域上的不一致,主要是指产地与销地、主产区和非主产区商品供求存在着差异,表现为一边商品多了,一边商品又少了造成的矛盾。需要商品进行空间上的转移,才能消除供求在空间上的差异。如果市场信息不完全,或者商品流通不顺畅,则商品供求在这方面的矛盾就难以消除。

(2)交换时间上的差异

在商品交换过程中,买卖双方的交换行为常常不能在同一时间发生,即有些商品是常年生产,而消费是季节性的。有些商品是季节生产,但消费是常年进行的。商品交换在时间上的差距,必然会带来商品供求之间的矛盾,通常,商品储存是协调供求在时间上差异的主要手段。

（3）供求数量上的差异

商品供给与需求是两个不同的量,客观上要求两者平衡。但由于双方各受用许多可变因素的影响,因此市场上往往难以保持供求在数量上的一致,即供求之间数量上经常是矛盾的。解决这一矛盾,一方面,要充分发挥市场价格对供求数量的调节作用;另一方面,要求生产不断适应市场需求的变化。

（4）供求结构上的差异

供求结构上的差异表现为有些商品多了,有些商品少了。这主要是由生产结构不合理造成的,而信息不对称、商业主体决策失误,也会出现一部分商品积压,一部分商品脱销。商品供求构成受到供给结构和需求结构的制约,尤其是需求结构直接受消费者收入及购买心理、习惯、爱好等方面变化的影响,具有易变性。只有不断调整供给结构以适应需求结构的变化,才能消除供求在结构上的差异,否则就会出现供求结构上的矛盾。

3）商品供求的市场态势

市场态势包括:卖方市场、买方市场和相对均衡的市场态势。

（1）卖方市场

卖方市场一般指供不应求的市场,也就是卖方集团在竞争中占优势的市场态势。卖方市场态势下的商品价值,由劣等条件下生产的个别价值决定。买方竞争激烈,消费者处于受生产者控制的地位。若市场供给量一定时,强烈的购买需求会使一些劣质商品大量涌入市场。生产者可以轻易获利,从而缺乏竞争压力,不思进取。这时市场需求很难得到满足,价格则居高不下。

（2）买方市场

买方市场一般指供过于求的市场,即在市场供给集团与需求集团的对抗中,买方集团占据了优势。

在买方市场态势下,商品的市场价值由优等生产条件的个别价值来决定。卖方竞争激烈,市场的选择权为买方。过于饱和的市场导致生产能力大量闲置,商品积压,资金周转缓慢甚至呆滞,生产者为处理积压商品蒙受经济损失。

（3）相对均衡市场

相对均衡市场一般指供求基本平衡的市场。在现实生活中,绝对均衡态势的市场几乎是不存在的,只能是相对均衡态势的市场,即供求基本平衡的市场。

在相对均衡的市场态势下,竞争是全面的,市场机制的发挥是充分的、活跃的,市场价格围绕中等条件下生产商品的价值波动,供求关系相互适应且比较灵活,同时存在适度的买方竞争和卖方竞争。

3种市场态势下商业运行特征见表4.3。

表4.3 3种市场态势下商业运行特征

市场态势	卖方市场态势	买方市场态势	相对均衡市场
商业运行特征	①由于商品供不应求,企业或厂商不愁商品的销路,因此缺乏市场压力,不重视加强和改善企业管理。 ②商业企业在市场上无须努力便可获取丰厚利润,若宏观控制不力,则可造成各种商业企业或组织的超常发展。 ③由于商品短缺,商业企业进货选择性小,从而无法保证商品质量。商业企业要千方百计寻求货源,便无法集中精力加强经营管理,提高服务质量。 ④当商品长期供不应求时,卖方会在事实上形成垄断,产生一些对买方不利的购买条件,如提高或者变相提高价格,降低对商品质量的要求,拖延供货日期,实行不合理的结算方法和苛刻的购买手续制度等。	①市场上的企业只有限制商品进货批量,采购符合时尚的花色品种,积极推销,才能将商品销售出去,获取利润。 ②由于商品供过于求,消费者的选择余地大而挑剔性强,企业为了求生存、求发展,必须积极促销,改善企业经营管理,提高服务质量。 ③由于商品过剩,竞争激烈,不少企业在竞争中或破产或倒闭,而且由于商品积压过剩带来社会财富的巨大浪费,这不仅影响经济的发展,而且影响社会的安定。	①商业企业行为趋于合理化。企业改变短期行为,注重长期利益的满足。因为在市场压力的环境下,企业若不注重长期利益,不发展有具有后发优势、有创新的产品,将会影响其发展与生存。 ②商业规模可以正常扩大。既可避免短缺经济下流通秩序混乱,使商业运行的有序化和效率化,又可避免商品过剩条件下社会财富的浪费和企业经营上的困难,使商业运行阻碍减少。

4)供求规律的作用

供求规律是商品流通中的重要经济规律。其作用主要表现在以下4个方面。

(1)支配着商品价格的变化

虽然商品价格取决于商品价值,但是在市场上价格与价值却又经常发生背离。这主要取决于市场的供给和需求的关系受到供求规律的支配。当市场上商品供给大于商品的需求时,就会引起价格下降,价格背离价值呈向下的运动趋势;当市场上商品的供给小于商品的需求时就会引起价格上升,价格背离价值呈向上的运动趋势;当商品供给与商品需求一致时,价格稳定,价格与价值趋于一致。供求规律正是通过形成商品价格,并反过来调节供求,才使供求关系趋向于平衡的。在现实中,这对于促进资源优化配置,促进国民经济协调发展,具有极其重要的作用。

(2)支配着商品流通的数量和构成

商品流通的数量和构成是商品流通的主要物质内容,它取决于市场供求的具体状况。商品生产以实现商品价值为目的。为此,流通中的商品数量和构成必须满足于消费需求的具体要求。只有供求趋于一致,生产、交换与消费各环节的关系才能协调,社会经济才能正常发展。

（3）支配着商品流通的方向和时间

商品总是从生产领域向流通领域,然后从流通领域流向消费领域。但不管向哪个方向流动,商品总是向有需求的方向进行流动,什么时候有需求,什么时候就会有供给与之衔接起来。因此,商品流通的方向和时间,总是受到供求关系的制约。

（4）支配着生产和消费

供求规律在流通领域作用的结果必然会影响到生产领域和消费领域,使每一个生产者和消费者相应调整其生产行为和消费行为。因此,供求规律不仅作于流通领域,而且还作用于生产领域和消费领域。

4.2　价格

4.2.1　价格的概念与实质

1）价格的概念

按照马克思的定义,价格是价值的货币表现。更通俗一点讲,商品价格是用货币表现的商品价值,即商品的价值同货币的价值的对比关系。价格构成的4个要素是成本、流通费用、利润、税金。

2）价格的实质

（1）价格是一种从属价值并由价值所决定的经济形势

价格和价值是形式和内容的关系,是现象与本质的关系。价格应反映社会劳动耗费,表现价值量,价格的形成必须以价值或其转化形式生产价格为基础。价值变动是价格变动的内在的、支配性因素,是价格形成的基础。

（2）价格体现了商品与货币交换的比例关系

货币是一种特殊的商品,它之所以能充当一般等价物,是因为其本身也具有价值。价格的变动不仅决定于商品价值的变动,还取决于货币价值的变动,因此货币价值的变化,也是引起价格变动的因素。

（3）价格有偏离价值的可能性

由于价格是价值的外在表现,因此,价格不会在任何时候都像镜子般反映社会劳动耗费。价格和价值之间在量上的差别,或者说,价格偏离价值的可能性已包含在价格形式中,特别是在社会化大生产的条件下,由于供求经常出现不平衡以及人为的垄断,价格和价值在量上的不一致性会更经常出现。正是由于这种相一致中的不一致,相符合中的偏离,价格才有自己的运动规律和运动形式。价值规律也才能通过价格的波动发挥作用。当然,这种不一致或偏离不可能是任意的、长期的,从总趋势上看,价格仍然是与价值相一致。因此,价格对于价值又有相对的独立性。

（4）价格比价值更能反映人与人之间的关系和社会经济特征

价格是交换价值在流通过程内部出现时的转化形式,这就决定了价格不仅反映劳动耗费,还体现着交换关系,体现着交换过程中各方经济利益的关系,因此,处理价格问题实质是协调人与人之间、社会各阶层、各阶级之间利益关系。另一方面,也决定了价格离不开流通,离不开市场。市场是价格生存所必不可少的经济环境和外在条件。商品生产越发展,商品流通形式越多样,市场的运行机制越灵活,价格的作用越大,价格职能的发挥越充分,价格运动的规律和形式越复杂,就会从多方面影响人们的生产和生活。

由此可见,价格虽然受价值决定,与价值密切联系,但又有自身的独立性,具有自己的特征和运动规律。

4.2.2 价格的特性与职能

1)价格的一般特性

(1)反映性

价格的反映性表现在两个方面。一是价格水平和价格结构反映着一个国家的生产力发展水平及社会经济特征,可以作为反映国民经济发展状况的"晴雨表""温度计"。二是价格具有社会性。不同的价格体现着决定价格的不同商品主体的意志,反映着它们之间的经济利益和交换关系。在一些经济学家看来,市场是调节经济最有效的手段,而价格是信号灯。

(2)易变性

价格是受多种因素的作用而形成的。例如,供求关系、货币价值、市场竞争条件,等等。而这些因素又都是受主客观条件制约而形成的变量,它们相互制约、相互影响,每一因素变动对价格运动都是一种冲击力,从而使价格成为一个非常复杂、灵敏、易变的经济元素,显示出价格运动的易变性。无论在哪种社会形态,哪种市场条件下,价格都是一个动态的过程,都不可能是固定不变的。只不过由于外界环境的不同,价格变动的形式和变动的幅度不同而已。企图使价格固定不变,认为价格稳定不变才是最佳的价格形态的传统观念,显然不符合客观规律的要求,也是一种不能实现的幻想。

(3)相关性

有商品就有价格。而商品之间存在着相关和互应的关系,决定了不同商品的价格存在着相关性。各种商品价格相互联系、相互制约、相互影响,形成一个复杂而独立的价格系统。

2)价格的基本职能

价格的基本职能是指价格本身所固有的、内在的、寄寓在价格形式之中的功能。价格功能具有稳定性、普遍性和原始性。稳定性是指价格功能与商品、货币关系共存,不随社会制度和生产关系的改变而改变。普遍性在于它不因价格的具体形式的改变而消失。原始性在于价格的一切作用都是以它为起始的基础。

(1)标度职能

价格是用来表现商品价值量的度量标记。这是价格的基本职能,也是价格的本性所在。在商品货币关系的条件下,物化在商品中的劳动量,不可能直接用劳动时间来计算,必须借助价格来计量。也就是说,货币的价值尺度的作用是借助价格来实现的。因此,价格承担了表现社会劳动耗费的职能,成为从观念上表现价值量大小的货币标记。这一职能决定了商品价格必须如实地反映物化在商品内的社会必要劳动时间。

（2）调节职能

由于价格既能表现商品的价值量,又有偏离价值的可能性,价格成为调整经济关系、调节经济活动的工具,因此,我们说价格是一个经济杠杆,是最有效的调节手段。价格杠杆的每一次撬动都会引起交换双方经济利益的转换,从而调节着社会的经济活动。

价格变动有两种形式。一种是价格符合价值。此时,生产者和经营者的劳动耗费可以得到补偿,可使生产和流通得以正常进行。同时,还可以调节生产资料和劳动力在各部门的合理分配,促进国民经济的协调发展。另一种形式是价格偏离价值。价格高于价值会刺激生产发展,增加供给、抑制消费;价格低于价值会使生产减少,需求增加。通过这一增一减,调节着生产和需求,平衡和协调着经济活动,调整经济关系。

小链接

马克思说:"价格变动虽然不增加社会财富,也不减少社财富,但它参与已有财富的另一次分配,是财富的天平在相关双方之间的摆动。"

（3）信息职能

信息是通过信号带来的消息,即是指被感知的、关于事物状况和运动的信号,是事物之间相互联系、相互作用结果的反映。价格信息职能是由价格的反映性、易变性和相关性决定的。通过价格的变动来反映、传播和反馈市场供求的变化,以及交换双方经济利益的调整。

4.2.3 商业价格的形成过程

1)商业价格的含义

商业价格是商品经营者购进和出售商品的价格,是商品在流通过程中各环节价格的总称。商业价格包括:收购价格、批发价格、零售价格等。通过同种商品在不同环节的价格差异反映各流通环节之间的经济联系,又通过不同商品之间形成的价格差异和相互制约,反映整个商业的联系。

2)商业价格在市场运动中形成——企业自主定价

市场经济条件下,企业自主经营,95%以上商业价格由市场形成,即由企业按照市场等要素的要求自行定价,充分发挥市场机制对价格形成的调节作用。

企业自主经营、自行定价,并不是可以随心所欲,各行其是,而是需要尊重客观规律,特别是价值规律,要接受政府必要的指导和约束,进行严格管理,科学定价。

所谓企业定价,是指生产和经营企业在允许的权限和范围内,依据商品的劳动耗费、市场供求状况和营销策略需要而自行制定价格的经济行为。企业定价的过程实质就是价格的市场形成过程。企业定价的主要依据是:

（1）生产或经营成本及其变动趋势

价格形成的基础是价值,企业定价的依据是成本,成本变动的趋势在很大程度上决定着价格变动的趋势。按成本定价,不仅为企业盈利提供可能性,同时也是衡量企业是否进行倾销行为的主要依据。任何低于成本销售的价格,都属于倾销行为,是国际市场和国家严令禁止的。依成本定价,必须进行如下研究和分析:一是成本的构成和变化趋势;二是成本变动的主要因素及其构成的合理性;三是企业成本与社会平均成本的关系;四是降低成本的途径和措施。

(2)市场供求变化

市场经济的基本特点是价格由供求决定。成本是基础,供求是条件。企业依据成本、税金和利润制定的价格是否能够实现,要取决于市场的状况,取决于商品对人们的需求程度和人们的支付能力。商品积压,需求下降,价格就下降;商品不足,人们竞相购买,价格就上升。正是市场上成千上万的卖者和买者,在相互竞争中调节着商品的供求和价格的升降。企业定价必须考虑市场供求态势所带来的影响。

(3)企业的经营目标和营销策略

企业定价既是企业经营目标的重要组成部分,又是实施营销战略的重要手段,必须通盘规划,系统决定,逐步实施,灵活运用。

企业定价的要求是:

①有利于企业经营目标的实现。

②有利于提高企业的竞争能力。

③有利于实现商品价值和经营效益。

④有利于提高企业的经营管理水平。

(4)政府的宏观政策和价格管理

国家为了实现整体经济运行和发展,必须利用价格手段进行调节和控制。因此,不仅要对商品实行分类指导,适度控制(特别是对包括公用产品在内的关系国计民生的商品,实行国家定价或制定最高限价和最低保护价),同时,为了维护交易双方的利益和营造宽松的市场环境,要制定价格法规和政策。这些都是企业定价的宏观环境和政策依据。

4.2.4 商业价格的特点与作用

商业价格是商品经营者购进和出售商品的价格,是商品在流通过程中各环节价格的总称。与商品流转环节相对应,包括商业收购价格、批发价格、零售价格等。各环节价格通过各种差价相互联系,又通过不同商品之间的比价相互制约,从而构成了商业价格体系。商业价格体系是国民经济价格体系的重要组成部分。生产者价格体系是商业价格体系的基础。

1)商业价格的特点

商业价格是商品经营者价格,与其他部门的产品价格相比,有以下5个特点。

(1)直接关系到商品价值的全部实现

商业价格反映了商品从生产领域经过流通领域直接到消费者手中的整个社会再生产总过程的社会必要劳动耗费,直接关系到商品价值的全部实现。商业的出售价格受到生产价格(或商业购进价格)和平均利润率的二重制约。商业的购进价格也好,出售价格也好,都不是商业本身能任意决定的。因此,在实际经济生活中,商业价格一方面因为生产者的出售价格是商业的收购价格或进货价格要以生产者价格为起点(成本价格+产业利润),以生产者价格为基础;另一方面,商业也应按照平均利润率获取平均利润,按生产者价格加商业利润制定商业价格。既要保证商品生产者在正常生产的情况下得到平均利润,又要考虑商品经营者的费用补偿和合理利润,使生产和流通都能顺利进行。

(2)商业出售价格受商业资金周转速度的直接影响和制约

马克思在考察商人资本周转和商人利润问题时,曾形象地说:"商人的利润,不是由他所周转的商品资本的量决定的,而是由他为了对这种周转起中介作用而预付的货币资本的量决定的。如果一般年利润率为15%,商人预付100磅,那么在他的资本1年周转1次时,他就会按115磅的价格出售他的商品。如果他的资本1年周转5次,他就会在1年中5次按103磅的价格出售他按购买价格100磅买来的商品资本,全年内就是按515磅的价格出售500磅的商品资本。但是和前一场合一样,他的预付资本100磅所得到的年利润仍旧是15磅。"

因此,不同商业部门的商人资本的周转次数,会直接影响商品的商业价格。商业加价的多少,一定资本的商业利润中加到单个商品的生产价格上的部分的大小和不同商业部门的商业资本的周转次数或周转速度成反比。由此,我们可以看到,商业资金周转速度,决定着分配到单位商品上的利润额的大小。而对产业资金来说,资金周转时间并不会影响单个商品的价值量,但对平均利润率有决定作用。

对于不同商业企业来说,如果资金周转速快于平均周转速度,就可以赚到超额利润,或者说,少量的预付资金也可以得到同样利润。因此,就个别企业来说,如果管理较好,资金周转较快,就可以以较低的价格使自己在市场竞争中处于优势地位。

(3)直接受供求关系等外部市场因素的制约

商业价格的形成和市场有着直接联系,供求关系、竞争程度、消费观念等因素对它起着决定性作用。

商业价格是商品在流通过程中各环节的价格,是市场价格。

在商品经济条件下,生产和消费的关系是通过交换实现的,生产者和消费者之间的竞争是在流通领域进行的。流通领域是一个竞争的领域,供求规律和竞争规律是起主导作用的规律。因此,商业价格的形成,在一定意义上说是受供求、竞争等因素的支配和决定,价格水平的高低由供给和需求两种力量相互作用的结果来决定,以市场的承受力为限。

所以商业价格的制定与生产者价格相比应更具有市场观念,更要重视市场因素对价格的影响及消费需求对商品的评价,使价格更灵活有效地调节社会经济活动和企业的经营行为。

(4)多层次、多环节、多功能的价格

与生产价格相比,商业价格具有多层次性和多种功能。商品由生产领域进入流通领域,到消费领域,由于受到空间和时间的限制,经过不同的流转环节,不同的环节产生了不同的价格形态。比如,消费工业品由产地工业部门生产出来以后,由于消费的相对分散性,需经过产地批发企业集中收购,然后转运至销地批发企业,最后由销地零售企业供给销地消费者,由此就产生了产地批发价格、销地批发价格、销地零售价格等不同环节的价格,并担负着不同的任务,具有不同的功能。收购价格(或出厂价格)是商业价格体系的基础,对工农业生产有着直接的调节和指导作用;批发价格是中间价格,调节着商业企业间的利润分配关系;

零售价格是最终价格,对消费者货币价值的兑现和市场供求的平衡起着重要作用。所以,商业价格同时具有调节生产、促进流通、平衡供求等多种功能。

（5）体现着多方面的经济关系

与生产价格相比,商业价格体现着更复杂的交换关系,涉及更多方面的经济利益。由于商品流转环节的不同,形成不同形态的价格,反映着不同的交换关系并以不同的差价形式联系着,构成了纵横交错的商业价格体系。合理的商业价格和由此形成的商业价格体系,有利于促进工商、农商、商贸以及商业同广大消费者的经济联系,合理调节他们之间的经济利益,稳定购销关系,促进国民经济协调、持续和稳定地发展。

2）商业价格的作用

（1）直接影响商品生产的发展,决定着商品流通的深度和广度

马克思说:"商人的行为只受差额支配。"商业主体行为是由商品购进价格与出售价格之间的差额大小所驱动、所支配。商业差价的大小直接关系着商品的流向、流速和流量。商品差价过小,商业支付的费用得不到补偿,商业投资得不到平均利润就会损害经营者经营的积极性,导致流通阻塞,货流不畅,市场呆滞;商业差价过大,中间环节过多,也会损害生产者和消费者利益,破坏国民经济各部门的协调发展及产业结构和产品结构的平衡。

（2）商业价格为商业活动传递着经济信息,引导和调节着企业的经营方向

商业价格以生产价格为基础,由市场供求状况决定。价格的变动既反映生产条件、生产成本的变化,又反映市场供求情况的变化。企业可以通过价格变动传导市场信息,了解经营品种的生产形势,市场需求变化趋势,知道哪些商品好销,哪些商品不好销,该生产什么,生产多少,从而决定自己的生产和经营规模、品种结构,调整自己的经营行为。

（3）商业价格是商业企业参与市场竞争的工具和手段

商业企业为了生存和发展,必然要积极地参与市场竞争。其中价格竞争是企业维持和扩大市场占有率的重要手段。价格策略的合理运用是实现企业经营目标的基本保证,任何促销手段都离不开价格策略的配合。同时,价格竞争可以促使企业降低成本,降低费用,改善经营管理,增强市场应变能力。

（4）影响经营积极性

商业价格直接关系到对企业经营管理水平的评价,关系着经营者的物质利益,影响着经营积极性。商业企业是商品交换活动的基本经济单位,实行经营责任制,必然通过记账、算账、计量等对生产经营过程的劳动耗费进行核算和监督,促使企业以较少的劳动耗费取得相应的经济效益。而企业进行经济核算,必须借助于价格,在价格能够较正确反映劳动耗费的情况下,正常生产和经营的企业就能得到合理利润。价格不合理,企业的劳动耗费得不到补偿,所创造的价值得不到承认,就难以调动企业的积极性,也无法正确评价企业经营的效果。

4.2.5　商业价格体系

1）商品比价

商品比价是指同一市场、同一时间内,不同商品价格之间的比例关系。合理的商品比

价,以各种商品价值之间的比例关系为基础,兼顾国家、集体、个人三者利益,体现国家计划鼓励或限制某些商品生产的要求。商品比价主要有:农产品比价、工业品比价、工农业产品比价3种。

(1)农产品比价

农产品比价是指同一时间、同一市场上各种不同农产品的收购价格之间的比例关系。一般分为单项比价和综合比价两种形式。单项比价是指一种农产品与另一种农产品之间的价格比例。综合比价是指某一类农产品与另一类农产品之间的价格比例。主要包括粮食作物之间的比价、粮食同经济作物之间的比价、粮食同畜产品之间的比价,等等。

(2)工业品比价

工业品比价是指同一市场、同一时间内,在生产和消费中有相互关联的各种不同工业品价格之间的比例关系。合理的工业品价格之间的比价,对于协调工业生产的比例关系,促进工业生产的发展,指导消费,合理利用商品资源,平衡供求关系等方面,都有一定的作用。

(3)工农业产品比价

工农业产品比价是指同一市场、同一时间内,工业品零售价格同农产品收购价格之间的比例关系。合理的工农业产品比价必须符合等价交换的原则,能够正确处理国家同农民、工业同农业的关系,促进农业生产协调发展和扩大城乡物资交流。工农业产品比价在统计上可分为工农业产品单项比价和工农业产品综合比价。单项比价是指某一种农副产品收购价格与某一种工业零售价格的对比,综合比价是指用农产品收购价格指数和工业品零售价格指数进行比较。单项比价反映某一种工业品同某一种农产品在某一时间的交换比例。综合比价反映全部工业品价格同全部农产品价格总水平的对比情况及变化的总趋势,表明不同时期农民将农产品卖给国家以后向国家换回的工业品是增加了还是减少了。

2)商品比价形成的客观依据

(1)不同商品价值量之间的比例关系,是不同商品价格之间比例关系的基础

商品的价值量调节着商品的交换比例。不同商品之间的交换比价,实质上体现的应是商品按其价值量交换的等价关系,所以在供求平衡的情况下或在静态分析比价关系的时候,衡量商品比价是否合理的标志就是不同商品价格之间的比例关系大体上接近商品价值的交换比例,符合等价交换的原则。

(2)商品比价的安排要有利于促进产业结构和产品结构的调整,促进市场供求平衡

商品比价并不是一个"定量"。在交换中,一方面,商品比价会受不同商品价值量的变化而发生量变;另一方面,不同商品的价格还要受到不同商品的供求情况的影响而发生变化。

(3)国家对自然资源的配置及经济政策也是影响比价形成的重要因素

商品比价的形成除商品价值、供求因素外,国家对自然资源的配置及经济政策也是影响比价形成的重要因素之一。

节能环保产品的生产国家采用低价、免税的政策,高能耗的产品生产则采取相反的政策。

另外,消费者的偏好、消费习惯对商品比价的形成也有明显的影响。所以,商品比价在

不同时期和不同地区都会有不同的比值。

总之,商品比价的形成是受多种因素的影响和决定的。随着不同因素的变化,商品比价也会发生变动,合理、适时地调整商品比价,有利于促进市场供求平衡,有利于促进生产结构和消费结构的合理化,有利国民经济的协调发展。

小资料

肥皂和合成洗衣粉均为良好的洗涤用品,但所使用的原料不同,制造肥皂的原料主要是动植物油,资源有一定限制,而合成洗衣粉则是以石油化工产品等为主要原料,成本低,资源丰富,随着家用洗衣机的推广,具有广阔的发展前途。因此,国家决定大力发展合成洗衣粉的生产和销售,以减少肥皂的消费,节约动植物油。所以开始对洗衣粉的生产采取低价和免税的政策来安排肥皂和洗衣粉之间的比价。

3)商品的差价

商品差价是指同一商品在流通过程中,由于购销环节、购销地区、购销时间和商品质量的不同而形成的价格差异。商品差价反映着商品流通过程中各方面的经济关系。差价的大小决定着价格水平的高低。商品的各种差价合理有利于促进生产发展,扩大商品流通,增加国家积累,对生产者、消费者和国家的经济利益有重要的作用。商品的差价主要有购销差价、批零差价、地区差价、质量差价、季节差价等。

(1)购销差价

购销差价也叫进销差价,是指同一商品在同一产地、同一时间内,购进价格与销售价格之间的差额。购销差价由商品在收购、运输、调拨、储存等活动中所支出的流通费用以及加上一定的利润构成。购销差价分为工业品购销差价和农产品购销差价。购销差价是产品从生产领域进入流通领域的第一道差价环节,差价大小对商业批发价格和零售价格都有着直接影响,同时也关系到工商利润分配和中间批发企业的利润、费用补偿问题。

(2)批零差价

批零差价是指同一种商品在同一市场、同一时间内批发价格同零售价格之间的差额。批零差价占批发价格的百分比称为批零差价率。批零差价由零售企业在经营商品的购销过程中所支出的费用(市内装卸搬运费、占用资金利息、损耗、经营管理费)、利润和上缴税金构成。

批零差价是商业活动的最后一个环节形成的差价。批零差价的大小,关系到批发与零售价格的高低,直接影响到市场物价水平的高低。

(3)地区差价

地区差价,是指同一种商品在同一时间内,不同地区(产地市场、中转或集散市场、销地市场)之间的价格差额。

(4)质量差价

质量差价是指同一种商品,由于质量不同,在同一市场、同一时间内的价格差额。质量差价可以分为品种差价、式样差价、花色差价、规格差价、等级差价,以及鲜活商品的新陈、老嫩、死活等差价的多种形式。

（5）季节差价

季节差价，是指同一种商品、同一市场，在不同季节收购价格或销售价格的差额。我国目前只有对那些收获季节十分集中、又不易储存保管的鲜活商品，以及一部分季节生产、常年消费的农副产品，如鲜蛋、水果、蔬菜等，才继续保留季节差价。

4）决定商品差价形成的因素

（1）流通性因素

商品的流通过程就是商品价值的追加和实现过程，商品在流通过程所花费的社会劳动，其货币表现形式为流通费用。不同环节所支出的流通费用构成了商品的不同差价。所以说，商品的流通费用是商品差价形成的基础，它的大小，主要取决于各流通环节所追加和实现的商品价值量的大小，取决于社会经济条件、自然条件、交通运输状况以及商品经济发展水平、企业经营管理水平等多种因素。

（2）生产性因素

同一商品由于生产条件不同，生产同等质量的商品花费了不等量的劳动，或者由于原材料不同，劳动者的技术水平和熟练程度不同花费等量劳动不能生产同等质量的商品，从而形成生产成本和产品质量的差异，这是形成商品差价的又一客观依据。

4.3 市场竞争

小案例

商业恶意竞争的案例

曾经一直很红火的邯城食品一条街的各家餐厅，一个时期以来，不断有经营户倒闭而易主。

而当地同行却认为：饿死同行，累死自己，坑死顾客！比餐厅倒闭潮更可怕的是恶性竞争。

找人闹事，恶意差评，低价竞争，互相抢顾客……餐饮行业的恶性竞争，真的比倒闭潮还要可怕。

1. 同行是冤家，为了抢顾客大打出手，事件的发生，皆因"抢客"。

同行必定会有竞争，有些是良性的，有些则是恶性的。

晚市时间，成都某美食街熙熙攘攘，热闹非凡。

李老板的店和隔壁餐厅差不多同时开业，开业之初双方关系还可以，忙碌的时候你借我桌子，我借你凳子都是常有的事情。

但是，随着李老板的餐厅生意慢慢好了起来，隔壁餐厅的老板有点眼红，经常会让员工半路抢客人。慢慢地，两家的关系就变差了。

这次，李老板亲眼看见隔壁餐厅的老板不让顾客到他家用餐，一下子就炸了。两家大打出手，还惊动了警察。结果两家店都停业整顿，其中一家餐厅的后厨还需要重新整理才能开业。同行是冤家，但伤敌一千，自损八百的做法得不偿失。

好的做法是，在做好产品质量的同时做好差异化。对方有的，你做得更好，还要做对方没有的菜品。顾客货比三家后，自然心有所属。

2. 山寨餐厅居然开到了自己对面

隔壁开的餐馆，装修和菜品都是抄袭，定价却低20%，山寨餐厅居然开到了自己对面，生意比本尊还要好，顾客以为他们才是正宗的。饭店陈老板说起这事来就生气："我就遇到了这样的事情。"老陈的餐厅开了很多年，有一定的名气。一年前，一位据说很崇拜他的人，来到店里考察试菜，还说要拜师。老陈认真接待了对方，并且解答了他很多疑问。

没想到，没过多久，这位所谓的崇拜者在老陈的餐厅附近开了一家店，将装修风格、菜品都抄了个遍。同时，这家餐厅所有的菜品价格都比老陈的低20%，还持续搞开业活动：吃150元送50……价格很诱人，于是很多不明情况的顾客前去品尝，老陈餐厅的生意一下子就差了。最气人的是，这位"崇拜者"还到处和人说，他和老陈关系很好，开这家店都是老陈指导的。

很多老顾客跑来问老陈，让老陈很郁闷。偏偏，老陈什么都不能做。老陈说："对方的价格都低于成本了，他降价我也降价的话，这不是亏本了吗？还怎么活？"

老陈还说："目前餐饮生意都不好做，很多餐馆都面临倒闭，但是比倒闭更可怕的是低价竞争。"

遇到山寨抄袭且低价竞争的同行，餐饮商家该怎么做？

①千万要稳住，不要自乱阵脚。正如老陈说，他降价你也降价，那么成本谁来买单？与对方拼价格其实是最笨的办法。

遇到低价竞争时，对方越是低价，你越不能降价。低价吸引的是贪便宜的顾客，并不是你的忠诚顾客，即使餐厅降价了也不会成为回头客，那还不如多花心思维护好忠诚顾客。

②这种时候更要做好产品。用的材料要比对方好，服务要比对方好，用口碑干掉低价。

③与对方交涉，必要时诉诸法律。如果你的餐厅商标、广告词和图片等都有版权的话，那么直接可以告对方抄袭。

④打差异化。对方抄袭了你的装修风格和菜品，但是抄袭不了你的创意。你可以研发出新菜品，推出特色菜，调配出独一无二的酱汁口味，也可以将餐厅升级装修。毕竟，抄袭只能抄表面，核心优势谁也抄不走。

3. 恶意差评，让餐厅生意一落千丈

两家餐厅的老板互相吐槽对方的菜品不好吃，后来突发奇想在楼上挂横幅互嘲对方菜品难吃，借势搞营销。原以为这样有噱头，结果却被有关部门认定为不正当的竞争行为，横幅遭撤下。

这种恶搞差评，是一种极端的营销手段，但有些差评却没有这么简单。

老张开了一家粥店，堂食和外卖的生意一直不错。但上个礼拜开始，外卖平台突然就出现了好几个差评。

"有几个给差评的顾客根本就没有在我的店里点过餐、吃过饭。"针对"点了餐，却没有收到食物"这个留言，老张打电话给快递员，快递员说对方的地址根本就是错的，准时送到对方指定的地址却无人接货，打电话也不接。

最让老张难以接受的是，对方还将原因全部赖在商家身上。最后，老张通过电话、留言

ID 号等蛛丝马迹发现给差评的顾客是竞争对手家的员工……外卖平台的差评直接影响了排名,而商家却没有权利去申诉修改。导致的结果就是老张的店铺排名下降了不少,订单一下就少了。

餐饮商家应具备怎样的应对之策

面对恶意差评,大部分人都是忍气吞声,但息事宁人并不是解决问题的良策。有餐饮同行认为,面对恶意差评,餐厅要懂得捍卫自己的权利。

①收集证据,然后再针对问题一一回复。回复一定要有技巧,有理有据,千万不要带着情绪发泄、互骂。

②善于运用自身的资源,做好危机处理。此前深圳的一家餐厅被人恶意差评,餐厅老板利用自己的公众号发出公开信,迅速在网络上传播,最终对方删除了评论并道歉,这就是很好的方法。

③借势营销。针对差评的内容,趁势做一场营销活动。比如,英国的一家餐厅被人恶意差评说热狗分量少,四口就吃完了,于是店主趁机做了一场大胃王比赛,称谁能四口吃完就免单……最终成功地破解了谣言,名气也得到了提高。

小结:

抢客、挖墙脚、低价竞争、恶意差评……这些恶性竞争正在扰乱餐饮行业的健康发展。作为同行,竞争是无可避免的,但是并非所有的竞争都要拼个你死我活。

同为餐饮人,恶性竞争的结果无非就是饿死了同行,累死自己,坑了顾客。愿同行之间再无恶意,还商业包括餐饮行业一个良性的竞争环境。

想一想:

1. 为什么商家较多地采用价格竞争?
2. 价格竞争应有什么底线?

4.3.1 市场竞争的内涵

1)市场竞争的概念

市场竞争又称商业竞争,它是指具有独立的经济利益商业主体,为获得有利的买卖条件而自觉不自觉地进行抗衡和较量的一种经济行为,体现了商品生产者、经营者和消费者之物质利益方面存在着一种本质的必然的联系。市场竞争是商品经济的产物,属于商品经济的范畴,随着商品经济的产生而产生,发展而发展。它既为商品经济的发展开辟道路,也在商品经济的发展中为自己的发展开辟道路。存在着商业就存在着竞争,商业本身就是竞争,是商业主体为取得生存条件而进行的一种抗争。

2)市场竞争的特点

市场竞争不同于其他领域的竞争,有自己特定的竞争范围、竞争内容和竞争形式,按照自身的轨迹运行,显示出市场竞争的特殊性。其表现为以下 4 点。

(1)市场竞争的强制性

流通领域是竞争的领域,竞争无处没有,无处不在。市场竞争是客观存在的,是不可避免的。买卖双方在商业活动中都自觉不自觉地受到竞争的制约和支配,在竞争中使自己求生存、求效益、求发展。

（2）市场竞争的排他性

凡竞争都建立在利害关系上。市场竞争是市场经济利益的调整和再分配。这种调整和再分配在一定利益的基础上进行,必然存在你多他少、他多你少,讨价还价,表现为利益的对立性、手段的相克性、过程的互斥性。

（3）市场竞争的自发性

竞争是由利益的对立性和差异性所引起的。竞争规律是一个以当事人的盲目活动为基础的自然规律。竞争主体为了实现自己的利益,自发地选择生产与经营目标,实行以自我利益为中心的决策。这种自发性表现为单纯的利益动机(或者为目前的利益,或者为了局部的利益),这就可能导致盲目的行为,侵犯他人和社会利益。

（4）市场竞争的不确定性

由于市场情况变化无常,受到多种因素的制约和影响,决定着商业竞争的不确定性。一是竞争环境的不确定性。难以把握市场价格和供求变化的趋势,无法确定竞争的激烈程度和发生趋向。二是竞争对手数量的不确定性。竞争对手多种多样,来自不同地区和国家,来自不同的经济成分,来自同一部门的同类产品,来自跨部门或替代产品,竞争对手及其数量变化难以科学预定。三是竞争对手所用策略的不确定性。竞争形式五花八门,竞争策略变化多端,并且不断改变着竞争策略和方法,从而强化竞争的难度和复杂性。

3）市场竞争的原则

市场竞争是众多生产者、经营者和消费者在市场的广阔空间进行无数次的抗衡、对比和较量,是一个非常复杂的经济现象,为此必须有一定的准则。

（1）公正平等的原则

这是市场竞争的首要准则。所谓公正,是指竞争的规则要公平,不能偏向一方而压制另一方。它要求在法律、法规、制度面前人人平等,任何人都有参与竞争的权利,也都有保护自己利益的权力。还包括各个竞争者在市场上进行交易活动的地位应当是平等的,信息的获取是平等的,不受歧视,不受排斥,不受封锁。他们参与竞争的条件应该是平等的,对不平等的方面,国家应设法从宏观方面运用各种经济杠杆加以调节,运用法律手段保护合法竞争,反对不合法竞争和不正当竞争,尤其要反对凭借主管部门支持或垄断经营地位进行不公平竞争。

（2）独立自主的原则

商业经营主体要有独立的自主权,有自身独立的经济利益,为着实现和扩张利益而自主地参与竞争。除了特殊的行业和商业以外,一般不应受到过多的干预和控制;应该根据自己对竞争形势的判断,遵循竞争的规律,以独立自主的身份展开商业竞争。

（3）选择自由的原则

经营者参与竞争活动时,对于经营服务方向、所经营产品品种及进销渠道以及资金、人员、设备等经营条件和要素要有选择的自由。以联营方式参加竞争通常可以增强实力,而联营对象的选择同样应是自愿的,不应强迫,不应硬性"撮合"。

(4)效益优先的原则

参与商业竞争的各方在公平、自主和自由的基础上通过创新和改进工作,使经营活动各要素得以充分利用,提高效率降低费用,争取最优效益,并通过竞争淘汰落后。这种效益必须是企业效益和社会效益的统一,微观效益和宏观效益的统一,是建立在正当竞争和维护消费者利益的基础上的。在商业竞争中尤其要坚决反对和抵制不规则竞争,采取非法手法欺骗群众,弄虚作假,哄抬物价等手段。

总之,公正、公平、公开是商业竞争的基本原则。商业竞争的准则要求每个参与竞争活动的企业共同遵守,以建立正常的市场秩序和流通秩序,调节各行业经营者的竞争行为和主管部门的管理行为,并基于这些共同准则建立商业道德和商品信誉。

4.3.2 市场竞争的主要内容

随着商品经济的发展,特别是买方市场的出现,商业竞争以更多的形式、在更大的范围以及更广泛的时间和空间内展开。商业竞争可以是有形竞争(商品质量和价格竞争)和无形竞争(商业信誉和服务竞争),也可以体现为卖主之间的竞争、买主之间的竞争和买卖双方之间的竞争,在手段上可以体现为价格竞争或非价格竞争。市场竞争的主要内容有经营内容的竞争、经营要素的竞争和经营策略的竞争。

1)经营内容的竞争

经营内容的竞争也就是商品的竞争,包括商品质量的竞争、商品品种的竞争和新产品的竞争。

(1)商品质量的竞争

这是商业竞争的实质。质量是产品的生命,是企业生存的根本条件;没有质量就没有数量,任何一种商品的数量都是以一定的质量为基础、为前提条件;商品质量是商品价值和使用价值的集中表现。质量竞争的实质就在于它是满足用户需要程度的标志。它主要表现在产品功能、效用、精度、寿命、安全、可靠、外观等方面的高低、好坏。以质取胜,是市场竞争的根本。

(2)商品品种的竞争

商品品种是指不同性能的商品和同类商品的型号、规格、系列、款式等特征的总和。商品品种的竞争表现在品种多样化、系列化和新颖化的对比和较量。由于消费对象的复杂性、多样性、多变性,要求品种多样、规格齐全、款式新颖,才能争取更多的顾客。以多取胜,以全取胜,是商业竞争的重要手段。

(3)新产品的竞争

新产品是在结构、材料、质量、工艺等诸多方面比老产品有明显的区别和改善,或采用新技术、新设计、新材料,从而显著提高了产品的功能或扩大了产品的使用功能。随着科学技术的进步,产品生命周期缩短,更新换代步骤加快,新产品层出不穷。新产品的竞争是以新取胜,以奇取胜,以快取胜。

2）经营要素的竞争

经营要素竞争，是比经营内容更为深层意义上的竞争，它往往关系着竞争者的后继力如何。经营要素包括经营者素质能力、商业信誉、地理位置、经营设施、信息、销售渠道和资金等。

（1）经营者素质、能力的竞争

经营者的素质状况也是经营要素，并且是经营要素中的主体要素，它的状况还是决定和改善其他要素状况以及经营内容状况的重要能动因素。我们经常见到有的商业企业处于较好的地理位置，资金比较宽裕，条件相当优越，但由于经营者素质低、服务态度差、商业信誉不好、经济效益低下等原因甚至出现亏损而无法生存下去；也常可以见到某些商业企业地理位置偏僻，资金比较紧张，却由于经营人员熟悉市场，善于经营，服务周到热情，商誉很高，能吸引用户并能取得良好的经济效益。这说明商业竞争说到底是人才的竞争，是人的素质、能力的全面较量，是管理水平和经营水平的竞争。拥有一大批具有现代商品经济意识、勇于开拓、善于经营的管理者和经营者，是使商业企业在竞争中立于不败之地的最关键性因素。

（2）商业信誉的竞争

商业信誉是商业企业经营的信誉，它属于经营要素，不过是一种特殊的无形要素。企业经营过程中产品、服务、价格、地理位置等方面的优势往往最终综合地表现为较高的商业信誉。它既是过去商业经营的结果，又是今后商业竞争格局的前提。在商誉竞争中获胜，往往可以使经营者长久受益。正是由于这一点，许多企业投入巨大的人力和财力，力图改善企业形象，提高企业信誉。为提高商誉而进行的投资是无形投资，它所产生的效益是一项无形资产，会对企业产生长远的影响。重视商誉竞争，重视商誉方面的投资，在发达的市场经济条件下已经成为一种必然的趋势。

（3）商业信息竞争

商业信息竞争是竞争者以多（面多、量大）、快（快捷、及时）、特（特色、特别、独特）、准（准确、真实）地获得和运用信息能力的比较。如获得经济信息特别是市场需求信息能力的强弱，信息处理手段是否独特、先进、迅速等。信息就是市场，信息就是机会，信息就是价值。信息是商业经营的基本依据，是决策的基础和竞争取胜的前提。

商业信息的竞争主要表现为信息的捕捉能力、消化处理能力和反馈应变能力之间的对比和较量。商业信息不仅是开发新产品、调整经营结构、确定经营决策的依据，同时也是选择竞争手段、竞争形式和竞争对象的前提条件。

（4）其他要素的竞争

其他经营要素的竞争主要是看经营单位的地理位置是否优越；店堂的经营设施是否先进、合理和配套；购销渠道是否通畅、稳定，是否形成覆盖一定地区甚至全国的购销网络；以及资金是否充裕，资金来源是否稳定（这在宏观经济采取紧缩政策时尤为重要）等。这方面的竞争优势往往显示着企业的物质基础和发展能力，预示着企业的持久优势和可持续发展的能力，是企业在商业竞争中得以制胜的基础。

3)经营策略的竞争

在市场竞争中,除有经营内容、经营要素等方面的竞争外,还要靠一系列的促销和服务方面的竞争,包括各种综合性的竞争策略。具体来说有以下7种。

(1)价格竞争策略

价格竞争是商业竞争的重要表现形式,是一种见效快、灵敏度高、容易被消费者接受的一种竞争形式。价格竞争策略是指商品生产者、经营者为了尽可能地推销商品、战胜对手、占领市场而采取的定价策略、定价方法和定价行为。

由于竞争的目的和竞争对手的不同,价格竞争的目标也不一样,所采取的定价策略和定价方法也有较大的区别。

在具体定价时,可以实施高价进入,也可以采取平价策略或低价竞争,但以不违背法律为依据。降价竞争或低价竞争是市场竞争的一种手段,但不是唯一的手段。第一,它必须以成本为基础,以不低于销售成本为界限,不搞非法倾销;第二,它必须以现有价格为基础的让利行为;不搞欺骗性定价或变相降价;第三,它必须以产品质量为保证,质价相符,给消费者以实惠。

小链接

价格竞争的目标一般分为:①争取最大利润的定价目标;②实现投资效益的定价目标;③占领市场的定价目标;④进行价格领导的定价目标;⑤针对竞争对手的定价目标;⑥针对产品质的定价目标。

(2)广告策略

广告具有说服作用,能使消费者引起需要,诱导购买动机,推动购买行为。当然,广告促进生产、流通和消费的作用是以适销对路的商品以及优质服务为基础的。广告必须注意思想性、真实性、艺术性和创新性。

广告在说什么,怎么说,在哪里说,在何时说,这4个方面一定要把握好。此外,广告设计好以后,在发出前和发生后都必须对其评价,以便改善广告设计,提高广告的效果。

(3)品牌策略

品牌是指商品的个性,可分为制造厂品牌和中间商品牌即商业品牌两大类。名牌是指成功后的品牌。一个知名的品牌应具备的条件是:市场是领头产品,行业是领先企业,产品质量是优异的,在同类商品市场上具有压倒性的市场占有率和足够丰厚的利润回报。产品有生命周期,而品牌本身没有生命周期,但要保持品牌经久不衰,就要不断创新、不断发展,跟上时代的要求。否则,品牌即使是名牌也有被淘汰的危险。

(4)促销策略

进入20世纪90年代以后,大多数国家和地区出现了买方市场。随着市场竞争越来越激烈,商业企业的销售方式发生了巨大的变化。以下是几种20世纪90年代以来出现的新的销售方式:

①连锁制销售。

②仓储式销售。

③无环节销售,即工厂直接销售模式。

④"CC"制销售,即将生产厂和零售商聚集在本企业周围,并在直接生产厂、商业企业、零售商之间采取付现自运办法,使生产、销售、消费三者均明显有利可图。

⑤跳蚤市场,即旧货市场。

⑥代理制。

⑦租赁销售,即以租代买,租买两便。

⑧信贷消费,这是新近出现的销售方式,通过银行等中介机构的介入,提供消费信贷,促进住房、汽车、电脑等大件商品的销售。

（5）人员推销策略

人员推销是指由推销员直接向消费、用户推销商品和提供各种服务,以达到销售商品,满足消费者、用户需要的一种促销方式。推销员应根据不同的服务对象采取不同的推销方法。其必要的素质包括他们的工作责任心、商品知识、企业知识、用户知识、市场知识,以及对竞争对手的了解,日常业务处理能力等方面。

（6）公共关系策略

公共关系是指商业企业与其所面临的公众之间存在的某种关系状态。公众包括企业外部和企业内部两类。通过公共关系能树立企业的良好形象,加强企业与企业外部的交流,强化企业的凝聚力。

公共关系工作的方式方法是很多的,经常使用的有：组织公众到企业参观游览；向新闻界宣传本企业；制作介绍企业的宣传材料；为企业设计媒体广告；定期与公众接触,收集意见；赞助各种社会团体和公益活动；对企业职工强化公共关系方面的教育；筹办展览会、展销会等多种方式。

（7）服务策略

服务策略是商业竞争的基础,是争取顾客提高市场占有率的基本条件。特别是在买方市场条件下,服务竞争成为商业竞争的第一要素,从纵横两方面显示出强大的生命力,即售前、售中、售后服务构成纵向的服务体系,扩大服务内容,开拓新的服务领域,增加服务项目,从横向扩展服务体系。

小链接

要成功做好商业服务,起码需要做到4个基本点：质量好、品种齐、价格低、近顾客。这4个方面是有矛盾的,需要认真解决。

【做一做】

一、经典案例阅读

更先进的信息技术应用沃尔玛总是先于竞争对手

沃尔玛之所以成功,很大程度上是因为它至少提前10年（较竞争对手）将尖端科技和物流系统进行了巧妙搭配。早在20世纪70年代,沃尔玛就开始使用计算机进行管理。20世纪80年代初,他们又花费4亿美元购买商业卫星,实现全球联网。20世纪90年代,采用全球领先的卫星定位系统(GPS),控制公司的物流,提高配送效率,以速度和质量赢得用户的满意度和忠诚度。

沃尔玛所有的系统都是基于一个叫作UNIX的配送系统,并采用传送带和非常大的开放式平台,还采用产品代码,以及自动补货系统和激光识别系统,所有这些为沃尔玛节省了相当多的成本。沃尔玛一直崇尚采用最现代化、最先进的系统,进行合理的运输安排,通过电脑系统和配送中心,最终获得成功。

1.建立全球第一个物流数据的处理中心

早在20世纪70年代沃尔玛就建立了物流的管理信息系统(MIS),负责处理系统报表,加快了运作速度。20世纪80年代初,沃尔玛与休斯公司合作发射物流通信卫星,物流通信卫星使得沃尔玛产生了跳跃性的发展。1983年采用了POS机,全称Point of Sale,即销售始点数据系统。1985年建立了EDI,即电子数据交换系统,进行无纸化作业,所有信息全部在电脑上运作。1986年又建立了QR,称为快速反应机制,对市场变化反应迅速及时。

沃尔玛在全球第一个实现集团内部24小时计算机物流网络化监控,使采购库存、订货、配送和销售一体化。例如,顾客到沃尔玛店里购物,然后通过POS机打印发票,并通过手机自助付款,与此同时负责生产计划、采购计划的人员以及供应商的计算机上就会同时显示信息,各个环节就会通过信息及时完成本职工作,从而减少了很多不必要的时间浪费,加快了物流的循环。

2.沃尔玛物流应用的信息技术,各项技术远远超过对手

射频技术/RF(Radio Frequency),在日常的运作过程中可以跟条形码结合起来应用。

便携式数据终端设备/PDF,传统的方式到货以后要打电话、发E-mail或者发报表,通过便携式数据终端设备可以直接查询货物情况。

物流条形码/BC,利用物流条码技术,能及时、有效地对企业物流信息进行采集跟踪。

射频标识技术(RFID)是一种非接触式的自动识别技术,它通过射频信号自动识别目标对象并获取相关数据,识别工作无须人工干预,可以在各种恶劣环境中工作。

早在2004年,全球最大的零售商沃尔玛公司就要求其前100家供应商,在2005年1月之前向其配送中心发送货盘和包装箱时使用无线射频识别(RFID)技术,2006年1月前在单件商品中投入使用。早在2005年到2007年,其他公司最多还是手工扫描的时候,沃尔玛供应商每年使用达50多亿张电子标签,每年可为沃尔玛公司节省83.5亿美元。到2020年,沃尔玛在全世界已经安装了7 000多个RFID系统,这些技术的应用有力地促进了整体业务的发展,沃尔玛连续年营收超过5 144亿美元。

沃尔玛重视供应链各个环节的相互协调,RFID技术在其中的作用不可小觑。

沃尔玛零售店内的货物种类繁多,有8万~10万种,每个星期都会有超过900件的商品进入自动挑选行列。在人工操作订单的时代,这么大的工作量很容易使人出现错误;而基于RFID技术实现的自动化工作流程则可以实现自动下订单、排序和筛选。采用RFID技术后,系统自动产生电子订单,货品的库存减少,节省了仓库空间,提高了沃尔玛了的资金流动率。

不仅如此,RFID技术还有效地减少了供应链管理的人工成本,让信息流、物流、资金流更为紧凑有效,提高了效益。同时,仓库的能见度极大提高,让供应商、管理人员对存货和到

货的比例一目了然。美国伯克利大学为沃尔玛所做的一个量化关系试验表明,通过使用RFID,货物短缺减少16%,销售额增加了16%。而利用RFID条码的货物的补货率比没有标签的货物补货率快3倍。可以说,RFID供应链整体核心能力的竞争已经成为现代市场竞争的主流,供应链与供应链之间的竞争关乎着零售企业的命运。

就这样,在竞争对手仍然使用条码技术,收银员一件件扫描商品,顾客排长队等候的时候,沃尔玛早已用上了这种最先进的电子标签技术。这项技术的使用,一次扫描就可以把顾客所选择的一筐商品的类别价款搞清楚,不必一件件地拿出来分别扫描,与条码技术有着根本区别,大大节约了顾客交款的时间。

3. 沃尔玛首先应用AI技术

沃尔玛应用技术创新,包括地板擦洗机器人和取货塔并应用无人自动配送。零售商沃尔玛在实体店应用多项技术创新:店内取货塔、帮助客户快速获取在线订单和地板擦洗机器人。它为美国商店增加1 500个自动地板清洁器,300多个货架扫描仪,1 200个卸载器和900个拾取塔。沃尔玛称这些技术将使员工的时间从重复性任务中解放出来为客户提供更好的服务。

由两名谷歌前雇员创办的自动驾驶汽车公司Nuro,已经与沃尔玛(Walmart)建立了合作伙伴关系,为得克萨斯州休斯敦的顾客运送食品杂货。

2019年,沃尔玛与智能家居创新公司Level Home合作,提供前门智能锁和车库门的出入解决方案。消费者下单并选择InHome服务时,沃尔玛的员工会使用智能进入技术,佩戴专有的摄像头,将入门实时影像传送给客户,并允许远程控制。

虽然沃尔玛在2016年才开始涉足AI和机器人等前沿技术领域,但到了2018年,沃尔玛在相关领域的专利数量已经远远超过亚马逊。沃尔玛在无人技术上的专利,更侧重于物理工具的应用上。比如,利用无人机或机器人在店内巡逻,实时检测货架上缺失的物品,另一架无人机负责补充上架。

还有使用温度控制无人机进行传输,以及在移动端App中引入数字地图,将购物者快速引导到商品正确的位置。

或是检查超市的地板和安全隐患,防止漏油之类的危险发生。在某连锁门店总裁看来,这是超市里最重要的机器人应用场景。

通过使用基于区块链技术的WMT系统,保证了支付的低成本和高时效性,降低了沃尔玛整体资金成本,进一步提升了沃尔玛在全球的竞争力。

凭借这些信息技术,沃尔玛如虎添翼,取得了长足的发展。

如今,在沃尔玛任何一家分店不管多大规模,只需几分钟就可以全部盘点一遍,全球成千上万的分店全部盘点一遍也不超过15分钟。

阅读思考:

1. 沃尔玛是怎样进行信息竞争的?

2. 信息技术的先进对于沃尔玛降低成本、提高竞争地位、吸引顾客效果如何?

二、实训活动

◎ 内容

调查本地一家超市商品的价格制订过程和调整的方法。

◎ 目的

通过调查了解商业调整价格的依据和价格调整工作的业务流程,学会简单分析价格在商业中的意义和作用。

◎ 人员

1.实训指导:任课老师。

2.实训编组:学生按8~10人分成若干组,每组选组长及记录员各1人。

◎ 时间

3~5天。

◎ 步骤

1.由教师在校内组织安全教育。

2.与实训企业相关部门取得联系,并组织学生集体去该企业参观。

3.邀请商业企业各业务部主管介绍本部门客户服务内容。

4.分组查看企业客户服务相关资料,并做好记录。

5.撰写调查文档。

6.实训小结。

◎ 要求

利用业余时间,根据具体情况选择有一定代表性的超市,了解其价格管理规程。了解超市定价、调价的依据,以及竞争对手的反映等。了解超市调价的目的,通过价格调整过程观察价格在商业销售中的作用。

◎ 认识

作为未来的商业工作人员,掌握价格的基本知识,认识价格的重要性,树立市场意识、竞争意识,深悟商业企业客户服务内容,对我们在未来的工作中树立经营意识,做好本职工作是有很大帮助的。

【任务回顾】

通过本任务的学习,使我们初步掌握了市场、商品供求、商业价格、市场竞争的基本概念、特点等主要内容。通过超市的实训体验,了解商业企业价格管理的一般流程,深感商业的价格管理在商业活动和市场竞争中的重要性。价格管理不仅仅是为了竞争,更是对客户的服务。

【名词速查】

1.市场

对市场的含义,可以从不同层次上加以考察。从较浅显的层次上看,市场是人们进行交换活动的场所,即进行交易的地方。从较深的层次看,市场反映着商品交换关系的总和,即商品交换过程中各种经济关系的总和。

2. 价格的概念

按照马克思的定义,价格是价值的货币表现。更通俗一点讲,商品价格是用货币表现的商品价值,即商品的价值同货币的价值的对比关系。价格构成的4个要素:成本、流通费用、利润、税金。

3. 市场竞争

市场竞争是指具有独立的经济利益商业主体,为获得有利的买卖条件而自觉不自觉地进行抗衡和较量的一种经济行为,体现了商品生产者、经营者和消费者之物质利益方面存在着一种本质的必然的联系。

【任务检测】

一、单选题

1. 关于市场的说法,正确的是(　　　)。
　　A. 市场是交换的场所　　　　　　B. 市场反映人们之间的社会关系
　　C. 市场产生早于商业的产生　　　D. 市场交换的主体就是最终消费者

2. 对于全国市场和地方市场的关系,下面叙述正确的是(　　　)。
　　A. 全国市场排挤地方市场
　　B. 地方市场发展有助于全国市场的发展
　　C. 全国的各个地方市场总称为全国市场
　　D. 全国市场发展后地方市场地位下降

3. 商品需求量是(　　　)。
　　A. 人们对于商品的需求数量　　　B. 人们对商品的有支付能力的需求量
　　C. 和供给量相适应的量　　　　　D. 等于零售市场上的销售量

4. 卖方市场是(　　　)的市场状态。
　　A. 供给过剩　　　　　　　　　　B. 市场发展的理想目标
　　C. 供求平衡　　　　　　　　　　D. 供不应求

5. 价格的实质是(　　　)。
　　A. 任何时候价格与价值应是严格等量的
　　B. 价格应该高于价值
　　C. 价格围绕价值上下波动
　　D. 价格应该低于价值

二、多选题

1. 市场的基本属性包括(　　　)。
　　A. 客观性　　　　B. 历史性　　　　C. 社会性　　　　D. 经济性

2. 市场的功能有(　　　)。
　　A. 交换　　　　　B. 资源配置　　　C. 稳定物价　　　D. 经济核算

3. 市场竞争的原则是(　　　)。
　　A. 公开透明　　　B. 公正平等　　　C. 独立自主　　　D. 自由选择

4.价格的基本职能有(　　　)。

　　A.标度　　　　　　　B.调节　　　　　　C.信息　　　　　　D.监制

5.通常,商业价格体系的构成包括(　　　)。

　　A.批发价格体系　　　　　　　　　B.比价体系

　　C.差价体系　　　　　　　　　　　D.零售价格体系

三、判断题

1.不平衡—平衡—不平衡是商品供求矛盾的运动规律。　　　　　　　　　(　　)

2.价格竞争是市场竞争的重要表现形式,是一种见效快、灵敏度高、容易被消费者所接受的一种竞争形式。　　　　　　　　　　　　　　　　　　　　　　　(　　)

3.随着信息技术的发展和提高,无形市场的重要性将进一步提高。　　　(　　)

4.商品供求关系本质上体现的是商品和货币的关系。　　　　　　　　　(　　)

5.任何内容的市场竞争都是可以避免的。　　　　　　　　　　　　　　(　　)

四、思考题

1.如何理解市场的概念?

2.商品供求矛盾的表现形式是什么?

3.供求规律的作用是什么?

参考答案

一、单选题

1.A　　　2.B　　　3.B　　　4.D　　　5.C

二、多选题

1.ABC　　　2.ABD　　　3.BCD　　　4.ABC　　　5.BC

三、判断题

1.√　　　2.√　　　3.√　　　4.×　　　5.×

四、思考题

1.如何理解市场的概念?

对市场的含义,可以从不同层次上加以考察。从较浅显的层次上看,市场是人们进行交换活动的场所,即进行交易的地方。离开一定的场所,商品交换就难以进行,如商店、商场、集市等就是商品交换的场所。从较深的层次看,市场反映着商品交换关系的总和,即商品交换过程中各种经济关系的总和。参加商品交换活动的各个当事人(包括生产者、中间商、消费者),在商品交换过程中形成了错综复杂的利益关系。这些关系的总和,构成了市场含义的本质内容。

2.商品供求矛盾的表现形式是什么?

商品供求矛盾主要有以下4种表现形式:

第一,交换空间上的差异。

第二,交换时间上的差异。

第三,供求数量上的差异。

第四,供求结构上的差异。

3. 供求规律的作用是什么?

供求规律是商品流通中的重要经济规律。它的作用主要表现在以下 4 个方面。

(1)支配着商品价格的变化。

(2)支配着商品流通的数量和构成。

(3)支配着商品流通的方向和时间。

(4)支配着生产和消费。

任务 5
学会用电子商务购物

 任务目标

1. 熟悉电子商务的定义及内涵。

2. 了解电子商务的起源及发展阶段。

3. 掌握电子商务的功能、特点。

4. 知道电子商务的交易过程。

5. 理解电子商务在商业中的应用。

6. 清楚电子商务的优势。

7. 了解我国社会主义商业开展电子商务的现状。

8. 描述开展电子商务的基本条件。

 课时建议

知识性学习:6 课时。

案例学习讨论:1 课时(业余自主学习)。

现场观察学习:6 课时(业余自主学习)。

【导学语】

如果说网络时代是一个神话,那么电子商务就是对这个神话的新的演绎,因为电子商务将人类真正带进了信息社会。随着信息技术在国际贸易和商业领域的广泛应用,利用计算机技术、网络通信技术和 Internet 实现商务活动的国际化、信息化和无纸化,已成为各国商务发展的一大趋势。

那么,到底什么是电子商务、我们又如何应用它呢? 让我们一起来看看下面的这则案例吧:

小案例

年轻农民成为农产品电商主力军

随着以淘宝为代表的电子商务平台的成熟,网络营销不再是企业的专属,生活在农村的农民赶上了这股潮流,年轻农民纷纷学开网店。门口就是地,农产品摘下来就在网上卖。

方明是一名退伍军人。退伍回来后,一直在当地一家企业工作,收入也算不错。5 月,家里的鲜蒜刚摘下来时,方明回了趟老家。看到蒜贩子来收蒜,价格低到 0.8 元 1 斤(1 斤 = 500 克)。方明在网上一查,上海、广州等大城市鲜蒜价格达到了 5 ~ 6 元 1 斤,方明脑中冒出了开网店的想法。农产品难卖、卖不上好价钱,是许多农民转战电子商务的原因。

方明说:"现在很流行开网店。做别的东西都需要货源,自家地里的农产品也需要往外卖,就没必要舍近求远了。"

1. 推广难自学成"直通车手"

但开网店不是想想就能成功的。半个月过去了,方明接到的订单还停留在个位数。方明说:"买家要买东西,都是直接在淘宝上输入关键词,搜索出一个综合排序结果。大家看的肯定是排名靠前的几个产品,靠后的看都不会看。"

连着几天,方明趴在电脑前研究排名规则。方明说:"农产品网店很多,要排名靠前必须增加浏览量,推广是必须要做的。"在淘宝,最直接有效的推广方式是直通车。直通车需要付费,买家点击一下,店铺就要交纳从 0.1 元到几十元不等的费用。

刚开店就做直通车,在行业里是大忌,因为很烧钱。方明说:"上来就开直通车肯定不行,但鲜蒜不等人,烧些钱也要抢些时间。"

直通车的操作员有一个专业的称呼——车手。直通车付费的高低,很大程度上取决于车手的水平。刚开直通车时,买家点一下产品,方明得付5.6元。方明又在网上研究了好几天:点击价格与质量分息息相关。页面有特色、图片做得好,点击量高;产品吸引人买,转化率高。两者都高,质量分才会高。为了引人注意,方明把图片做得美观诱人,还用特大字体标出优惠价。直通车的点击价格降到了0.1元1次。就这样,方明把产品"烧到"了大蒜搜索直通车的首位。方明网店的订单越来越多,现在每天交易额近2 000元。

2. 亲朋参与成立运营团队

"自家种的都是好辣椒,收购价却一直上不去,最好时1斤能卖到8元。在武汉等大城市的农贸市场里,1斤辣椒卖到25元,网上售价也能达到19元1斤。"阳城镇村民曹庆武说。

7月初,网店正式开业。跟方明孤军奋战不同,曹庆武找来姐姐和外甥,3个人合伙开店。那时,地里的玉米刚下来。曹庆武在网上标价3元1个,每天交易额保持在2 000元以上。

网店取得开门红,曹庆武激动得觉都睡不着了。但没过多长时间,让曹庆武头疼的问题来了。曹庆武说:"鲜玉米卖的是个新鲜,以后卖什么?周围没有做网店的,完全靠自己摸索。"《舌尖上的中国》播出,山东特产西瓜酱火了一把。曹庆武看到了其中的商机,在网店推出"酱姐"牌西瓜酱。2个月时间,销量飙升到全网第一。

曹庆武从西瓜酱销售上得到启发,决定对农产品进行简单加工再销售。辣椒酱、胡辣汤、老面馒头,都在网上卖得不错。9月初,曹庆武还腾出一间南屋,装上石磨面粉卖。曹庆武说:"我的团队里'酱姐'是我姐,她跟我一块加工、打包、装件。客服老曹是我外甥,负责接单、咨询的事。每个人负责不同的工作,一天下来效率很高。前几天,还有两个邻居来找我,想一块做网店,我的团队越做越大了。"

3. 给葡萄销售插上互联网翅膀

"李老板速送50斤鲜葡萄来,要新采摘的。"

"好,半小时送到。"这天一大早李中就在接电话。

7—8月,太阳炙烤着茫茫的华北大平原,平原中部邯城永春区葡萄园园主李中和工人们每天忙得不亦乐乎。微信配送、游客进园采摘让他的葡萄园格外热火朝天。

李中是当地土生土长的青年农民。4年前,他放弃祖传的木工手艺和同学合资承包了村里的300亩土地种植无公害葡萄,酿葡萄酒,设垂钓中心打造体验式观光采摘园。

在创业之初,李中和他的伙伴们万万没想到,他创办的葡萄园如今也搭上了"互联网+"的快车道,走上了精品采摘线路,这让他的创业梦想短短几年变成现实并得以延伸。

在葡萄成熟的季节,李中的葡萄园每月仅通过网上预定的外省进园采摘客户就达2 000多人,还有一部分葡萄通过网销卖到周边的水果商超市或家庭。葡萄味道好送货及时,不断树立的好的服务口碑通过网络广泛传播,使葡萄园赢得了一大批千里之外的忠实的老客户。

采摘项目很受欢迎,当地群众、亲子游活动、慕名而来的外地游客很喜欢通过网上预约来这里体验采摘的乐趣。每次看到客人拎着满篮子的葡萄夸赞美味时,李中的心里便有着无尽的幸福和成就感。

李中说:"我们的葡萄都是绿色无污染的。地处农村,乡野空气质量好,成熟后的葡萄味道清甜、可口,吃后回味无穷。"可就在前两年这么好的葡萄,销售却很困难。传统的销售模式让他们的葡萄卖得很是吃力。

必须与时俱进。李中看到现在的微信平台很火,发现采摘经济很是喜人,于是他到处打听这样的新鲜销售模式,而后创办了自家的微信销售平台打造进园采摘项目。

思路—变效益立现。李中家的葡萄经济就这样一下就火起来了。

网销让李中的葡萄销路大开,客户来自四面八方。信息源之广,与传统销售完全不一样。李中说,如今他也迷上了互联网,手机上网也是轻车熟路。每次手机一响就知道生意来了,提起篮子就进园子里采摘准备配送。

据了解,通过采摘加上网销李军葡萄园里的葡萄卖得十分走俏,每年都能轻松卖出去 2/3,剩余的则作为酿葡萄酒所用。葡萄酒也是远近闻名,葡萄还未下市,葡萄酒已经在网上被预订满。

李中自信满满地说:"如今找到营销方略了,下一步我们准备扩大葡萄园规模,在品种研究引进上下功夫,让我们的葡萄经济更加壮大起来。"

【学一学】

5.1　电子商务基础

5.1.1　电子商务的内涵

电子商务是 20 世纪信息化、网络化的产物,随着 Internet 的飞速发展,电子商务活动已经演变成为利用 Internet 网络进行经济活动的网络经济,并由于其自身特点已引起了人们的广泛注意。

1)电子商务的概念

电子商务(Electronic Commerce)是指在全球各地广泛的商业贸易活动中,在因特网开放的网络环境下,基于浏览器/服务器应用方式,买卖双方不谋面地进行各种商贸活动,实现消费者的网上购物、商户之间的网上交易和在线电子支付以及各种商务活动、交易活动、金融活动和相关的综合服务活动的一种新型的商业运营模式。

电子商务可以划分为广义和狭义的电子商务。

广义的电子商务(Electronic Business)是指使用各种电子工具从事的各种商务活动。广义的电子商务包括的范围很广,既包括电子数据交换,也包括互联网电子商务;既包括网上信息查询、网络营销、网上广告等明显的电子商务活动,也包括了企业资源计划、供应链管理、客户关系管理等企业信息化领域的诸多方面。这是以 IBM 公司为代表的主流观点。

狭义的电子商务(Electronic Commerce)也称作电子交易,主要是指利用 Web 提供的通信手段在网上进行的交易活动,包括通过 Internet 买卖产品和提供服务。美国政府在《全球电子商务纲要》中比较笼统地指出,电子商务是指通过互联网进行的各项商务活动,包括广告、交易、支付和服务等活动。在大多数情况下,我们一般说的电子商务概念就是狭义的电子商务。

2)电子商务产生的条件

(1)计算机的广泛应用

近 30 年来,计算机的处理速度越来越快,处理能力越来越强,价格越来越低,应用越来越广泛,这为电子商务的应用提供了基础。

(2)网络的普及和成熟

由于 Internet 逐渐成为全球通信与交易的媒体,全球上网用户呈指数增长趋势,快捷、安全、低成本的特点为电子商务的发展提供了应用条件。

(3)信用卡的普及应用

信用卡以其方便、快捷、安全等优点而成为人们消费支付的重要手段,并由此形成了完善的全球性信用卡计算机网络支付与结算系统,使"一卡在手、走遍全球"成为可能,同时也为电子商务中的网上支付提供了重要的手段。

(4)电子安全交易(SET)协议的制定

SET 协议是为了实现更加完善的即时电子支付应运而生的。SET 协议(Secure Electronic Transaction),被称为安全电子交易协议。

①SET 协议简介。为了达到交易安全及合乎成本效益的市场要求,VISA 国际组织及其他公司如 Master Card、Microsoft、IBM 等共同制定了安全电子交易(Secure Electronic Transaction)公告。这个公告即 SET 协议,这是一个为在线交易而设立的一个开放的、以电子货币为基础的电子支付系统规范,它采用公钥密码体制和 X.509 数字证书标准,主要应用于 B2C 模式中,保障支付信息的安全性。SET 在保留对客户信用卡认证的前提下,又增加了对商家身份的认证,这对需要支付货币的交易来讲是至关重要的。

SET 协议主要是为了解决用户、商家、银行之间通过信用卡的交易而设计的,它具有的保证交易数据的完整性,交易的不可抵赖性等种种优点。因此,SET 协议成为目前公认的信用卡网上交易的国际标准,为开发网络上的电子商务提供了一个关键的安全环境。

②根据 SET 协议的工作流程,可以将整个工作程序分为以下 7 个步骤。

第一,消费者利用自己的 PC 机,通过互联网选所要购买的物品,并在计算机上输入订货单。订货单上需包括在线商店、购买物品名称及数量、交货时间及地点等相关信息。

第二,通过电子商务服务器与有关在线商店联系,在线商店做出应答,告诉消费者所填订货单的货物单价、应付款数、交货方式等信息是否准确,是否有变化。

第三,消费者选择付款方式,确认订单,签发付款指令,此时 SFT 开始介入。

第四,在 SET 中,消费者必须对订单和付款指令进行数字签名,同时利用双重签名技术保证商家看不到消费者的账号信息。

第五,在线商店接受订单后,向消费者所在银行请求支付认可。信息通过支付网关到收单银行,再到电子货币发行公司确认。批准交易后,返回确认信息给在线商店。

第六,在线商店发送订单确认信息给消费者,消费者端软件可记录交易日志,以备查询。

第七,在线商店发送货物或提供服务,并通知收单银行将钱从消费者的账号转移到商店账号,或通知发卡银行请求支付。

在认证操作和支付操作中一般会有一个时间间隔。例如,在每天的下班前请求银行结清当天的账。前两步与 SET 无关,从第三步开始 SET 起作用,一直到第七步。在处理过程中,通信协议、请求信息的格式、数据类型的定义等,SET 都有明确的规定。在操作的每一步,消费者、在线商店、支付网关都通过 CA 来验证通信主体的身份,以确保通信的对方不是冒名顶替。因此,也可以简单地认为,SET 规范充分发挥了认证中心的作用,以维护在任何开放网络上的电子商务参与者所提供信息的真实性和保密性。

（5）政府的支持与推动

欧盟发布了欧洲电子商务协议之后,美国政府发布了"全球电子商务纲要",之后电子商务受到世界各国政府的重视,许多国家的政府开始尝试"网上采购",为电子商务的发展提供了有力的支持。

①全球电子商务纲要简介。1997 年 7 月 1 日美国政府发布了"全球电子商务纲要"。其中,定义了两大商务类别:一类是企业对企业的电子商务;一类是企业与个人的电子商务。第一类主要强调企业与企业之间的 EDI 联系;而第二类,企业与个人,对个人,也就是对消费者而言,电子商务就是我们常说的电子消费、网上购物,也称为电子商业。

这两种商务类别的侧重点不同,企业与企业之间,多数着重企业的经营效率,利用网络整体提高企业的管理、经销、产品推广实力水平,从而改善传统商业模式所带来的弊端,对于企业的新产品推广,更易快速打入市场。

而企业与个人,对于企业来说是扩大企业产品的知名度,拥有更大的市场,以及利用网络的跨地域性,在销售通道上,更易控制和掌握。而对于个人来说,进行电子消费,不受时间及地域限制,有更多的自主权。在消费变得方便的同时,消费者作为个体,将有更多的时间及精力来完成其他生活事务。

②全球电子商务纲要引用举例。《全球电子商务纲要》提出:"互联网应宣告为免税区,凡经由网络的商品交易,均应一律免税。在网上达成的有形商品的交易应按常规办理,不应另行课税。"这份纲要清楚地意识到电子商务的特性,从而强调了如何避免重复征税,支持电子商务的发展。使得众多网店店主拥有了反击对网店征税的政策。

小链接

电子商务发展的阶段划分

1. 按照在商业领域发挥作用的大小,将电子商务发展分为 4 个大的阶段

和任何新生事物的发展变化过程一样,电子商务自 1995 年萌芽至今经历了一个由低级到高级的发展过程。按照在商业领域发挥作用的大小,将电子商务的发展过程分为 4 个大的阶段。

（1）工具阶段（1995—2003 年）

这个阶段是互联网进入中国的探索期、启蒙期。中国电子商务以企业间电子商务模式探索和发展为主。早期,应用电子商务的企业和个人主要把电子商务作为优化业务活动或商业流程的工具,如信息发布、信息搜寻和邮件沟通等,其应用仅局限于某个业务"点"。

（2）渠道阶段（2003—2008 年）

这个阶段,电子商务应用由企业向个人延伸。电子商务成为众多企业和个人的新的交易渠道。在这一阶段,电子商务界经历了一系列的重大事件,如 2003 年 5 月,阿里巴巴集团成立淘宝网,进军 C2C 市场等。2007 年,商务部先后发布了《关于网上交易的指导意见（暂行)》《商务部关于促进电子商务规范发展的意见》。一系列政策法规的实施,构筑了电子商

务发展的法律、政策生态。

随着网民和电子商务交易的迅速增长,电子商务成为众多企业和个人的新的交易渠道,如传统商店的网上商店、传统企业的电子商务部门以及传统银行的网络银行等,越来越多的企业在线下渠道之外开辟了线上渠道。2007年,我国网络零售交易规模561亿元。在网商随之崛起,并逐步将电子商务延伸至供应链环节,促进了物流快递和网上支付等电子商务支撑服务的兴起。

(3)基础设施阶段(2008—2013年)

电子商务引发的经济变革使信息这一核心生产要素广泛运用于经济活动,加快了信息在商业、工业和农业中的渗透速度,极大地改变了消费行为、企业形态和社会创造价值的方式,有效地降低了社会交易成本,促进了社会分工协作,引爆了社会创新,提高了社会资源的配置效率,深刻地影响着零售业、制造业和物流业等传统行业,成为信息经济重要的基础设施或新的商业基础设施。越来越多的企业和个人基于和通过以电子商务平台为核心的新商业基础设施降低交易成本、共享商业资源、创新商业服务,促进了电子商务的迅猛发展。

2008年7月,中国成为全球"互联网人口"第一大国。网民数量达到了2.53亿,互联网用户首次超过美国,跃居世界第一位。2011年,团购网站迅猛发展,上演千团大战局面,中国团购用户数超过4220万。2012年,淘宝商城更名"天猫"独立运营,品牌折扣网站唯品会在纽交所挂牌交易,2012年度淘宝和天猫的交易额突破10000亿元,"双十一"当天交易规模362亿元。2013年,阿里巴巴和银泰集团、复星集团、富春集团、顺丰速运等物流企业组建了"菜鸟",着手建立能支撑日均300亿元网络零售额的智能物流骨干网络,确立了让全中国任何一个地区做到24小时内送货必达的目标。

(4)经济体阶段(2013年以后)

2013年,中国超越美国,成为全球第一大网络零售市场,网络购物用户3亿人,我国电子商务交易规模突破10万亿元大关,网络零售交易规模1.85万亿元,相当于社会消费品零售总额的7.8%。

随着智能手机的普及,移动互联网快速发展,网络购物用户规模不断扩大。2018年,网络购物用户规模突破6亿人。2019年上半年,网络购物市场保持较快发展,下沉市场、跨境电商、模式创新为网络购物市场提供了新的增长动能。在地域方面,以中小城市及农村地区为代表的下沉市场拓展了网络消费增长空间,电商平台加速渠道下沉。截至2019年6月,我国网络购物用户规模达6.39亿,较2018年底增长2871万,占网民整体的74.8%。

近年来,电子商务就业规模日益壮大,电子商务与实体经济融合发展加速,带动了更多人从事电子商务相关工作。电子商务交易技术国家工程实验室、中央财经大学中国互联网经济研究院测算,2018年,中国电子商务从业人员达4700万人,同比增长10.6%。2019年我国电子商务行业从业人员突破5000万人。

中国电子商务行业交易规模持续扩大,稳居全球网络零售市场首位。公开数据显示,2008年电子商务交易额仅3.14万亿元,2013年突破10万亿元,2018年突破30万亿元,达到31.63万亿元,同比增长8.5%。

网络零售的蓬勃发展促进了宽带、云计算、IT外包、网络第三方支付、网络营销、网店运营、物流快递、咨询服务等生产性服务业的发展,形成庞大的电子商务生态系统。电子商务基础设施日益完善,电子商务对经济和社会影响日益强劲,电子商务在"基础设施"之上进一步催生出新的商业生态和新的商业景观,进一步影响和加速传统产业的"电子商务化",促进和带动经济整体转型升级,电子商务经济体开始兴起。

电子商务从工具、渠道、基础设施到经济体的演进,不是简单的新旧替代的过程,而是不断进化、扩展和丰富的生态演进过程。电商从诞生、发展、繁荣,从 1995 年开始至今,经历了从工具、渠道、基础设施到经济体的 4 个阶段(或 4 个角色)。全球化、个性化、数据化和移动化正在成为电商未来的四大发展趋势。

2. 根据电子商务基于的网络电子技术可划分为两个阶段

(1)20 世纪 60—90 年代:基于 EDI 的电子商务

EDI(Electronic Data Interchange):电子数据交换,是将业务文件按一个公认的标准从一台计算机传输到另一台计算机上去的电子传输方法。

由于 EDI 的使用大大减少了纸张票据,因此,人们也形象地称之为"无纸贸易"或"无纸交易"。但早期的 EDI 使用价格极为昂贵,仅大型企业才会利用。此外,早期网络技术的局限也限制了应用范围的扩大和水平提高。

(2)20 世纪 90 年代以来:基于 Internet 的电子商务

20 世纪 90 年代中期后,国际互联网迅速普及化,从大学、科研机构到企业和百姓家庭,其功能也已从信息共享演变为一种大众化的信息传播工具。它比基于 EDI 的电子商务具有以下一些明显的优势:①费用低廉;②覆盖面广;③功能更全面;④使用更灵活。

注意:根据不同的标准可以有不同的阶段划分,如按照发展的水平划分,可分为萌芽阶段、迅速发展阶段、高速发展阶段等。

3)电子商务的功能

电子商务可提供网上交易和管理等全过程的服务,它具有广告宣传、咨询洽谈、网上订购、电子账户、服务传递、意见征询、交易管理等各项功能。

(1)广告宣传

电子商务可以使企业通过 Web 服务器、网络主页和电子邮件在全球范围内作广告宣传,在 Internet 上宣传企业形象和发布各种商品信息,客户可以利用网络浏览器迅速找到所需的商品信息。与其他广告形式相比,网络广告成本最为低廉而提供给顾客的信息量却最为丰富。

(2)咨询洽谈

电子商务可借助电子邮件(E-mail)、新闻组(News Group)和实时的讨论组(Chat)来了解市场和商品信息、洽谈交易事务。如有进一步需求,还可以用网上的白板会议、BBS 来交流及时的图文信息。网上的咨询和洽谈能超越人们面对面洽谈的限制,提供多种方便的异地交谈形式。

(3)网上订购

网上订购通常都是在产品介绍的网页上提供十分友好的订购提示和订购交互表格。当客户填完订购单后,系统会做回复,确认信息单并表示订购信息已收悉。电子商务的客户订购信息采用加密的方式,使客户和商家的商业信息不会泄露。

（4）网上支付

网上支付是电子商务交易过程中的重要环节,客户和商家之间可采用信用卡、电子钱包、电子支票、电子现金等多种支付方式进行网上支付,节省交易开销,但是网上支付需要可靠的信息传输安全性控制以防止欺骗、窃听、冒用等非法行为。

（5）电子账户

网上支付需要有电子金融来支持,即银行或信用卡等金融单位要为资金支付提供网上的服务,而电子账户管理是其基本的组成部分。

（6）服务传递

对于已付了款的客户应将其订购的商品及时地传递到他们的手中。对于有形商品,服务传递系统可以通过网络对本地和异地的仓库或配送中心进行物流的调配,并通过物流服务部门完成商品的传送。而对于无形产品,如软件、电子读物等,则应立即从电子仓库中将商品通过网络直接传递到客户端。

（7）意见征询

电子商务能十分方便地采用网页上的选择、填空等格式文件来收集用户对销售服务的反馈意见,这样使企业的市场运营能形成一个封闭的回路。客户的反馈信息不仅能提高售后服务的水平,更使企业获得改进产品、发现市场的商业机会。

（8）交易管理

整个交易的管理将涉及人、财、物等多个方面,包括企业之间、企业和客户及企业内部等各方面的协调和管理,因此交易管理是涉及商务活动全过程的管理。

4）电子商务的特点

电子商务是在传统商务的基础上发展起来的。由于有了电子信息技术的支撑,电子商务活动的方式呈现出一些传统商务没有的新特点。

（1）交易虚拟化

通过互联网进行贸易,贸易双方从交易磋商、签订合同到支付货款等无须当面进行,均通过计算机互联网络完成,整个交易完全虚拟化。对卖方来说,可以到网络管理机构申请域名,制作自己的主页,组织产品信息上网。虚拟现实、网上聊天等新技术的发展使买方能够根据自己的需求选择广告,并将信息反馈给卖方。通过信息的推拉互动,签订电子合同,完成交易并进行电子支付。整个交易都在网络这个虚拟的环境中进行。

（2）交易成本低

电子商务使得买卖双方的交易成本大大降低,具体表现在以下几个方面。

①距离越远,网络上进行信息传递的成本相对于信件、电话、传真而言就越低。此外,缩短时间及减少重复的数据录入也降低了信息成本。

②买卖双方通过网络进行商务活动,无须中介者参与,减少了交易的有关环节。

③卖方可通过互联网络进行产品介绍、宣传,避免了在传统方式下做广告、发印刷产品

等大量费用。

④电子商务实行"无纸贸易"，可减少90%的文件处理费用。

⑤互联网使买卖双方即时沟通供需信息，使无库存生产和无库存销售成为可能，从而使库存成本降为零。

⑥企业利用内部网（Intranet）可以实现"无纸办公（OA）"，提高了内部信息传递的效率，节省了时间，降低了管理成本。通过互联网络把其公司总部、代理商以及分布在其他国家的子公司、分公司联系在一起，及时对各地市场情况做出反应，即时生产，即时销售，降低存货费用，采用产销快捷的配送公司提供交货服务，从而降低产品成本。

⑦传统的贸易平台是地面店铺，新的电子商务贸易平台则是网吧或办公室。

小案例

美国迪莱公司曾对本企业的销售进行调查，结果表明：上网促销的活动成本只相当于直邮活动的30%，而产生的销售线索增加50%。其中，75%的线索被锁定为合格，而直邮的合格率只有18%。由于这些线索通过网络来收集传播，后期管理费用又可节省70%。

（3）交易效率高

由于互联网络将贸易中的商业报文标准化，使商业报文能在世界各地瞬间完成传递与计算机自动处理，原料采购、产品生产、需求与销售、银行汇兑、保险、货物托运及申报等过程无须人员干预，都能在最短的时间内完成。

传统贸易方式中，用信件、电话和传真传递信息，必须有人的参与，且每个环节都要花不少时间。有时由于人员合作和工作时间的问题，会延误传输时间，失去最佳商机。电子商务克服了传统贸易方式费用高、易出错、处理速度慢等缺点，极大地缩短了交易时间，使整个交易非常快捷与方便。

（4）交易透明化

买卖双方从交易的洽谈、签约以及货款的支付、交货通知等整个交易过程都在网络上进行。通畅、快捷的信息传输可以保证各种信息之间互相核对，可以防止伪造信息的流通。例如，在典型的许可证EDI系统中，由于加强了发证单位和验证单位的通信、核对，假的许可证就不易漏网。

（5）交易全球化

互联网打破了时空界限，扩展了营销范围，把全球市场连接成了一个整体。在网上任何一个企业都可以向全世界销售自己的产品，也可以在全世界寻找合作伙伴，同时还要面对来自世界各地的竞争对手。

（6）交易互动性

通过互联网、商家之间可以直接交流、谈判、签合同，消费者也可以把自己的反馈建议反映到企业或商家的网站，而企业或者商家则要根据消费者的反馈及时调查产品种类及服务品质，做到良性互动。同时，通过电子商务，企业可以根据客户的需求与爱好有针对性地提供商品信息、为消费者订制产品、提供个性化的服务等。

5.1.2　电子商务交易过程

小案例

亚马逊公司（Amazon），是美国最大的一家网络电子商务公司，位于华盛顿州的西雅图。亚马逊公司是网络上最早开始经营电子商务的公司之一，成立于1995年，一开始只经营网络的书籍销售业务，现在则涉及范围相当广的产品。亚马逊公司已成为全球商品品种最多的网上零售商和全球第二大互联网企业，在公司名下，包括AlexaInternet，A9，Lab126和互联网电影数据库（Internet Movie Database，IMDB）等子公司。

亚马逊及其他销售商为客户提供数百万种独特的全新、翻新及二手商品，如图书、影视、音乐和游戏、数码下载、电子和电脑、家居园艺用品、玩具、婴幼儿用品、食品、服饰、鞋类和珠宝、健康和个人护理用品、体育及户外用品、玩具、汽车及工业产品等。

作为美国第一大在线零售商，亚马逊几乎是任何的商业规则的例外情况。这家西雅图公司从做网上书店发家，如今已经发展成为一股至少横跨5个不同的大型行业的重要力量，当中包括零售、消费级技术、云计算、媒体和娱乐。

亚马逊是面向全球的跨境电商平台，全球多站点运作，基本覆盖全球各个国家地区。亚马逊全球有4亿用户，店铺有300多万。亚马逊的员工总数已超过75万人。其中，亚马逊在美国境外的员工人数已超过40万人。

最初，中国卖家想要进驻亚马逊，只能以当地公民的身份注册账号，中国公民很难入驻亚马逊。现在，亚马逊为了让中国公民更好地进入亚马逊平台销售产品，在中国组建了亚马逊中国团队，开启了"全球开店"项目，让中国卖家可以直接通过中国招商团队更容易地进入亚马逊平台。总之，全球开店项目是针对中国卖家开通亚马逊账户的一个快捷方式。

想一想：
亚马逊网络书店属于哪种类型的电子商务？

电子商务的交易过程分为企业之间的交易和企业对消费者的交易两个过程：

（1）企业与企业之间的电子商务的交易过程

企业间电子商务交易过程大致可以分为4个阶段。

①交易前的准备。指买卖双方和参加交易各方在签约前的准备活动。

买方根据自己要买的商品，准备购货款，制订购货计划，进行货源市场调查和市场分析，反复进行市场查询，了解各个卖方国家的贸易政策，反复修改购货计划和进货计划，确定和审批购货计划。再按计划确定购买商品的种类、数量、规格、价格、购货地点和交易方式等，尤其要通过Internet和各种电子商务网络寻找自己满意的商品和商家。

卖方根据自己所销售的商品，召开商品新闻发布会，制作广告进行宣传，全面进行市场调查和市场分析，制订各种销售策略和销售方式，了解各个买方国家的贸易政策，利用Internet和各种电子商务网络发布商品广告，寻找贸易伙伴和交易机会，扩大贸易范围和商品所占市场的份额。

其他参加交易各方有中介方、银行金融机构、信用卡公司、海关系统、商检系统、保险公司、税务系统、运输公司等都要为进行电子商务交易做好准备。

②交易谈判和签订合同。指买卖双方对所有交易细节进行谈判,将双方磋商的结果以文件的形式确定下来,即以书面文件形式和电子文件形式签订贸易合同。

电子商务的特点是可以签订电子贸易合同,交易双方可以利用现代电子通信设备和通信方法,经过认真谈判和磋商后,将双方在交易中的权利、义务以及购买商品的种类、数量、价格、交货地点、交货期、交易方式、运输方式、违约、索赔等合同条款,全部以电子交易合同做出全面、详细的规定,合同双方可以利用电子数据交换(EDI)进行签约,也可以通过数字签名等方式签名。

小链接

数字签名技术是在网络系统虚拟环境中确认身份的重要技术,完全可以代替现实过程中的"亲笔签字",在技术和法律上有保证。

数字签名主要的功能是:保证信息传输的完整性、发送者的身份认证、防止交易中推卸责任的行为发生。

③办理交易进行前的手续指买卖双方签订合同后到合同履行前办理各种手续的过程,也是双方贸易前的交易准备过程。交易中要涉及有关各方,即中介方、银行金融机构、信用卡公司、海关系统、商检系统、保险公司、税务系统、运输公司等,买卖双方要利用 EDI 与有关各方进行各种电子票据和电子单证的交换,办理完卖方按合同规定向买方发货的一切手续。

④交易合同的履行和索赔。这一阶段是从买卖双方办完所有各种手续之后开始,卖方要备货、组货,同时进行报关、保险、取证、信用评估等手续,卖方将所购商品交付给运输公司包装、起运、发货,买卖双方可以通过电子商务服务器跟踪发出的货物,银行和金融机构也按照合同处理双方收付款、进行结算、出具相应的银行单据等,直到买方收到自己所购商品,完成了整个交易过程。索赔是在买卖双方交易过程中出现违约时,需要进行违约处理的工作,受损方要向违约方索赔。

(2)企业与消费者之间的电子商务的交易过程

企业与消费者之间的电子商务的交易过程可以从两个方面进行分析,即以企业为中心的 B2C 电子商务交易过程和以消费者为中心的 B2C 电子商务交易过程。

第一类:以企业为中心的 B2C 电子商务交易过程。

①登录电子商务网站。假设某公司的电子商务活动通过阿里巴巴网站完成,第一步就是登录阿里巴巴网站,在网络浏览器地址栏输入 alibaba.com,敲回车键。

②上传企业产品信息。在阿里巴巴网站主页页面上部的右方有一个"我的阿里助手"的链接,单击后便进入"阿里助手首页"。在这里可以发布商业信息,将产品的名称、型号、功能、价格等相关信息进行展示,还可以上传企业简介和产品目录等。

③客户询盘、双方洽谈。客户在阿里巴巴网站上搜索到企业发布的商业信息后,可以通过 E-mail、贸易通、MSN、QQ 等与企业联系,也可以在企业发布的商业信息后直接留下询问信息。

④达成协议后客户支付。经过数轮协商,双方达成协议后,若客户同意购买产品,则需要先付款。款项可以直接打入公司账号,也可以通过阿里巴巴提供的支付宝支付。对于首次接触的客户建议使用支付宝。

⑤款到发货。收到客户货款后,需要立刻发货。工作人员要核对单据、整理货品,为发货做准备,随后物流公司开展配送业务。

⑥客户收货后确认。客户收到货物后进行确认,交易完成。

第二类:以消费者为中心的 B2C 电子商务交易过程。

①消费者进入 Internet,查看企业和商家的网页。

②消费者通过购物对话框填写购物信息:姓名、地址、选购商品名称、数量、规格、价格。

③消费者选择支付方式,如信用卡、电子货币、电子支票、借记卡等。

④企业或商家的客户服务器检查支付方服务器,看汇款额是否被认可。

⑤客户服务器确认消费者付款后,通知销售部门送货上门。

⑥消费者的开户银行将支付款项传递到他的信用卡公司,信用卡公司开给他收费单。

5.2 电子商务在商业中的应用

5.2.1 电子商务的优势

1)电子商务与传统商务相比较的优势

与传统商务相比较,电子商务具有如下优势。

（1）时空优势

传统的商务是以固定不变的销售地点即商店和固定不变的销售时间为特征的店铺式销售。Internet 上的销售是通过以信息库为特征的网上商店进行,所以它的销售空间随网络体系的延伸而延伸,没有任何的地理障碍;销售时间是由消费者（即网上用户）自己决定的。因此,Internet 上的销售相对于传统销售模式具有全新的时空优势,这种优势可在更大程度上、更大范围上满足网上的消费需求。事实上,Internet 上的购物已没有了国界,也没有了昼夜之别。

（2）速度优势

电子商务具有极大的速度、效率优势。用户通过浏览网页就可以获得产品信息,接受企业提供的服务。因此,速度优势是传统商务所不能相比的。

（3）成本优势

与传统的商务相比,利用 Internet 渠道可避开传统商务渠道中许多中间环节,使得生产者和消费者的直接交易成为可能,降低流通费用、交易费用和管理成本,并加快信息流动速度。

（4）个性化优势

由于 Internet 具有实时互动式沟通的特点,并且不受任何外界干扰,因此,消费者更容易表达出自己对产品及服务的评价。

（5）信息优势

传统的销售在店铺中虽然可以把真实的商品展示给消费者,但对一般消费者而言,对所购商品的认识往往是表面的,也无法了解商品的内在质量,往往容易被商品的外观、包装等外在因素所困惑。利用电子商务技术,可以全方位展示产品及服务功能的内部结构,从而有助于消费者完全地认识商品及服务。

（6）便捷优势

消费者只需要在网站搜寻相关产品信息,进行质量和价格的比较之后,就可以方便地在家中完成交易。

（7）零库存优势

传统商务企业为应付变化莫测的市场需求不得不保持一定库存产品。由于企业对原料市场把握不准,因此也常常维持一定的原料库存,这说明产生库存的根本原因是信息不畅。以信息技术为基础的电子商务则可以改变企业决策中信息不确切和不及时问题。通过Internet可以将市场需求信息传递给企业决策生产,同时企业的生产信息可以马上传递给供应商适时补充供给,从而实现零库存管理。

（8）缩短生产周期优势

一个产品的生产是许多企业相互协作的成果,因此产品的设计开发和生产销售可能涉及许多关联的企业。通过电子商务可以将过去的信息封闭的分阶段合作方式改成信息共享的协同工作,从而最大限度地减少因信息封闭而出现的等待时间。

（9）提高中小企业的竞争能力优势

电子商务使企业可以以相近的成本进入全球电子化市场,使得中小企业有可能拥有和大企业一样的信息资源,从而在很大程度上提高中小企业的竞争能力。

（10）增加商机优势

传统的交易受到时间和空间限制,而基于Internet的电子商务,其网上的业务可以开展到传统营销人员的销售和广告促销所达不到的市场范围,如我国湖南一养毒蛇的农民通过Internet将其产品卖到美国一个从未有过联系的公司。

总之,电子商务具有对市场变化反应迅速、成本低、效率高等传统商务方式所无法比拟的优势,它加速了企业内部和外部的信息交流,突破了交易和交货形式的时空界限,大幅度提高了企业管理素质和运作效率,降低了运营成本,有效地提高了市场竞争力,同时为消费者提供了更多、更灵活的选择和实惠。

小资料

我国电子商务安全问题表现、来源与对策

安全问题是我国的电子商务发展中一个重要的制约因素。电子商务的安全问题表现为信息安全、交易安全和财产安全3个方面。其来源有4个层面:硬件层面、软件层面、应用层面和环境层面。应采取多种措施应对安全挑战,促进我国电子商务的进一步发展。

从1990年开始出现电子商务模式,我国的电子商务取得了快速的发展。相继实施的"金桥""金卡""金关""金税"工程大大加快了我国电子商务的发展步伐,电子商务的广度和深度空前扩展,已经深入国民经济和日常生活的各个方面。但是,也有一些制约电子商务发展的因素,安全问题就是其中之一。如果没有重视安全问题,不仅会造成巨大的经济损

失,而且会严重打击人们对电子商务的信心。因为电子商务安全问题不仅在我国造成严重的损失,每年全球电子商务也因为安全问题造成数百亿美元损失。电子商务的安全问题面临巨大挑战。

1. 安全问题的表现

(1)信息安全

信息安全是指各种原因引起的信息泄露、信息丢失、信息篡改、信息虚假、信息滞后、信息不完善等,以及由此带来的风险。具体的表现有:窃露商业机密;泄漏商业机密;篡改交易信息,破坏信息的真实性和完整性;接收或发送虚假信息,破坏交易、盗取交易成果;伪造交易信息;非法删除交易信息;交易信息丢失;病毒破坏;黑客入侵等。如果信息被非法窃取或泄露可能给有关企业和个人带来严重的后果和巨大的经济损失。如果不能及时得到准确、完备的信息,企业和个人就无法对交易进行正确的分析和判断,无法做出符合理性的决策。非法删除交易信息和交易信息丢失可能导致经济纠纷,给交易的一方或多方造成经济损失。

最常见的信息风险是信息的非法窃取和泄露,它往往引起连锁反应,形成后续风险。这也是目前企业和个人最担心的问题。信息风险的典型表现是网络欺诈,它不仅使厂商和消费者在经济上蒙受重大损失,更重要的是,可能会使人们对电子商务这种新的经济形势失去信心。

(2)交易安全

交易安全是指电子商务交易过程中存在的各种不安全因素,包括交易的确认、产品和服务的提供、产品和服务的质量、价款的支付等方面的安全问题。

与传统的商务形式不同,电子商务具有自己的特点:市场松散化、主体虚拟化、交易网络化、货币电子化、结算瞬时化等。这使得电子商务的交易风险表现出新的特点,出现新的形式,并且被放大。交易安全问题在现实中很多。例如,卖方利用信息优势,以次充好、以劣当优来发布虚假信息,欺骗购买者;卖方利用参与者身份的不确定性与市场进出的随意性,在提供服务方面不遵守承诺,收取费用却不提供服务或者少提供服务。当然也有相反的情况:买方利用卖方的诚实套取产品和服务,却以匿名、更名或退出市场等方式逃避执行契约合同。

(3)财产安全

财产安全是指各种原因造成电子商务参与者面临的财产等经济利益风险。财产安全往往是电子商务安全问题的最终形式,也是信息安全问题和交易安全问题带来的后果。

财产安全问题主要表现为财产损失和其他经济损失。前者如客户的银行资金被盗;交易者被冒名,其财产被窃取等。后者如信息的泄露、丢失,使企业的信誉受损,经济遭受损失;遭受网络攻击或故障,企业电子商务系统效率下降甚至瘫痪等。

2. 安全问题的来源

(1)硬件层面

电子商务的基础是网络,而网络的物理支撑是各种硬件设施,这些硬件设施会带来安全风险。这里的设备故障,有人为因素,也有自然灾害。虽然硬件安全问题发生的概率不大,但一旦发生,影响巨大。例如,2006年12月26日,我国台湾附近海域发生强烈地震,造成中美海缆等6条国际海底通信光缆发生中断,附近国家和地区的通信受到严重影响。许多跨国经营的企业总部、分公司之间的网络联系中断,使生产和经营受到严重影响。这次事故给有关企业和个人造成巨大影响和严重经济损失。

（2）软件层面

网络不仅需要硬件，更需要软件，各种系统软件、应用软件是网络运行所必需的，是电子商务的另一个支撑点。由于技术和人为因素，各种软件不可避免地存在各种设计的缺陷和漏洞，同时，由于软件的多样性和复杂性，在配备、使用中也会有各种问题，导致电子商务系统中存在技术误差和安全漏洞。比如，由于可能存在安全漏洞，在重要信息资料保管和安全支付方面，人们仍然担心资料丢失和账户被盗等。又如，个别软件由于自身的缺陷，在特殊的情况下，可能造成系统运行故障甚至瘫痪。

（3）应用层面

①企业管理水平低，人员素质不高。电子商务在近几年才得到了迅猛发展，各地都缺乏足够的技术人才来处理所遇到的各种问题，许多企业技术人员的技术水平较低，不能完全胜任所承担的工作。同时，企业对电子商务的管理也处于一个摸索的阶段，管理水平不高，效率低下。这些都给电子商务带来了很大的安全隐患，包括交易流程管理风险、人员管理风险、网络交易技术管理的漏洞的交易风险、网络管理制度漏洞等。

②消费者电子商务知识贫乏，安全意识不强。从总体上讲，广大消费者对于电子商务这个新生事物比较陌生，缺乏相应的知识，还不能十分熟练地应用这一新的交易手段，造成各种人为的安全威胁。例如，有的消费者安全意识淡薄，不注意保护自己的密码等关键信息，容易导致资金被盗、冒名交易等；有的消费者对信息的判断能力差，容易上当受骗；有的消费者对网络交易的流程缺乏了解，容易导致操作失误等。

③网络攻击、商业欺诈等违法犯罪行为。以获取机密信息或者破坏为目的的网络攻击是电子商务另外一个重要安全隐患。包括病毒攻击、木马程序，以及其他各种形式的网络攻击。根据国家计算机病毒应急处理中心的统计，某年我国发现的计算机病毒有80%以上是以窃取信息等经济利益为目的的。这些网络攻击行为可能导致企业和个人的信息被盗，资金被窃取，也可能导致企业电子商务系统效率下降甚至崩溃。

因为网络交易的虚拟性所引起的交易欺诈行为有恶化的趋势。例如，中国质量万里行促进会多次公布的我国十大投诉热点中，网络欺诈成为继食品、汽车、家电、旅游之后的第五大投诉热点。这说明，发生在我国网络市场中的欺诈行为已经比较严重，它会影响网民对网络产品的信任并进而影响中国电子商务市场的健康发展。

（4）环境层面

①法律环境。法律是市场经济的重要外部环境。在电子商务中，法律不仅是打击网络犯罪的武器，而且是各个主体商务活动的游戏规则。

电子商务是一种全新的商务活动，并由此衍生了一系列新的法律问题，例如网络交易纠纷的仲裁、网络交易契约等问题，急需相应的法律保障，为市场制定新的、适用的游戏规则，否则就会引起混乱。由于电子商务发展较快，我国有关的立法工作显得落后，出现许多法律空白，使许多电子商务纠纷的解决缺乏法律依据，这是电子商务中一个重要安全隐患。

②诚信缺乏。诚信是市场经济的基础，是市场顺利运行的前提条件。电子商务由于其开放性、虚拟性，交易双方不直接见面，在身份的判别确认、违约责任的追究等方面都存有很大困难。因此，信用风险远比传统业务中发生的概率大。

目前，社会信用体系不够完善，给在网上利用电子商务进行交易的传统企业和个人带来不可预料的风险,包括商业欺诈、商业诽谤、在线(信息)隐私问题、知识产权的保护问题、商业信用问题等。其典型表现有:网上产品的质量问题导致消费者无法购买到合意的商品;网上支付存在着风险;网络中的合同欺诈等。

2)利用电子商务进行商业活动

(1)网上购物

网上购物就是指消费者在网上购买自己所需要的商品。网上购物是电子商务应用最广泛的形式之一,也就是通常所讲的B2C模式。网上购物一般分为6个步骤。

①消费者接入互联网,在商家的网上商店中浏览,寻找自己感兴趣的商品。

②消费者在网页的购物对话框里填写自己的姓名、地址,以及自己想要购买的商品品种、规格、数量等信息,确定上传后,商家会立刻给顾客计算好所需购买商品的价格。

③顾客选择支付方式支付货款,如可以通过信用卡、借记卡、电子支票、货到付款等方式支付货款。

④通过互联网技术,商家确认支付货款方式是否得到认可。

⑤通过互联网技术,商家确认顾客付款后,即着手准备货物并将其送到顾客手中(如果商家允许顾客货到付款,则可以先送货再收款)。

⑥购货者的开户银行将支付款项传递到购货者的信用卡发放单位,信用卡发放单位负责发给消费者收费单据。

(2)网络营销

如今,网络营销仍是电子商务应用最广泛的领域。所谓网络营销,是指通过网络市场来满足消费者需要的综合性营销活动过程。网络营销的目的是满足网络消费者现实和潜在需求,其中心是促成网络交易活动的实现,其手段是利用网络来开展营销活动。网络营销有如下特点。

①广泛性。目前,全球几乎所有的国家和地区都已接入了互联网,企业通过互联网可以与全球市场进行联系,从而大大减少了商业活动的地理空间限制。

②直观性。互联网可以通过数字化的方式全面地模拟反映现实世界,使交易双方能够轻松地直接进入所选择的交易环境。

③实时交互性。互联网可使经营者与其他交易者进行实时信息沟通,高效率地完成信息交换和商品交易。

④能动性。在网络上,大量智能化的软件能为交易双方提供许多主动服务。

⑤敏感性。互联网是一个迅速变化的空间,各种各样的最新的需求信息都可能在其中出现,通过网络这些信息总能迅速反馈给商家。

5.2.2 开展电子商务需具备的基本条件

1)电子商务的一般框架

电子商务是由计算机、通信网络及程序化、标准化的商务流程和一系列安全、认证法律体系组成的集合,是一种以互联网为基础、以交易双方为主体、以银行电子支付和结算为手段、以客户数据为依托的全新商务模式,是一个庞大的、复杂的社会系统工程。

电子商务的一般框架是指实现电子商务的技术保证和电子商务应用所涉及的领域。

电子商务整体结构分为电子商务应用层结构(简称应用层)和支持应用实现的基础结构(3 层),基础结构一般包括 3 个层次和 2 个支柱。3 个层次自下而上分别为网络层、传输层和服务层,2 个支柱分别是安全协议与技术标准、公共政策与法律规范。基础层次之上就是各种特定的电子商务应用,可见 3 个基础层次和 2 个支柱是电子商务应用的条件。

①网络层(网络平台)。网络层是电子商务的硬件基础设施,是信息传输系统,包括远程通信网(Telecom)、有线电视网(Cable TV)、无线通信网(Wireless)和互联网(Internet)。远程通信包括电话、电报,无线通信网包括移动通信、卫星网,互联网即计算机网络。这些网络基本上是独立的,研究部门正在研究将这些网络连接在一起,到那时传输线路的拥挤将会彻底改变。

这些不同的网络提供了电子商务信息传输线路,但是,当前大部分的电子商务应用还是基于 Internet。互联网络上包括的主要硬件有:基于计算机的电话设备、集线器(Hub)、数字交换机、路由器(Routers)、调制解调器、有线电视的机顶盒(Set-top Box)、电缆调制解调器(Cable Modem)。

经营计算机网络服务的是 Internet 网络接入服务供应商(IAP)和内容服务供应商(ICP),他们统称为网络服务供应商(ISP)。IAP 只向用户提供拨号入网服务,它的规模一般较小,向用户提供的服务有限,一般没有自己的骨干网络和信息源,用户仅将其作为一个上网的接入点看待。ICP 能为用户提供全方位的服务,可以提供专线、拨号上网,提供各类信息服务和培训等,拥有自己的特色信息源,它是 ISP 今后发展的主要方向,也是发展电子商务的重要力量。

②传输层(信息发布平台)。网络层提供了信息传输的线路,线路上传输(以超文本形式)的最复杂的信息就是多媒体信息,它是文本、声音、图形、图像、动画和视频以及 APP 的综合。最常用的信息发布应用就是 WWW,用 HTML 或 JAVA 将多媒体内容发布在 Web 服务器上,然后通过一些传输协议将发布的信息传送到接收者。

③一般服务层(电子商务平台)。这一层实现标准的网上商务活动服务,以方便交易,如标准的商品目录/价目表建立、电子支付工具的开发、保证商业信息安全传送的方法、认证买卖双方的合法性方法。

④应用层(各个特定的电子商务应用系统)。

⑤公共政策与法律法规。公共政策包括围绕电子商务的税收制度、信息的定价(信息定价则围绕谁花钱来进行信息高速公路建设)、信息访问的收费、信息传输成本、隐私问题等,需要政府制定的政策。其中,税收制度如何制定是一个至关重要的问题。例如,对于咨询信息、电子书籍、软件等无形商品是否征税,如何征税;对于汽车、服装等有形商品如何通过海关,如何征税;税收制度是否应与国际惯例接轨,如何接轨;关贸总协定是否应把电子商务部分纳入其中。这些问题不妥善解决,会阻碍着电子商务的发展。

法规维系着商务活动的正常运作,违规活动必须受到法律制裁。网上商务活动有其独特性,买卖双方很可能存在地域的差别,他们之间的纠纷如何解决? 如果没有一个成熟的、统一的法律系统进行仲裁,纠纷就不可能解决。那么,这个法律系统究竟应如何制定,应遵循什么样的原则,其效力如何保证,如何保证授权商品交易的顺利进行,如何有效遏止侵权商品或仿冒产品的销售,如何有力打击侵权行为,这些都是制定电子商务法规时应该考虑的问题。法规制定的成功与否直接关系到电子商务活动能否顺利开展。

公共政策及法律,涉及电子商务的税收制度、信息的定价、信息访问权、隐私保护等问题。

⑥安全协议与技术标准。安全问题可以说是电子商务的核心问题。如何保障电子商务活动的安全,一直是电子商务能否正常开展的核心问题。作为一个安全的电子商务系统,首先必须具有一个安全、可靠的通信网络,以保证交易信息安全、迅速地传递。其次,必须保证数据库服务器的绝对安全,防止网络黑客闯入盗取信息。电子签名和认证是网上比较成熟的安全手段。同时,人们还制定了一些安全标准,如安全套接层(Secure Sockets Layer)、安全HTTP协议(Secure-HTTP)、安全电子交易(Secure Electronic Transaction)等。

技术标准是信息发布、传递的基础,是网络上信息一致性的保证。如果没有统一的技术标准,就像不同的国家使用不同的电压传输电流,用不同的制式传输视频信号,限制了许多产品在世界范围的使用。EDI标准的建立就是电子商务技术标准的一个例子。技术标准定义了用户接口、传输协议、信息发布标准、网络安全协议等技术细节,是信息发布、传递的基础,是网络上信息一致性的保证。由于电子商务的全球性,非国际化的技术标准将会带来严重的问题。

小链接

网络协议

网络上的计算机之间又是如何交换信息的呢?就像我们说话用某种语言一样,在网络上的各台计算机之间也有一种语言,这就是网络协议。不同的计算机之间必须使用相同的网络协议才能进行通信。当然,网络协议也有很多种,具体选择哪一种协议则要看情况而定。Internet上的计算机使用的是TCP/IP协议。

2)电子商务系统

(1)电子商务系统的含义

所谓电子商务系统,广义上讲是支持商务活动的电子技术手段的集合;狭义上讲是指在互联网和其他网络的基础上,以实现企业电子商务活动为目标,满足企业生产、销售服务等生产和管理的需要,支持企业的对外业务协作,从运作、管理和决策等层次全面提高企业信息化水平,为企业提供商业智能的计算机系统。

(2)电子商务系统的组成要素

①网络系统。电子商务的网络系统可以是远程通信网、有线电视网、无线通信网、Internet、Intranet和Extranet等信息传输系统,这些不同的网络都提供了电子商务传输的通道。

②用户。电子商务用户包括个人消费者和商家两种,个人消费者使用浏览器、电视机顶盒、个人数字助理、可视电话等终端设备接入Internet参与商务活动。

③银行。消费者的购买行为必然涉及支付问题,相对完整的电子商务过程应该有银行

系统的介入来提供方便的支付和银行业务。网上银行就是应用网络技术提供在线金融服务的银行系统。

④配送中心。在电子商务中,由于资金流和物流的分离,货物往往不是由消费者自行带走,而是由商家配送,这一点与传统商务不同。因此,配送中心成为电子商务系统必不可少的组成要素。

⑤认证机构。和传统商务活动一样,电子商务中也存在诚信问题,存在违约和欺诈现象。认证机构的介入就是为了解决这类问题,认证机构全称为"电子商务认证授权机构"(Certificate Authority,CA),是法律承认的权威机构。通过发放和管理数字证书(类似于现实生活中的身份证)的方式,对参与商务活动各方的身份及所提供的资料进行确认。

⑥行政管理部门。由于电子商务的实质是商务活动,因此同样要接受各种行政管理部门的监理和服务,以保证经济秩序的有效和规范性。这些行政管理部门主要包括工商、税务、海关及法律部门等。电子商务系统的组成要素如图5.1所示。

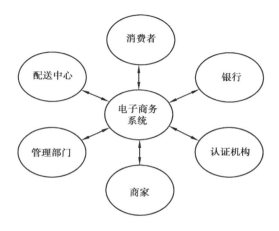

图5.1 电子商务系统的组成要素图

3)开展电子商务需具备的环境条件

小链接

5种常见的电子商务模式对比

电子商务模式是指企业运用互联网开展经营取得营业收入的基本方式,也就是指在网络环境中基于一定技术基础的商务运作方式和盈利模式。目前,常见的电子商务模式主要有B2B、B2C、C2B、C2C、O2O等几种。

1.B2B模式

B2B(Business to Business),是指商家与商家建立的商业关系。例如我们在麦当劳中只能够买到可口可乐是因为麦当劳与可口可乐中的商业伙伴的关系。商家们建立商业伙伴的关系是希望通过大家所提供的东西来形成一个互补的发展机会,大家的生意都可以有利润。如阿里巴巴、慧聪。

B2B模式是电子商务中历史最长、发展最完善的商业模式,能迅速带来利润和回报。它的利润来源于相对低廉的信息成本带来的各种费用的下降,以及供应链和价值链整合的好处。它的贸易金额是消费者直接购买的10倍。企业间的电子商务成为电子商务的重头。它的应用有通过EDI网络连接会员的行业组织,基于业务链的跨行业交易集成组织,网上及时采购和供应营运商。

B2B电子商务模式主要有降低采购成本、降低库存成本、节省周转时间、扩大市场机会等优势,目前常见的B2B运营模式主要有垂直B2B(上游和下游,可以形成销货关系)、水平B2B(将行业中相近的交易过程集中)、自建B2B(行业龙头运用自身优势串联整条产业链)、关联行业的B2B(整合综合B2B模式和垂直B2B模式的跨行业EC平台)。B2B的主要盈利模式是:会员收费、广告费用、竞价排名费用、增值服务费、线下服务费、商务合作推广、安询盘付费等。

2. B2C模式

B2C (Business to Consumer),就是我们经常看到的供应商直接把商品卖给用户,即"商对客"模式,也就是通常说的商业零售,直接面向消费者销售产品和服务。例如你去麦当劳吃东西就是B2C,因为你只是一个客户。例子:京东、当当、亚马逊中国、天猫、聚美优品、OOHDEAR、唯品会等。

B2C网站类型主要有综合商城(产品丰富的传统商城EC化)、百货商店(自有库存,销售商品)、垂直商店(满足某种特定的需求)、复合品牌店(传统品牌商的复合)、服务型网店(无形商品的交易)、导购引擎型(趣味购物、便利购物)、在线商品定制型(个性化服务、个性化需求)等。B2C的盈利模式主要是服务费、会员费、销售费、推广费等。

3. C2B模式

C2B (Customer to Business),比较本土的说法是要约,由客户发布自己要些什么东西,要求的价格是什么,然后由商家来决定是否接受客户的要约。假如商家接受客户的要约,那么交易成功;假如商家不接受客户的要约,那么就是交易失败。C2B模式的核心是:通过聚合分散分布但数量庞大的用户形成一个强大的采购集团,以此来改变B2C模式中用户一对一出价的弱势地位,使之享受到以大批发商的价格买单件商品的利益。如U-deals、当家物业联盟。

C2B模式的一般运行机制是需求动议的发起、消费者群体自觉聚集、消费者群体内部审议、制订出明确的需求计划、选择合适的核心商家或者企业群体、展开集体议价谈判、进行联合购买、消费者群体对结果进行分配、消费者群体对本次交易结果的评价、消费者群体解散或者对抗。

4. C2C模式

C2C (Customer to Consumer),客户之间自己把东西放上网去卖,是个人与个人之间的电子商务。如淘宝、拍拍、易趣。C2C的主要盈利模式是会员费、交易提成费、广告费用、排名竞价费用、支付环节费用等。C2C的一般运作流程是:卖方将欲卖的货品登记在社群服务器上、买方透过入口网页服务器得到二手货资料、买方透过检查卖方的信用度后选择欲购买的二手货、透过管理交易的平台分别完成资料记录、买方与卖方进行收付款交易、透过网站的物流运送机制将货品送到买方。

5．O2O 模式

O2O(Online To Offline)，也即将线下商务的机会与互联网结合在了一起，让互联网成为线下交易的前台。这样线下服务就可以用线上来揽客，消费者可以用线上来筛选服务，还有成交可以在线结算，很快达到规模。该模式最重要的特点是：推广效果可查，每笔交易可跟踪。O2O 模式的优势有：充分挖掘线下资源、消费行为更加易于统计、服务方便、优势集中、促使电子商务朝多元化方向发展。

淘宝属于 C2C，但是由淘宝分离出去的天猫已经完成了由 C2C 到 B2C 的转变。淘宝在 C2C 领域的领先地位暂时还没有人能够撼动。在中国 C2C 市场，淘宝的市场份额超过 60%，然而在瞬息万变的互联网领域，这种优势并不是什么不可逾越的屏障。京东既有 B2B，又有 B2C。京东应算是经销商，它如果是对给它提供商品的供应商的话，就是 B2B。京东如果对消费者，就是经销商对消费者，即 B2C。

（1）社会环境条件

电子商务系统与其他系统一样需要特定的社会环境。电子商务系统赖以生存的社会环境主要包括法律、税收、市场监管、隐私、国家政策及人才等方面。电子商务对国家法律，政策等具有较大的依赖性。

（2）网络环境条件

电子商务系统需要强大的网络基础设施，网络环境是电子商务系统的底层基础。一般而言，电子商务的开展可以利用电信网络资源，也可以利用无线网络和原有的行业性数据通信网络等。

（3）硬件环境条件

电子商务系统的硬件环境主要由计算机主机、外部设备和网络接口设备等构成，这是电子商务应用系统的物理运行平台。缺乏硬件设施的任何电子商务解决方案都只能是纸上谈兵，先进的理念也将是空中楼阁。

（4）软件及开发环境条件

一般来看，这部分包括操作系统(如 Windows，UNIX，Linux 等)，网络通信协议软件(如 TCP/IP，HTTP，WAP 等)，开发工具等。这一环境为电子商务系统的开发、维护提供平台支持。没有软件与开发环境，电子商务应用系统无法建立，电子商务系统无法实施运作。

（5）电子商务的支付环境条件

电子支付是电子商务活动的关键环节和重要组成部分，是电子商务能够顺利发展的基础条件。没有良好的网上支付环境，网上客户只能采用网上订货、网下结算付款的方式实现较低层次的电子商务应用。网上金融服务是电子商务的重要一环，随着电子商务的普及和发展，网上金融服务的内容也发展着巨大的变化。网上金融服务网络包括网络银行、家庭银行、企业银行、个人理财、网上证券交易、网上保险、网上纳税等业务。

（6）电子商务的物流环境条件

物流是指物质实体从供应者向需求者的物质移动。近几年来电子商务的飞速发展，物流问题随之凸现出来，甚至已经成为有形商品网上交易能否顺利进行和发展的一个关键因素。没有一个高效、合理的物流体系，电子商务所拥有的优势就难以发挥，电子商务自身也就难以发展。

(7)电子商务的信用环境条件

在电子商务条件下,商务活动都是通过计算机网络开展的,交易参与方互不见面,不签纸面合同、不签字盖章、不用纸质票据,取而代之的是网上沟通、电子合同、数字签名和网上支付。与传统商务活动相比较,电子商务对商业信用的要求更加迫切。

【做 一 做】

一、经典案例阅读

Cisco(思科)的电子商务应用实例

1. Cisco 概述

总部位于美国加利福尼亚州的思科系统公司(Cisco)是全球领先的互联网设备供应商和互联网解决方案提供者。自1986年生产第一台路由器以来,Cisco在其进入的每一个领域都占有第一或第二的市场份额,成为市场的领导者。Cisco在世界各地拥有8万多名员工。

2018年12月18日,世界品牌实验室编制的《2018世界品牌500强》揭晓,思科排名第15位。2019年10月,Interbrand发布的全球品牌百强榜排名2020年全球最具价值500大品牌榜发布,思科排名第68位。思科2018财年净营收为493亿美元,2019年净营收为517亿美元,远远领先于同行业水平。Cisco是美国最成功的公司之一,曾获得Internet Week授予的最佳企业对企业(BtoB)商务Web站点奖。

2. Cisco 的网上业务

Cisco自身就是成功应用电子商务的典范。公司利用跨越互联网以及内部网的网络应用来处理其与客户、潜在客户、合作伙伴、供应商及员工的业务关系,从而减少了用于生产、配送、销售、客户服务等环节的费用,这为Cisco每年增加8.25亿美元的收入。同时,增加了客户与合作伙伴的满意度,并由此每年为企业带来巨大经济效益和节省数亿美元的运营成本。Cisco在客户支持、产品预定以及交货时间上的竞争力也随之大大提高了。

如今思科系统公司已成为公认的全球网络互联解决方案的领先厂商,其提供的解决方案是世界各地成千上万的公司、大学、企业和政府部门建立互联网的基础,用户遍及电信、金融、服务、零售等行业以及政府部门和教育机构等。同时,思科系统公司也是建立网络的中坚力量,互联网上近80%的信息流量经由思科系统公司的产品传递。思科已经成为毋庸置疑的网络领导者。

在当今以网络为业务核心推动力的新经济时代,政府、组织及企业的信息化建设不仅需要领先的网络技术和设备,更需要正确建立和充分应用智能网络环境的成功经验和策略咨询。

思科互联网商业解决方案事业部(IBSG)积极与用户分享思科应用智能网的成功经验。在美国《财富》"全球500强"企业中,已有280多家企业的总裁和首席信息官分享了思科经验。美国《商业周刊》对此评论说,由于思科处在网络经济的核心,它比其他任何公司都更适合于领导和推动全球经济企业发展向网络模式转型。

思科公司拥有全球最大的互联网商务站点,公司全球业务90%以上的交易是在网上完成的。

目前,Cisco 公司每天的网上营业额为6 000多万美元。在中国市场下订单100%通过在线完成。70%的服务支持电话可通过访问 Cisco 的网站完成,电子下载和在线配置每年为 Cisco 节约近2亿美元的费用。在互联网上的供应链管理使订购周期缩短了70%。Cisco 公司80%的销售与技术培训是在线进行的。在 Cisco 公司,2名审计员用2天时间,可为1.6万名员工完成财务报销工作。Cisco 的结账周期是1天,这在全球大公司中找不到先例。

思科坚信,互联网将改变人们的工作、生活、学习以及娱乐的方式,并且让诸多领先企业与合作伙伴成为"全球网络经济"模式的受益者。在美国《财富》全球500强企业中,已有包括沃尔玛、埃克森美孚等300多家企业成为思科的成功客户,分享了思科的最佳实践经验。

3. Cisco 的虚拟化经营

从某种意义上讲,Cisco 是一个庞大的构建在互联网上的"虚拟公司"。Cisco 的第一级组装商有40多个,下面有1 000多个零配件供应商,其中真正属于 Cisco 的工厂只有2个。Cisco 的供应商、合作伙伴的内联网通过因特网与 Cisco 的内联网相连,无数的客户通过各种方式接入因特网,再与 Cisco 的网站挂接,组成了一个实时动态的系统。客户的订单下达到 Cisco 网站,Cisco 的网络会自动把订单传送到相应的组装商手中。在订单下达的当天,设备差不多就组装完毕,贴上 Cisco 的标签,直接由组装商或供应商发货,Cisco 的人连箱子都不必碰一下。70%的 Cisco 产品就是这样生产出来的。基于这种生产方式,Cisco 的库存减少了45%,产品的上市时间提前了25%,总体利润率比其竞争对手高15%。Cisco 不用在生产上进行大规模投资,就能轻松应付迅速增长的市场需求,对市场的反应也更为敏捷。

阅读思考:

1. 分析思科系统公司使用的生产经营模式与传统企业经营模式的区别有哪些?

2. 简述思科系统公司应用电子商务为该公司带来了哪些好处?

3. 思科系统公司的成功给你带来了哪些启示?

二、实训活动

◎ 内容

从网上给自己购买一本喜爱的图书。

◎ 目的

通过从网上购买图书,把握电子商务与传统商务的区别,分析电子商务的优势,了解电子商务在生活中的应用,体验电子商务的购物流程。

◎ 人员

1. 实训指导:任课老师。

2. 实训编组:把学生分成 A 组和 B 组,A 组扮演买方,B 组扮演卖方。

◎ 时间

2 课时。

◎ 地点

机房实训室。

◎ 步骤

1. 由教师在课堂讲解演示电子商务买卖双方的交易流程。

2. 把学生分成 A 组和 B 组,A 组扮演买方,B 组扮演卖方。

3. 引导学生在网上用户注册。

4. 体验网上买卖图书,并做好记录。

5. A 组和 B 组同学角色互换。

6. 撰写实训实验文档。

7. 实训小结,写出网上购买图书的感受。

◎ 要求

利用业余时间,登录淘宝、当当等电子商务网站,认识电子商务在生活中的应用,同时注册会员,登录体验电子购物。

◎ 认识

电子商务与传统商务形式相比,大大节约了人力、物力成本,着实为我们生活带来了方便。学习电子商务之后,应该充分利用所学知识,利用电子商务并推广电子商务。

【任务回顾】

通过本章的学习,使我们初步了解了电子商务的含义、功能及特点。同时,通过电子商务与传统商务的比较,切实掌握电子商务的优点。了解我国电子商务的发展历程及在发展过程中存在的问题。通过对网上购买图书的实训体验,感受电子商务的交易过程及电子商务在生活和商业中的应用。

【名词速查】

1. 电子商务(Electronic Commerce)

通常电子商务是指在全球各地广泛的商业贸易活动中,在因特网开放的网络环境下,基于浏览器/服务器应用方式,买卖双方不谋面地进行各种商贸活动,实现消费者的网上购物、商户之间的网上交易和在线电子支付以及各种商务活动、交易活动、金融活动和相关的综合服务活动的一种新型的商业运营模式。

2. EDI(Electronic Data Interchange)

EDI 是指将业务文件按一个公认的标准从一台计算机传输到另一台计算机上去的电子传输方法。

3. 电子商务系统

电子商务系统是指在互联网上和其他网络的基础上,以实现企业电子商务活动为目标,满足企业生产、销售服务等生产和管理的需要,支持企业的对外业务协作,从运作、管理和决策等层次全面提高企业信息化水平,为企业提供商业智能的计算机系统。

4. 支付宝

支付宝(中国)网络技术有限公司是国内领先的独立第三方支付平台,由阿里巴巴集团创办。支付宝的付款方式,买家需要注册一个支付宝账户,利用开通的网上银行给支付宝账户充值,然后用支付宝账户在网站上购物并使用网上支付,货款会先付款给支付宝,支付宝公司在收到支付的信息后给买家发货,买家收到商品后在支付宝确认,支付宝公司收到买家确认收货并满意的信息后,最终给卖家付款。短短3年时间,用户覆盖了整个C2C、B2C以及B2B领域。2019年,支付宝官方对外宣布,全球支付宝用户正式突破10亿量级,10亿支付宝用户中,有3亿用户来自海外,支付宝在国内已经成功地渗透到了生活的方方面面,截至2018年11月,支付宝每个月活跃用户已经超过6.5亿,同时仍保持了50%以上的高速增长。

【任务检测】

一、单选题

1. 根据所基于的网络电子技术电子商务的发展经历了两个阶段,分别是:基于EDI的电子商务和基于Internet的电子商务,其中,基于EDI的电子商务经历的时间是( )。

    A. 20世纪60—70年代　　　　　　B. 20世纪90年代以来

    C. 20世纪60—80年代　　　　　　D. 20世纪60—90年代

2. 广义的电子商务(Electronic Business)是指使用各种电子工具从事的各种商务或活动,这是以( )公司为代表的主流观点。

    A. HP公司　　　　　　　　　　B. IBM公司

    C. VISA公司　　　　　　　　　D. Cisco公司

3. 以消费者为中心的B2C电子商务交易过程应该是( )。

①消费者进入Internet,查看企业和商家的网页。②消费者的开户银行将支付款项传递到他的信用卡公司,信用卡公司开给他收费单。③企业或商家的客户服务器检查支付方服务器,看汇款额是否被认可。④消费者通过购物对话框填写购物信息:姓名、地址、选购商品名称、数量、规格、价格等。⑤客户服务器确认消费者付款后,通知销售部门送货上门。⑥消费者选择支付方式。

    A. ①⑥③⑤②④　　　　　　　　B. ①④③②⑥⑤

    C. ①⑥③⑤④②　　　　　　　　D. ①④⑥③⑤②

4. 关于电子商务的叙述下面错误的一项是( )。

    A. 电子商务与网络技术同时出现

    B. 网络营销与网上购物是利用电子商务的商业活动

    C. 电子商务具备信息优势

    D. 开展电子商务信用环境条件极其重要

二、多选题

1. 电子商务产生的条件有( )。

    A. 计算机的广泛应用　　　　　　B. 网络的普及和成熟

    C. 信用卡的普及应用　　　　　　D. 政府的支持与推动

2. 基于 Internet 的电子商务比基于 EDI 的电子商务具有以下一些明显的优势(　　)。

　　A. 费用较高　　　B. 覆盖面广　　　C. 功能更全面　　　D. 使用更灵活

3. 电子商务的特点包括(　　)。

　　A. 交易虚拟化　　B. 交易较高　　　C. 交易效率高　　　D. 交易透明化

4. 根据电子商务的运作方式分类,电子商务可以分为(　　)。

　　A. B2B 电子商务　　　　　　　B. B2C 电子商务

　　C. 完全电子商务　　　　　　　D. 不完全电子商务

5. 电子商务的一般框架包括(　　)。

　　A. 电子商务应用层　　　　　　B. 消息和信息发布层

　　C. 网络层　　　　　　　　　　D. 技术标准和网络协议层

三、判断题

1. 数字签名不代替现实中的亲笔签名。　　　　　　　　　　　　　　(　　)

2. 网上支付是电子商务交易过程的重要环节。　　　　　　　　　　　(　　)

3. 计算机的广泛应用是电子商务产生的重要条件之一。　　　　　　　(　　)

4. 电子商务交易不具备互动性。　　　　　　　　　　　　　　　　　(　　)

5. 电子商务就是网上购物。　　　　　　　　　　　　　　　　　　　(　　)

四、思考题

1. 电子商务在实际应用中具体有哪些功能?

2. 与传统商务相比较,电子商务有哪些优势?

3. 要保证电子商务的顺利开展,必须具备哪些条件?

参考答案

一、单选题

1. D　　　2. B　　　3. D　　　4. A

二、多选题

1. ABCD　　2. BCD　　3. ACD　　4. CD　　5. ABC

三、判断题

1. ×　　　2. √　　　3. √　　　4. ×　　　5. ×

四、思考题

1. 电子商务在实际应用中具体有哪些功能?

(1)广告宣传功能

(2)咨询洽谈功能

(3)网上订购功能

(4)网上支付功能

(5)电子账户功能

(6)服务传递功能

(7)意见征询功能

(8)交易管理功能

2.与传统商务相比较,电子商务有哪些优势?

(1)时空优势

(2)速度优势

(3)成本优势

(4)个性化优势

(5)信息优势

(6)便捷优势

(7)零库存优势

(8)缩短生产周期优势

(9)提高中小企业的竞争能力优势

(10)增加商机优势

3.要保证电子商务的顺利开展,必须具备哪些条件?

(1)社会环境条件

(2)网络环境条件

(3)硬件环境条件

(4)软件及开发环境条件

(5)电子商务的支付环境条件

(6)电子商务的物流环境条件

(7)电子商务的信用环境条件

任务 6
认识商业风险，把握商业机会

 任务目标

1. 知道并能够陈述商业风险的概念。

2. 理解商业风险的成因。

3. 了解商业风险的分类。

4. 叙述商业风险的特征与功能。

5. 理解并能够描述商业机会的内涵。

6. 清楚把握商业机会的措施。

7. 了解商业投机的含义和经济功能。

 课时建议

知识性学习:8 课时。

案例学习讨论:1 课时。

现场观察学习:6 课时(业余自主学习)。

【导学语】

想要经商成功，商业机会很重要吗？商业风险是普遍存在的吗？怎样才能规避商业风险？

凡是经商都有一定的风险吗？怎样才能把握机会？

这一任务是教我们了解商业风险和商业机会等内容的吗？

大家跟我一起来看看这个真实的故事。

小案例

用心之人寻找蹊径

美国著名企业家亚默尔原来是一位贫穷的农夫，当年，他心怀淘金之梦，卷进了美国加州淘金热潮的人流中。据说，当时淘金的山谷里，气候干燥，水源缺乏，淘金者很难喝到水，甚至有饥渴难忍的掘金者说："给我一杯清水，我愿用一块金子来换。"亚默尔亲眼看到，当时淘金人很难淘到金，许多人已经无法实现他们的黄金梦了，甚至还有人在饥渴中悲惨地死去。为此他想，如果把水运到矿场，便可赚到大钱。于是，他用挖金矿的铁锹挖井，掘出来的不是黄金，而是地下清澈的水——他把水送到矿场，受到淘金者们的广泛欢迎，从此亚默尔挖到了自己的第一桶财富之金，从而走上了发迹之路。

亚默尔不再淘金而开始专门卖水，就像许多成功之人一样，将怀揣的梦想放在一旁，为了获得成功，转移目标另辟蹊径，终于找到了一条生命中发迹的坦途和大道。

有人说，蹊径是身后蔓延的一条小路，也是人迹罕至之地，信步走去的时候，并不一定能够轻易地发现——它像水流打磨得光滑发亮的卵石，像小路上微笑晶莹的水珠转瞬即逝，像叮咚作响的泉水深情而有意味，像天空的流云一样捉摸不定……它是成功者心底种下的一棵参天大树，当树上挂满丰美果实之时，许多人已在不经意间与它擦肩而过，只听到风中遗失的歌声和看到落入水中的花朵幻影。

看完这个有趣的故事，大家有什么想法呢？能体会出故事里涉及的商业风险和商业机会吗？两者有怎样的关系？怎样把握商业机会？

在现实中，类似的故事经常发生。学完这一任务，相信你一定会对商业机会、商业风险和商业机会的把握等有一个全面、全新的认识，也一定能更好地把握商业机会、明白规避商业风险的意义。

【学一学】

6.1 商业风险与管理

6.1.1 商业风险的含义与成因

1）商业风险的含义

商业风险是指在商业活动中,由于各种主、客观因素的影响而随机出现的给商业主体带来利益损害可能性的客观经济现象,是市场经济中普遍存在的现象。在市场经济中商业活动本身就是一种有风险的经营活动。商业主体在经营活动中,面临激烈的市场竞争,时刻存在着生存、发展或破产、倒闭的考验,存在着机遇与风险的选择。商业风险作为一种强制性的威慑力量,迫使商业主体对机遇和风险进行权衡和慎重决策,既要抓住发展的机遇,又要承担相应的风险责任,并采取措施预防和减少或缓解风险可能造成的损失。

2）商业风险形成的成因

商业风险是商品流通中普遍存在的经济现象。总的来讲,商业风险是由于商业在再生产中的地位与社会经济活动的复杂性及不确定性因素的增多而形成的。

（1）由商业所处的中介地位引起的风险

由商业所处的中介地位引起的风险,即由于经营活动自身的原因引起的风险。商业是处于生产与消费的中介地位,媒介商品交换实现商品价值是其基本职能。商业的这种中介地位就决定了商业活动不仅只受自身内部因素的影响存在经营风险,而且还要受到多方面因素的影响和制约而存在经营风险。例如,商品供给不足造成脱销的风险,商品不适销对路造成积压的风险,等等。这些都是客观存在的情况,必须正视这种现实。

（2）由经营环境的变化引起的风险

商业经营都是在相关的环境下进行的。商业经营环境包括宏观环境与微观环境两大系统。其中,引起商业风险的经营环境主要是宏观外部环境。这是因为宏观环境中的人口、经济、自然、技术、政法与文化环境六大要素都是不可控的变数。这些不可控的变数一旦发生某些变化,如果商业经营者能够及时适应这些变化的环境,往往就可以将市场机会变成自己的获利机会,否则就可能造成巨大损失。例如,人口年龄结构的变化、家庭状况的变化等人口环境,消费者收入变化、消费者需求结构的变化、生产者供给的变化等经济环境,某些原料短缺、环境污染严重等技术环境,技术变化的步伐加快、技术革新的法规增多等技术环境,管制企业的立法增多、执法更严等政法环境,持续不变的传统文化与不断更新的现代文化等文化环境,所有这些环境方面的变化都有可能引起不同程度的风险。

（3）由商品的损失、丢失和意外事故引起的风险

在商品流通过程中,难免不出现在运输或保管中的商品、店铺及其他设施蒙受损伤或丢失之险。另外,因水灾、风灾、火灾、地震等自然灾害与运输中的事故、高温、潮湿等引起的商品损害或变质不胜枚举,也是一大商业风险。

（4）由金融市场汇率的波动引起的风险

由于当前世界的汇率实行的是浮动汇率制等其他原因,金融市场汇率的波动不仅经常,而且有时还很大,这就使得交易结算过程中的货币有可能出现升值与贬值的现象,从而使商业主体意外获利或蒙受损失。

（5）其他因素引起的风险

如商业主体间竞争、不正当竞争、信用破裂造成违约行为、企业商业秘密被侵犯、价格异常波动等因素引起的商业风险也比比皆是。

6.1.2　商业风险的分类

商业活动中存在的风险多种多样,为了加强对商业风险的管理,有必要按照不同标志对商业风险进行分类。商业风险分类的标准很多,从便于管理的角度出发,最常用的分类有以下几种。

1)按商业风险的性质(即可能的经济后果)不同分类

（1）纯粹商业风险

纯粹商业风险,又称为静态商业风险,是指当风险发生时,仅仅给商业主体造成损失的风险。如意外事故、物流中的商品运输、保管不当等所造成的风险就属这类风险。由于这种风险一般只会给商业主体造成损失,不会产生风险机会和利益,因此称为纯粹商业风险或静态商业风险。纯粹商业风险又可以进一步细分为以下两个方面：

①资金或资产实物形态的风险,即意外事故或商品运输、保管不当等发生时,使企业资金或资产在实物形态上蒙受的损失。

②经营者自身的安全风险,即商业经营者在经营中出现伤残、疾病菌、死亡等情况使企业蒙受的损失。

（2）投机商业风险

投机商业风险又称为动态商业风险,是指当风险发生时,既可能给商业主体带来利益,也可能给商业主体造成损失的风险。如由市场经营环境的变化所引起的风险就属于这一类。当市场经营环境发生变化时,商业主体如能采取灵活措施,及时调整经营策略,适应市场经营环境的变化,就可以抓住市场机会,获得一定的利益;反之,商业主体如果不能适应这种变化,就可能招致巨大的损失。

2)按商业风险主体对商业风险的作用能力不同分类

（1）不可选择风险

不可选择风险是指对商业风险主体而言,某项风险有时是不可避免的或没有选择余地的,如意外事故所造成的商业风险。

（2）可选择风险

可选择风险是指对商业风险主体来说,某项风险是可以选择或可回避的。当某项风险对经营者有利时,经营者可以抓住时机去冒风险并从中获利;当某项风险对经营者不利时,经营者便可主动放弃或采取措施回避它而不至于蒙受损失。对于可选择风险的选择情况,取决于商业主体对该风险的认识和理解程度。

3)按风险作用的强弱不同分类

按风险作用的强弱不同分类可分为高度风险、中度风险和轻度风险。一般来说,商业风险中主要以中度风险和轻度风险为主,风险企业或高科技企业承担的主要是高度风险。风险的强弱程度一般取决于两个因素:一是商业风险主体所从事的风险活动本身风险有多大;二是商业风险主体的实力。如规模大的商业主体的实力比中小型商业主体的实力强,所以它就可以冒大一些的商业风险。

4)按造成商业风险原因分类

(1)自然风险

自然风险是指由自然因素而造成的经济损失。如商品在运输、储存、经营过程中因交通、火灾、水灾、雷电、地震等事故而给商业主体带来的损失。这类风险有的可以预测或避免,有的则无法预测,是人们主观力量所无法避免的。

(2)人为风险

人为风险是指由人的社会活动和经济活动引起的风险。人为风险首先包括商业企业的风险,如经营决策失误、高级管理人员变动、职工怠工、新项目开发失败等带来的损失。其次包括企业外部风险,如市场利率变化、价格变化、销售渠道变动、新竞争对手的出现、大企业倒闭破产、政府政策变化等对商业主体可能带来的损失或收益。

5)按经营者的直观感觉分类

(1)有形风险

有形风险是指凭借经营者的直观感觉和经验进行判断,可按照一定的价值标准评估其损失大小的风险。如商品滞销积压,资金不足,货源奇缺。商品削价处理,在途商品损失等,这些风险是有形的、可以测算的。

(2)无形风险

无形风险是指不能凭借经营者的直观感觉和经验进行判断与估计的风险,如企业服务质量低劣造成企业形象的损害,商品质次价高导致的消费者信任危机、企业内部管理不善、劳动效率低等。这些风险是潜在无形的,对经营者的威胁较大。

6)按商业风险产生的区域进行分类

(1)经营风险

经营风险是商业风险中的主要风险之一,主要是指商品所有权转移过程中产生的各种风险,包括采购风险、销售风险和价格变动风险等。

①采购风险是指在采购商品的过程中发生的风险,包括商品质量不符合要求,交货数量不符,供方延期或提前交货,不按规定地点交货等。这就需要认真签订采购合同,合理确定

采购批量,严把进货关,以化解采购风险。

②销售风险是指企业在出售商品过程中产生的风险,通常包括买方拒收货物造成损失、买方不付款或不按时付款造成损失、实际销售状况与预计状况不符所造成的积压或欠缺等。对于企业来说,要注意分析市场,科学预测市场需求,了解买方的资信情况,采取措施稳妥销售商品,促进贷款及时回笼。

③价格变动风险是指由于价格变动产生的风险,在采购和销售活动中都存在这种风险。在一定时期或合同签订到履行的时间间隔内,市场形势可能发生变化,从而引起商品价格的涨落,产生合同价格与实际价格市场价格不符,或者发生企业预期售价与市场价格脱节的情况。所有这些都会给企业带来相应风险,减少预期收入或发生亏损。

(2)物流风险

物流风险是商品实体跨时空运动时所产生的风险。商品实体流通的过程中所蕴含的风险主要有商品运输风险、商品储存风险、商品装卸、搬运风险、商品包装、加工过程中的风险等。因为在商品实体的流动中,可能会发生商品丢失、短缺、变质、损坏以及发生灾害事故等情况,造成经营主体蒙受风险损失。对此,主要通过加强管理和相应保险的方法来化解。

(3)结算风险

结算风险是在商业结算过程中产生的各种风险。一般包括由货币价格变动所产生的风险,如通货膨胀对买方或卖方带来的损失;也包括由于采用不同的结算方式而带来的风险,如采用远期信用证结算方式会带来风险;还包括外汇风险,即企业在进出口业务活动中,以外币表现的资产或负债,因未预料到外汇汇率变动而带来的风险,主要有外汇预测和外汇评价风险以及外汇结算过程中所产生的汇兑损失。

(4)商业投机性活动风险

商业投机性活动是指利用市场供需差异,捕捉需求机会,投其所需,从而达到赢利目的的一种行为。具体来说,是对市场上价格容易变动的商品,在其价格上下波动时,专门利用价格变动来获取利润的行为。如商品期货交易行为。然而,由于市场是处在不断变动过程中的,任何一个人都不可能永远准确地预测市场变动趋势,所以此类交易过程中必然存在风险,但也正是由于有这种风险,才存在与之相应的高收益。

(5)竞争风险

每个商业企业都希望在已被现有企业瓜分完毕的市场中赢得更多地盘和更高地位,这就有可能会发生原市场份额的竞争,最终导致行业中现有企业盈利水平降低,严重的话还有可能危及这些企业的生存。商业中的每一个企业或多或少都必须应付来自原有和新进入企业的各种竞争力量构成的威胁。随着市场经济体制的形成和完善,我国的商业企业已进入成熟期,同业竞争日趋激烈,商业风险增大。

(6)信誉风险

商品经营者在经营过程中其信誉经常面临风险。良好的信誉往往是周到的服务、适当的让利等行为的综合结果,它会为未来的盈利带来新的机会,也会给近期的盈利带来损失。另外,社会公众对商业企业整体印象和评价好,该企业就可能获得超额利润;反之,则会蒙受损失。

（7）事业发展与决策风险

经营成功,盈利丰厚,信誉牢固,是事业发展的前提,但这些条件即使都具备了,要扩大商业经营规模也还面临着风险。在资金、贷款、各项费用和扩大规模后的效益等方面出现不测,影响了投资的回收,就是事业发展的风险。规模越大决策风险也越大,但抵抗风险的能力也相应较强。

小案例

国际商业巨头海外业务拓展中充满商业风险

2020年伊始,又一外资零售巨头退出中国。1月,英国最大零售商 Tesco PLC（TSCO.L）乐购集团宣布,将向华润集团出售与华润成立的合资公司20%股权,价格为2.75亿英镑（约合人民币25亿元）,该交易于2月28日完成。

该交易信息宣布后,乐购第二天股价下跌2.53%。值得注意的是,自2018年至今,除沃尔玛外,12家外资零售商中已有11家退出中国。与此同时,本土零售商持续进击,国外挑战者陆续进入,新一轮的商业角逐已经展开。

本土化转变失败,乐购早生退意

实际上,乐购退出并不意外,早在2014年与华润集团建立合资公司后,市场已经普遍认为该英国巨头不再恋战,已经谋求退出中国市场。

2004年,全球规模第三大的超市集团 Tesco 宣布进入中国,耗资21亿元收购顶新集团旗下乐购超市50%的股权,并将超市更名为"Tesco乐购"。时任 Tesco 乐购中国区首席执行官的陶迩康曾对外放言,5年内开200家门店。

彼时,外资商超正在中国快速发展。家乐福以上海为中心辐射华东区,沃尔玛集中在以深圳为中心的华南区,两大巨头门店在这些区域快速扩张。为了避开竞争对手,Tesco乐购没有向北京、上海等地进军,转而投向青岛、潍坊等北方二、三线城市,这些市场竞争尚不激烈,能够保证其进行发展。

然而,不够熟悉中国市场的 Tesco 乐购,门店布局总是远离成熟社区。在选品方面,也固守原有的习惯,几千平方米的店,有一半都是电器、进口食品等,让普通消费者望而却步。

不能完成本土化转变的 Tesco 乐购,终究难抵业绩下滑的压力,于2014年5月宣布与华润集团成立合资公司,将乐购在中国的131家门店与合作伙伴的近3000家门店合并在一起。其中,Tesco 拥有合资公司20%的股权,华润拥有80%股权。

6年后,乐购最终决定将剩余20%股份售出,彻底退出中国市场。

乐购方面表示,出售20%的股份使其能够进一步简化业务并将其重点放在核心业务上,所得款项将用于一般公司用途。据了解,自2014年乐购现任 CEO 戴夫·刘易斯（Dave Lewis）上任以来,便开始推行减少非核心业务以提高盈利能力,将投资重心重新拉回英国本土市场的整体发展策略。

2019年12月,乐购正式发布声明,宣布对亚洲业务进行战略评估,包括考虑出售泰国和马来西亚业务的可能性。如果出售东南亚业务终成定局,那么就意味着乐购将全面退出亚洲市场。

4 年关店千家,接盘方华润零售困境何解?

对于此次股权交易,华润集团回应媒体称,交易完成后,华润万家仍将在大数据、供应链等多方面与乐购保持长期合作关系。华润方面还表示,集团对旗下华润万家的发展前景充满信心,未来也会继续支持华润万家的发展。

尽管华润态度乐观,但目前频频关店的华润万家身陷困境,以往对乐购的整合也不如人意。此次收购后,乐购很可能成为华润业绩的"负担"。

早在 2015 年,华润创业就因整合乐购直接亏损 9.06 亿港元。据华润集团财报,2014 年华润创业营业额增长 15.33% 至 1 689 亿港元,乐购中国的整合导致店面增加。核心利润却由盈转亏 13.6 亿港元,主要由于乐购中国整合带来 9.06 亿港元的亏损,以及 6.4 亿港元的门店关停拨备。

除业绩亏损外,同年 6 月,华润整合乐购案还因员工抗议引发市场关注。据悉,华润万家推出调岗计划后,引发了乐购华南区 7 家门店员工的抗议,其中大部分都是工龄超过 6 年的老员工。

有业内人士指出,Tesco 乐购与华润万家一样,在很多地方有重合的门店。这种并购并没有像之前那样形成区位优势的互补。另外,Tesco 其本身就拥有自己的文化积淀,而华润万家并购作风一向强势,两种不同的企业文化在融合过程中可能发生激烈的碰撞。

整合乐购不及预期,华润万家也身陷困境。近年来,随着国内零售环境的变化,大卖场模式衰落,华润万家业绩不振,频频关店。据统计,2014—2017 年,华润万家门店总量分别为 4 127 家、3 400 家、3 224 家、3 162 家,4 年中关店数量已近 1 000 家。

2019 年,继将北京两家门店托管物美后,华润万家又将在山东开设的 7 家超市转让给家家悦。据股权转让公告,2017 年,山东华润万家净亏损达 1.23 亿元。

"从以往的经验来看,华润对乐购的整合之所以会陷入困境,最主要的原因是双方没有形成协同效应。经过多年业务方面的融合,现在或许是全盘接手乐购的成熟时机。不过,目前华润万家面临的主要问题是,在卖掉大卖场后,能否靠布局精品超市、社区业态一挽颓势。"一位零售行业人士告诉记者。

外资退潮,国内零售新变局

近年来,与外资零售商尤其是大卖场经营者相关的消息大多为"出售"。蓝鲸记者注意到,2018 年至今,除沃尔玛外,12 家外资零售商中已有 11 家退出中国。

2019 年,在进入中国市场的第 24 个年头,家乐福以 48 亿元卖身苏宁的方式全身而退。同年 10 月,麦德龙以 10 欧元的价格将麦德龙中国 80% 控股权卖身给物美,退出中国。上海虹桥路上开了 7 年的日本老牌百货高岛屋也于 2018 年因经营困境提出"关闭"高岛屋上海门店,后来在当地政府的扶持下暂缓关店计划。

在此之前,已有大量外资零售卖场及时止损,相继退出中国,包括法国的欧尚、英国的玛莎百货、韩国的乐天玛特、美国的梅西百货、西班牙的迪亚天天等。

外资零售的退潮,其主要原因在于业绩下滑。近年来,国内零售环境已经发生了天翻地覆的变化,尤其是在便利店和电商的双重冲击下,大卖场业态日渐式微。

在此背景下,于 20 世纪 90 年代集中进入中国市场的外资零售商们普遍面临租约到期的问题,租金上涨、人力成本上涨等压力。再加上"尾大不掉"的转型不畅,便成了压垮骆驼的最后一根稻草。

　　中国连锁经营协会表示，20世纪90年代外资零售巨头入华，主要看重的是快速增长的消费市场、低廉的劳动力和低水平的市场竞争。现在，这些有利因素有的在消失，有的在弱化。这些企业面临成本上涨、业绩下滑的态势，调整自然成为普遍选择。

　　在外资零售退潮的同时，本土零售商则持续进击，国外挑战者进入，新一轮的商业角逐已经展开。以腾讯、阿里、京东、苏宁为代表的新玩家布局线上+线下零售，逐渐掌握主导权。永辉、物美等本土商超则在积极并购、转型，补齐短板持续进击。美国仓储超市巨头 Costco 和德国最大的连锁超市 ALDI 这类挑战者陆续进入。

　　中信建投分析师认为，目前，国内零售环境已形成多元化格局，优胜劣汰是不变的定律。随着线上线下业态的不断融合，越来越多新零售企业加入，竞争将会更加激烈。

想一想：

　　这个案例说明商业风险是普遍存在的。如果你是沃尔玛老总，会用什么措施来规避这样的风险？假如你是沃尔玛的员工，你会有什么样的建议？

6.1.3　商业风险的特征与功能

1）商业风险的特征

商业风险作为客观存在的经济现象，具有以下几方面的特征。

（1）客观性

商业风险的客观性是指商业风险是客观存在的。自商业活动产生以来，商业风险就一直存在。只不过当社会经济步入到商品经济社会之后，商业风险存在更为普遍和突出。商业风险存在的这种客观性，从根本上来讲是由于商品内在的二重性矛盾，即商品的价值与使用价值的矛盾客观存在所引起的。在商业活动中，使用价值与价值的内在矛盾，更转化为商品与货币的对立。一切商品都必须转化为货币才能实现自己的价值。如果不能顺利地实现转化，商业的买卖活动就会受阻，商业风险就会产生。

（2）可约束性

商业风险虽然是客观存在的，但大都可以通过采取一定的策略加以避免或减少。如何避免或减少，可通过市场调查与分析、评估，进行预测，采取相应的措施加以管理和控制。避免或减少的程度取决于商业风险主体的认知程度。

（3）可预测性

大多情况下，对于商业风险主体而言，作为客观存在的商业风险之所以能够选择或避免，是因为商业风险可以预测，可以通过多种预测方法来认知其何时发生、发生程度等方面的问题。

（4）双重性

商业风险的双重性是指商业风险对风险主体而言，既可能使其获得一定的利益，也可能使其遭受一定的损失，利益与损失机会是共生而均等的。风险与利益、损失的关系是成正比的。如果风险应付得当，管理得好，就可以获得相应的风险利润，为企业谋求生存和发展；反之，如果风险处理不当，管理得不好或不进行管理，就可能造成巨大的损失。

（5）随机性

商业风险的发生往往带有极大的偶然性和不确定性,是随机产生的,给预测带来困难。

（6）连带性

由于商业经营活动是个连续的过程,每个阶段的风险状况都会影响到下一阶段的商务活动的风险的发生。

2)商业风险的功能

（1）约束商业主体的行为

由于商业风险具有可能给商业主体造成损失的一面,形成了对商业主体行为的约束。商业企业在经营决策上,必须作周密的考虑与慎重的抉择,选择最优决策方案以避免或减少风险损失。

由于各个独立的经营者要客观地承担风险,所以在经营过程中由于风险的客观存在,商业经营者不仅对自身行为有所约束,而且对行为的结果负责。

应当指出,风险责任必须由商业企业来承担,这当然不排除由于某些政策性因素造成一些企业出现风险损失,从而得到一部分政策性补贴。

（2）激发商业主体的行为

商业风险虽有造成损失的一面,同时也有获取利益的一面。因此,商业风险对商业主体又有吸引力,激发它们进行开拓性经营,抓住机会,求得发展,而不可一味地守旧经营。作为有锐意进取心的商业经营者,要敢于冒风险和善于冒风险,去赢得大量存在的风险收益。

（3）调节商业主体的行为

由于商业风险具有产生收益与造成损失的两面性,因此,在商业经营活动中,商业经营者要根据外部环境的变化,及时调整自己的经营行为,把拥有的商业资源配置到效益好的部门或商品当中去,而不要造成资源的浪费,使之遭受损失。

6.1.4 商业风险管理

小知识

20世纪50年代科技与工业的惊人发展及美国社会和经济结构的急剧变化,很多意外的、从未听说过的风险开始出现。于是在工商企业界掀起了风险管理运动,同时风险理论的研究也是从最初的以保险理论研究为主转向风险管理的研究。后来,企业风险管理成为企业管理的一个重要组成部分。如今,在许多国家的企业经营管理中风险管理被加以运用,对提高企业的管理绩效、防止风险损失起到了重要作用。

1)商业风险管理的内涵

面对普遍存在的商业风险,商业经营者总是希望能够化险为夷,取得风险收益,避免或减少风险损失。要达到这一目的,最有效的手段就是加强商业风险管理。

随着我国市场经营的发展,各种风险已经显现出来,加强风险管理已经成为国内许多企业关心的事情。商业作为市场经济条件下竞争最激烈的行业之一,商业经营者加强商业风险管理就显得更为必要。

那么,什么是商业风险管理呢? 商业风险管理就是以复杂多变的商业风险为管理对象,要求商业主体树立风险意识,制定风险对策,以最少的管理费用去获取满意的风险收益和使风险损失降到最低限度。商业风险管理的实质是提高商业主体的竞争力、应变力与自我发展力,使其在激烈竞争和不断变化的市场环境中求得生存和发展。

2)商业风险管理的措施

对于复杂多变的商业风险,试图用一种方法就能管理好是不现实的,必须多管齐下,采取多种手段共同进行管理。具体来说,主要可以采取如下措施:

(1)树立风险意识

树立风险意识是加强风险管理的前提。风险虽是看不见、摸不着的东西,但它又是客观存在的。因此,作为商业经营者,要树立风险意识,要对员工进行风险教育,让员工知道风险对企业可能产生的影响,增强员工的危机感和紧迫感。

(2)市场风险调查和风险评估

对市场经营环境变化引起的商业风险主要依靠市场风险调查和风险评估来解决。由于市场经营环境变化而引起的商业风险主要属于投机性风险,因此有必要对其进行重点管理。重点管理的手段主要是开展市场风险调查和风险评估。

①市场风险调查是指首先搜集市场经营环境变化方面的资料和过去的记录情况,然后预测今后市场环境可能发生的变化,再根据企业目前的经营状况,寻找可能产生的风险机会和环节,从而采取相应的对策。

②市场风险评估是指对已调查分析的风险进行定量描述,找出风险事项发生的概率及可能产生的收益或造成的损失程度。评估的方法有很多,在风险管理书籍当中有详细的介绍。

(3)对意外事故所造成的风险的措施

对意外事故造成的风险可以通过投保的方法来解决。通过投保的方法,可以减少在经营中因出现这类风险而蒙受的损失。至于具体投什么险别,可视具体情况而定。

(4)对待商品运输、保管当中存在的风险的措施

对待商品运输、保管当中存在的风险,主要通过加强相对应的业务管理来控制。

(5)对因不正当交易可能造成的风险,可采取的措施

①加强对交易对方资产和信用的调查。

②在签订商务合同时,可以订立一些预防性条款。

③如对方违约,可以诉诸法律来解决。

(6)对因价格波动与汇率变动引起的商业风险采取的措施

对因价格波动与汇率变动引起的商业风险,可以通过签订远期合同或利用套期保值交易方式来转嫁风险。

总之,面对客观存在的商业风险,可以采取多种避险手段。在具体运用时,要视客观情

况灵活地加以运用,努力做到以最少的风险管理费用,获得最佳的风险收益和使风险损失减小到最低限度。

6.2 商业机会

6.2.1 商业机会的内涵

小案例

在珠海市前山明珠南路有一个袜子店。这个店只有 10 平方米,小小的面积,卖的是小小的袜子,但不是寻常的袜子,是市面上不很常见的品种五趾袜。就是这样的一个小店,卖这样薄利的一个冷门商品,每个月带给店主的收益却超过 1 万元,让周围很多精明的商人都大跌眼镜,感到不可思议。

这个店的名字就叫"碧玉五趾袜子专卖店"。店主谭碧辉原来是江西萍乡到珠海的一个打工妹。谭碧辉在珠海打了几年工,攒了一点钱,就想自己做生意。她看中了袜子专卖店,并且将目标瞄准了那种能将脚趾头分隔开来的五趾袜。这种袜子有一个好处,就是因为将脚趾分隔,使人不容易沤脚,不容易犯脚气。广东温暖潮湿,患脚气病的人很多,这是一种迎合市场需要的产品,却因为不够时尚,同时没有人肯下力气去推广,以致在偌大的珠海想找一双五趾袜简直比登天还难。谭碧辉就看准了这样一个机会。

现在谭碧辉卖五趾袜,每个月可以稳定获得上万元的收入。对一个小本起家的创业者来说,这就是一笔了不得的收入了。非但如此,现在谭碧辉的五趾袜已经进入了细节经营的境界,冬夏天有冬夏天的袜子,春秋季有春秋季的袜子,质地、款式各有不同,深受消费者的欢迎。

1)商业机会的内涵

在现代商业竞争中,一个企业要想获得竞争优势,重要的前提条件就是其要有捕捉商机的能力,即能够准确把握市场信息,发现商业机会,并科学选择适合自身特点和自身优势的商业机会。

什么是商业机会呢?商业机会又称为市场机会,就是指市场上存在的新的或潜在的需求。它客观存在于市场运行之中,是指由于市场供需的不衔接、生产与消费的不一致性而产生空隙和空白,为企业及其他营利性活动的组织或个人通过购销或服务获得盈利的可能性。

商业机会包括以下几个方面的含义。

①商业机会以市场或需求为导向,并且这种需求是目前还没有得到满足的需求,包括已经出现的新需求和潜在的需求。只有这样的需求,才能称得上是商业机会,才能给经营者带来丰厚的利润,激励经营者去捕捉商机。

②为了满足新需求或潜在的需求,经营者必须提供新的商品或新的服务。

③为了瞄准商业机会,商业经营者必须时刻盯住市场,以对市场信息了如指掌,把握市场的走势。

由于市场需求在不断地发展和变化,因此,商业机会也在不断地出现。

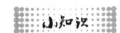

商业机会通常体现为市场上尚未满足或尚未完全满足的有购买力的消费需要。这种需要是广泛存在的，因为没有一个商品能覆盖所有的市场，没有一个市场可以容纳所有的产品。没有涉及的市场，没有进入该市场的产品，就是潜在的需求，就是市场的机会，就是能给企业或个人带来盈利的可能。

2）商业机会的特点

（1）客观性

商业机会是一种客观存在，它是由生产与消费在数量、品种、时间和空间上的不一致而形成，是不以人们的意志为转移的。无论是否认识到商业机会的存在，商业机会总存在于市场中，存在于商品流通的各个环节。如果能识别它，把握它，驾驭它，就能使这种机会转化为可以获得收益的机会。

（2）时效性

常言道："机不可失，时不再来。"这句话讲的就是机会的时效性。市场经济和市场竞争使得市场环境瞬息万变，从客观上说，一个商业机会从产生到消失的过程通常是短暂的，市场在运动，在发展，在不断变化着，而且环境条件与企业自身状况相适合的情况也一般不会长期维持，因此，企业的商业机会往往会稍纵即逝，有很强的时效性。

（3）利益性

商机就是价值，能为企业带来机会利润。商业机会是那些能给企业带来收益可能的机会，它的价值在于人无我有、人有我先、人先我新，独占市场优势地位，便能获得高于正常经营的额外收入。不能给企业带来收益可能性的机会，就不是商业机会。如某些公共物品，虽有需求，但由于无法带来收益，因此不能形成商业机会。

（4）风险性

由于商业竞争的多变性决定了企业在捕捉和选择商业机会的过程中必然存在着风险。人们由于主观条件和认识能力的限制，主观认识的商业机会和客观存在的商业机会总是存在一定的差异，这就带来了风险。认识的差异越大，风险也就越大。当然，行动迟缓也容易失去商业机会，产生风险，并带来损失。

（5）主体性

任何一个机会都相应于特定的市场主体才成其为机会。也就是说，并不是所有的市场需求都表现为商业机会，只有针对那些具备相应资源条件、具备组织满足该市场需求条件的企业或个人才是真正的商业机会。

6.2.2 寻找商业机会的途径

1）寻找商业机会的途径

一般来讲，寻找商业机会有以下几个途径和措施。

（1）从供求差异中寻找商机

凡是供不应求的商品，必定存在商品未满足的需求，这样自然就存在着商业机会。

（2）从市场环境变化中寻找商机

商业机会往往存在于市场环境的变化之中。例如，近年来，随着我国居民收入水平的提高，消费水平也大大提高，其中需求的个性化日益突出。这样，经营专业店的机会就出现了。从目前来看，专业店的生意普遍都比较好。又如，近年来，我国人口老龄化现象日益突出，老年用品商店提供了新的商机。

（3）从市场信息中寻找商机

从市场信息中寻找商机是指通过市场调查，及时掌握可靠的市场信息，准确预测市场需求，开发和经营新的商品，开拓新的市场。

信息就是商机，市场信息是能够反映市场供求情况及其变化特征的各种信号、资料和数据的总称。市场信息是商业机会的基础，它随时都有可能转换为商业机会。作为企业要重视市场调查，要搜集宏观环境信息、目标市场信息、市场销售信息、市场竞争信息和市场供给信息等全方位市场信息。在信息搜索中，进行系统分析、详细考查、寻找市场商品供求差异和可能产生的空白，并做出迅速反映，捕捉市场机会。

小案例

洗土豆的洗衣机

1998年，四川有农民向海尔公司投诉，说海尔洗衣机质量有问题。海尔公司派人上门一看，排水管里全是泥沙，原来农民兄弟拿洗衣机洗土豆呢！销售人员没有半点责怪用户不按使用说明来操作，热情地为用户修好洗衣机后，迅速将这一信息反馈公司总部。海尔公司很快就推出既能洗衣服又能洗土豆的"洗衣机"，投放市场后很受欢迎，海尔公司也获得可观的经济效益。

（4）通过对产品广泛地搜集意见和建议来发现商业机会

企业要注意同社会的各个方面（包括企业内部），如中间商、专业咨询机构、教学和科研机构、政府部门、广大消费者等保持密切联系，经常倾听他们的意见，并对这些意见进行归纳和分析，以发现新的商业机会。一般可采用询问调查法、开座谈会、课题招标法等方式来搜集意见和建议。

（5）从分析企业经营条件的相对优势中寻找商机

从分析企业经营条件的相对优势中寻找商机是指通过分析，找出自己的竞争优势并加以发挥，以开辟新的市场需求。

通过对产品和市场的组合来确定商业机会。产品分为现有产品和新产品，市场也分为现有市场和新市场。依次组合分析如下：对现有产品和现有市场，考虑有没有市场渗透的机会；对于现有产品和新市场，考虑有没有市场开发的机会；对于新产品和现有市场，考虑产品开发策略；对于新产品和新市场，考虑多角化经营策略。

小知识

多角化经营策略

多角化经营策略的特点是将多项发展的新产品与多个目标市场结合起来,扩大企业的业务范围,扩张市场空间,以求得企业的发展。采用多角化经营策略,其优点在于充分利用企业的资源,适应瞬息万变的市场需求,避免、减少或分散经营风险,也就是"不把鸡蛋放在一个篮子里",还可以多方获得利润。多角化经营策略是社会经济不断发展和市场竞争日益激烈的产物。企业为了生存和发展,必须把多种产品和多个目标市场结合起来,在广泛的领域内进行多角化经营。但要注意适当选择多角化经营的程度,要以企业的经济实力、管理能力为基础,否则,可能导致企业力不从心,从而失去核心竞争力。

(6)聘用专业人员进行商业机会评析

许多复杂的商业机会需要借助于专门的知识和现代分析工具,需要聘用专业人员进行商业机会评析。

(7)建立专门机构进行商业机会分析

建立专门的机构,是企业开展经常性的市场研究工作、寻找和识别有价值的商业机会的组织保证。

2)商业机会的选择

(1)按企业经营战略目标选择商业机会

不同的企业有不同的经营战略,同一企业在不同时期也会有不同的经营战略目标。只有明确企业经营的发展方向及发展的每一个阶段上所要达到的基本目标和要求,客观分析企业内部条件和发展潜力,才能选择合适的商业机会,扬长避短,发挥企业竞争优势,实现企业经营战略。

(2)选择环境机会与企业经营相吻合的商业机会

环境机会是指存在于竞争市场中的各种商业机会。企业经营机会是指适合于企业经营的目标、内容和条件,有利于发挥企业优势的商业机会。企业机会要和企业的生产经营状况、资源和原材料状况、资金筹措运营能力、技术能力、营销能力和经营管理能力相符合。客观地分析企业所面临的市场环境可能带来的机会,不要错过时机,也不要过高估计自己而误用商业机会。

(3)评价商业机会的价值与成功概率

企业从环境机会中选出与企业机会相吻合的机会后,要进行相应的商业机会价值评估并估算成功概率。评估商业机会的价值要从商业机会的吸引力和商业机会的可行性两个方面进行。吸引力的评价指标为市场需求规模、利润率和发展潜力。可行性由企业内部条件、外部环境两方面决定,包括潜在对手可能进入市场的时机、策略和实力。

(4)企业在对比商业机会中进行选优决策

在以上工作完成后,企业可能会形成苦干个商业机会待选的局面,这时需要对每个机会进行综合评价。其主要内容有:潜在顾客群体大小、市场需求潜能大小及地区分布、企业的产品销售量多大、产品的生产成本多少,营销费用多少,预期利润率多高,潜在竞争程度如何,以及风险程度等。经过综合分析评价,对各个企业机会排出等次,从中选优。

6.2.3 把握商业机会的措施

小知识

世界超级管理大师彼得·德鲁克曾经说过这样一句话:把握机会重于解决问题。因为,解决问题只能减少损失,而把握机会却可以创造利润。这句话对于商业经营来讲,具有十分重要的指导意义。这是因为,商业经营受不确定性因素影响特别明显,商业机会特别多。商业经营者如果能够抓住机会,捕捉商机,并驾驭商机,往往可以获得丰厚的回报。但商业机会多,并不等于随手可得。正如人们常说的:机不可失,时不再来。这就是要求商业经营者必须及时把握商机,以发展和壮大自己的实力。

当通过一定的途径发现商机并选定之后,就应及时地加以把握,变商机为财富。为此,必须采取以下有效措施。

①迅速对利用商机所费用的预期成本和所得的预期收益进行比较,然后做出科学决策。

②当决定利用商机开拓市场时,必须迅速落实所需要的资源,即人、财、物和技术资源等。

③积极筹措或调度资金,组建或调整组织机构,挑选或委派得力人员,全面开展各项工作。

④积极策划和组织各项促销活动,大力开拓新的市场。

6.2.4 商业机会与市场开拓的关系

商业机会与市场开拓具有密不可分的关系。这是因为,能否抓住商业机会,最终取决于市场开拓情况。所谓市场开拓就是指为商品销售找到新的需求者,以扩大商品的需求,它包括以下几个方面的内容。

①增加商品在同一市场上的消费人数。因为消费人数越多,对商品需求量就越大。

②延长商品流通的距离,扩大商品销售的空间范围。因为商品流通距离越长,意味着商品销售可以更好地突破地域的限制,在更广阔的区域内流通,销售量一般就会越多。

③扩大商品在市场上的占有率,获得更多的市场份额。

④在购买力一定的条件下,引导消费,把更多的购买力吸引到本企业经营的商品上来。

⑤不断扩大新的消费领域。

⑥在购买力水平不高,一时消费者买不起或很少能买得起某些商品的情况下,要创造条件,增强消费者的购买力,以扩大商品的需求。通过这样的市场开拓,就可以把商机变成财富。

小案例

富于远见,敢冒风险

1945年,沃尔顿从军队复员,他在阿肯色州的新巷小镇租下一个店面,开始经营自己的第一家零售店。在20世纪50—60年代,沃尔顿把自己名下的 Ben Franklin 连锁分店拓展了

15 家,成为业绩最为突出的分店。

1962 年,沃尔顿通过对形势的分析觉察到折价百货商店有着巨大的发展前景,但 Ben Franklin 总部却否决了其关于投资折价百货商店的建议。为了把握这千载难逢的机会,沃尔顿决定背水一战,以全部财产做抵押获得银行贷款,终于在同年 7 月创办了第一家折价百货商店——沃尔玛,并获得了巨大成功。

在历次历史转折中,首先,企业家必须富有远见,能发现其他人忽视的商业机会。其次,企业家必须具备不断突破自我的创新精神。当时的沃尔顿,已经拥有 15 家 Ben Franklin 连锁分店,如果是常人,很可能选择安安稳稳地过日子。但他并没有满足现状,而是不断突破自我,追求新的成功,尤其是在关键时刻,以全部财产做抵押去获得贷款,破釜沉舟,背水一战,终于使新事业得到顺利地开展。除了勇气之外,科学准确地把握商机的能力起着关键作用。

6.3　商业投机

小案例

哲学家泰勒斯的一次成功商业投机

泰勒斯被认为是西方哲学史上第一位哲学家,他的一个有名的战略案例,就是他的商业投机。

故事的情节是非常简单的。泰勒斯根据他的天文学知识,知道有一年橄榄果将会丰收。于是他便租下了当年他所在地区的全部榨油机。等橄榄果丰收的时候,他就按自己的价格向别人转租这些机器,并因此大赚了一笔。

这也是西方世界中有史可载的首次成功的商业投机。因此,西方哲学史上的第一位哲学家,同时也是西方商业史上的第一位投机家。

6.3.1　商业投机的含义

1)商业投机的含义

经济学意义上的投机是指经营者为了获取经济利益而依据其对市场价格波动的预期而进行的各种买卖活动。它广泛存在于商品市场、证券市场、房地产市场等各类市场之中。

所谓商业投机,又称市场投机,是商业活动中普遍存在的一种经济行为。商业投机是指善于观察时机并及时利用商品供求在数量、时间、空间之间的差异来获取商业价格差额的一种经济行为。

商业投机包括两个方面的意思:一是指利用市场供需差异,捕捉需求机会,投市场急需之机,从而达到盈利目的经营行为;二是指利用市场上客观存在的价格波动的风险,运用投机资金冒特殊风险以赚取特殊利润的经济行为。从第一层方面的意思来看,它与商业机会密切相关;从第二层方面的意思来看,它又与商业风险密切相关。

商业投机者,就是从事于这种行为的个人或集团。要发展和活跃市场经济,没有一批善于把握商机的企业家是不行的。社会主义市场经济也需要投机行为和投机者,关键在于要保护合法投机,禁止或打击非法投机。

2）商业合法投机与非法投机的区别

商业投机本是一个中性词,而非贬义词,过去常常批判的"投机",实际上存在很大的误解成分。因为在从事商品生产和商品交换的过程中,企业家必须要投"市场供需"之"机"。同时,在商品从生产领域向消费领域转移过程中,要经过几个"投机"的环节,只有这样,才能使商品流通顺利畅通。

合法的商业投机是在国家政策方针、法令规定下进行的。例如,商品期货市场的买卖。商品的长途贩运,均是利用时空差异获取价格差额的一种经济行为,具有法律规定的合法性。商业投机的作用也是积极的,有利于国家、企业、消费者,对市场经济的发展起到了一定的推动作用,属于国家法律保护的范围。

非法投机是在商品生产和商品交换中通过非法手段触犯国家或有关部门的法律、法令和规定,从中获取非法收入的一种经济行为。如价格欺诈、假合同、假发票、偷税漏税、走私、非法转口贸易等行为,扰乱了正常的生产和流通秩序,破坏了国家对市场的有效管理。

划分商业合法投机与非法投机的标准是:

①经营主体的合法性,即有证经营还是无证经营,是否经国家有关主管部门登记或批准取得合法身份。

②经营行为的规范性,即是否遵纪守法、遵循商业道德、采取正当的竞争手段和经营方式。

③经营范围的政策性,即经营项目、品种是否超出国家政策许可范围。

④市场机会的均等性,即有无利用权力实行地区、行业垄断,欺行霸市,进行价格控制。

⑤经营利润的合理性,即是否违反国家有关规定,进行价格欺诈和暴利行为。

3）投机与投资的区别

投机与投资有时虽然难以区分,但细比较,还是有些区别的。

①从交易活动的风险来看,投资活动一般只限于预期收入比较稳定,风险值较少的交易活动,而投机活动则往往是追求那些预期收入不够稳定,风险值较大的交易活动。当然,这种预期收入不稳定性和交易风险,在实际交易中是很难用确切的数字进行衡量的,这就使两者在彼此相互区别的基础上,又存在着某种必然的和内在的联系。

②从买卖标的物持有的时间和交易量大小来看,投资者一般重视的是中、长期限大规模活动。当然,在实际交易活动中,交易者的交易既可能带有一定的投机性,又可能带有一定的投资性,两者之间有一定的内在联系。

③从交易动机来看,投资者的交易动机一般是为了解扩大生产、融通资金、追求有效的收益,而投机活动往往是期望以比较小的投入牟取暴利,着眼点主要在于追求利润值。当然,这种区别在一定时候往往很难进行有效区分。一些投资者在某一交易行为中,有时以投资为目的,有时以投机为目的,有时则可能转移动机将投资变成投机交易活动。

6.3.2 商业投机的类型

从商业投机的经济含义来看,商业投机的主要类型有以下3种。

1）在现货市场上发掘商业机会进行的投机活动

在现货市场上的投机即商品现货投机。商品现货投机是在商品现货市场中,利用时间、信息等因素形成的价格差额进行现货交易,获取高额利润。如利用时间差,在秋季农产品丰收、市场价格较低时大量收购,掌握商品资源,在春季青黄不接之际高价抛出,牟取高利;或旺季收购淡季出售,产地收购销地出售,赚取季节或地区差价。又如长途贩运,利用地区差价买进卖出,谋求高额利润。

2）商品期货投机

商品期货投机是在商品期货市场上,利用市场价格的波动,依据对价格波动的预测而买卖标准化的期货合约以牟取利润的交易活动或交易行为。

商品期货投机的一般方式有3种:一是基本交易投机,即利用价格差,通过买空卖空进行投机。投机者利用市场价格趋势的预测,价格看涨时买进期货,看跌时卖出期货。二是利用现货和期货之间的价差投机。现货价格和期货价格存在相关关系,临近交割应趋于一致,但此时现货与期货之间的这种差价为投机者提供了投机牟利的机会。三是分散交易投机,即投机者买进认为较为便宜的期货合约,同时卖出认为价格较高的另一种期货合约,从两者的价差中获取投机利润。具体包括利用同一商品不同月份的差价变动来投机套利、利用同一商品在不同期货市场之间的价差来投机套利、利用可替代性或可转换性商品的价格差额波动来投机套利。

3）其他形式的商业投机

其他形式的商业投机是指在资本市场上进行各种有价证券的投机活动。这主要包括在金融证券市场的证券投资,在房地产市场上的投机交易和对无形商品如商标、产权、专利技术等的投机交易等,一般都属于短期投资行为。

6.3.3 商业投机的特点

1）商业投机具有客观性

商业投机受两个方面的制约:一是供求差别的制约。由于多种因素的影响,商品供给和需求在总量上、结构上、时间上、空间上等方面经常存在不一致性,即存在着供求差额,这样,就为商业投机提供了机会。二是价格差别的制约。只要存在着价格差,就存在着商业投机的条件,因为投机者可以从中赚取价差。这两个方面的差别是市场经济中客观存在的普遍现象。因此,商业投机不可避免,具有客观性。

2）商业投机具有很大的风险性

不管是哪类商业投机,它都具有很大的风险性。没有风险就不会出现投机。投机的目的是获得厚利即风险利润,亦即由最小的投机取得最大的利润,而不是一般的利润。投机的结果关键取决于投机者对市场需求和价格的未来预期是否准确。在市场经济中,市场需求和未来的价格波动受多种因素的制约,具有极大的不确定性。投机者要掌握有关市场变化的完全信息几乎是不可能的,因为有关信息的获取、处理、判断等都需付出最宝贵的稀缺资源,即人的时间、精力、理性和财力,这就使投机者只能把他们有限的资源投到他们认为是最重要的方面,而不得不放弃他们认为不很重要的方面。由于信息的不对称性使投机者对市场信息不可能完全把握,从而使其投机活动具有很大的风险性。虽然投机成功的概率很小,但投机一旦成功则往往可以带来丰厚的利润。因此,这种高风险高回报的投机活动常常吸引那些投机者屡屡去冒险。

3)商业投机不同于一般性商业活动

两者虽都是利用市场供求差异和价格波动所造成的市场机遇来获取利润并承担风险的行为,但两者又有着诸多明显的区别。主要表现为:

①商业投机是适应特定需要的一种超前行为,而一般性商业活动是为了满足正常需要的常规性活动。

②商业投机是一种风险较大的经济行为,而一般性商业活动经营风险较小。

③商业投机所获取的是超额利润,而一般性商业活动谋取的是正常的购销差价。

④商业投机的作用是双向的,既有积极的一面,又有消极的一面,它可能会冲击法律、道德和正常的经济秩序,而一般性商业活动主要是为了满足消费需求,作为国民经济必不可少的正常性经营活动,一般不存在负面作用。

4)商业投机合法与否取决于其发生环境中特定法律界定和道德取向

由于商业投机的目的是获得更多的或超额利润,因此不能以利润的多少来判断商业投机的社会价值和社会属性。特定环境中的法律界定和道德取向是决定其合法与否的关键。这样我们就能正确理解在不同国家、不同的历史时期对市场中存在的商业投机的不同的界定和评价标准。目前,不少国家或地区都制定了"反暴利法",主要目的是规范交易行为,维护正常的市场秩序,维护商业道德,促进社会安定和经济稳定,而不是笼统地提倡或反对商业投机。

5)商业投机必须获得大量的信息

投机者在进行每笔交易前必须要获得大量信息,通过对信息的科学整理和分析,进行预测和决策,然后再进行交易,否则,盲目投机易遭致失利。投机不是单纯靠投机者的"运气",投机者必须要占有大量、充分、可靠的信息,这样才有可能成功。

6)商业投机交易时间短

一般情况下,当投机者获得信息后,往往会迅速作决策,进场交易,从而获取更多的交易机会,增加获利的可能性。

7)商业投机交易覆盖面广

投机者可以利用不同地区和不同国家的市场进行投机交易活动,使一系列分散的市场联系起来,形成一个相互沟通、相互促进、辐射面广的统一的交易市场。

8）合法性、公开性、竞争性

由于现代商业投机必须在法律规范下进行，因此，现代商业投机具有合法性、公开性、竞争性的特点。

9）商业投机是一种博弈活动

在同一市场上，由于投机者对市场价格走势的判断不同，有的投机者决定买进，乃至大量买进，而有的投机者则决定卖出，乃至大量抛售。这种对未来价格走向的不同判断，导致双方进行智力和实力的博弈，最终的结果是有的成功，有的失败。

10）商业投机是一项系统工程

从市场调研和捕捉商机到利用机会进行决策，从科学决策到组织实施并取得经营成果，整个投机活动是一个复杂的过程。要取得商业投机成果，不仅取决于投机者的经营素质和决策水平，而且需要对市场环境做周密的估计，审时度势。对于期货市场、资本市场的投机，则更加需要各种知识，需要科学决策和熟练的操作技巧。

小案例

某年5月，电子交易市场10月合约花生价格为960元/100千克，某农户感觉此价格比较合适，而新花生要到10月才能收获并且预计产量为500千克左右。但按照往年的经验，每年到10月时花生价格可能会下跌。

于是该农户为保住当前利润而在花生电子交易市场进行套期保值，5月在电子市场卖出10月标准合约5批（即500千克），合约总价值4 800元人民币，该农户仅需缴纳20%的保证金，即4 800×20% = 960元就可以完成预定合约。

10月市场价格变动分上涨或下跌两种情况。

一种情况是，如果市场行情发展与农户预期相反，价格上涨。假定电子交易市场10月标准合约价格变为1 000元/100千克，则电子合约价值为5 000元人民币，该农户通过买入平仓损失共200元人民币。同时，现货市场上花生价格涨为1 000元/100千克，于是该农户比5月份价格卖出多盈利200元人民币，两者相抵，利润得到保全。

另一种情况是，如果市场发展按农户预期进行，价格出现下跌。10月电子合约价格变为900元/100千克，则该农户在电子市场通过买入平仓可盈利300元人民币，而在现货市场损失300元人民币，两者相抵，利润保全。

6.3.4 商业投机的条件

1）投机者要有足够的资本以应付可能遭受的损失

为投机而准备的货币财产是投机资本，而投机资本已不是原来的商业资本。商业资本是再生产过程中在流通中执行商业职能的资本，而投机资本则是再生产过程外部的非职能资本。商业资本直接得到从生产剩余价值中分配的利润，而投机资本不是自我增值的资本，不能得到原来的利润分配。它只通过获得以价格变动为基础的纯粹的买卖差异来实现增值。投机引起投机者之间的财产再分配,即一方得利就是另一方的损失。因此,要想进行投机,如参加期货交易,其先决条件就是有足够的资本以应付可能遭受的各种损失。任何一个投机者都不愿意亏损,但是有风险才有获利的机会,而风险也意味着有亏损的机会。因此,考虑风险的大小是决定是否投机的关键。

2)投机者要具备一定的素质,要有承担风险的能力和具有风险意识

一个成功的投机者往往敢于承担别人不敢承担的风险,善于总结交易中正反两方面的经验教训,在实践中不断增长才干。他能够在风险面前审时度势,分析预测,做出决断,从而一举获利。因此,投机者首先要有承担风险的能力,能够承受市场变化带来的惊喜与悲伤。一个经不起风险冲击的人是不适合参与投机活动的。同时,投机也是一项技巧性很强的经济活动,要求具备一定的专业知识和一定的分析判断能力、机敏的应变能力、果断的决策能力,以利于正确处理和判断信息,做出正确的交易决策,此外,投机者还应有法律常识、法治观念,以合法的投机获利,而不搞非法活动。

3)投机者必须不断、反复地进行买卖并全力以赴地对付瞬息万变的市场变化

投机的基础是价格的变动,它紧紧依附价格变动而存在。价格的变动可以因场所不同,也可以因时间不同而发生。投机者要随时利用这种场所性、时间性的价格差,这就出现了场所性、时间性的价格平均化倾向。因此,投机者应密切注意市场价格变动,随时随地做出反应。为了得到买卖差额收益,投机者必须不断地反复进行买卖,全力以赴地应付瞬息万变的市场变化。

6.3.5 商业投机的经济功能

1)提高市场流动性,活跃市场交易

市场的流动性和交易活跃,体现为在市场上能够迅速地向某一个买方或卖方提供他们需要交易的对象。投机者投入一定的资金,或购买某种商品,或买空卖空,其买卖数量大、交易频繁,从而带来了买卖双方人数的增加,使那些保值投资者不论是买进还是卖出,都很容易找到贸易伙伴,从而大大增加了市场流动性。同时,投机交易频繁,消息传递快,还能降低交易成本。如果没有投资者参加或没有投机行为,保值性投资者因市场流动不畅,找不到成交机会,在交易中颇费周折,就会增大交易成本。

2)承担交易风险

如果市场上价格波动频繁,生产者和经营者就会设法回避、转移价格波动的风险。有转移风险者,必须就要有承担风险者,而投机者则是专门承担价格波动的,他们希望通过风险来赚钱,承担风险成为投机者的职业化职能。投机者承担风险才能使旨在避险或保值的投资者或生产者、经营者顺利避险,专心从事自身的生产与经营活动。

3)缓和价格波动幅度,稳定市场

一般情况下,市场价格是随着供求关系的变化而上下波动的。投机者参与市场交易,可

8

以减少市场价格波动的幅度。当市场上商品供大于求、价格很低时,投机者大量低价购进,吸收剩余,实际上又是增大了市场供给,缩小了市场缺口,使价格不致下降到低水平。当商品供小于求、价格很高时,投机者大量高价卖出,客观上又增大了市场供给,消除了部分短缺,减少了供求缺口,使价格不致上升到了过高水平。因此,投机行为可以缓和价格波动,使生产者和经营者不因商品价格的暴跌或暴涨而蒙受太大的损失,从而有利于创造一个相对稳定的市场环境。

4)传递信息,有利于配置资源

无论投机者在市场上争相买进,还是争相卖出商品,都预先给生产者与经营者提供了信息,使其据此及早改变资源配置。如在期货市场上,由于投机行为充分活跃,使期货市场的商品价格预先灵活反映出市场供求状况,因此预先为社会提供了优化资源配置的信息。

应当指出,任何事物都有一个度,商业投机也不例外。为了发挥商业投机的经济功能,必须控制过度商业投机行为,以防止其对社会经济生活产生不利影响。

【做 一 做】

一、经典案例阅读

细节中有商机

日本三菱重工曾运用独特的眼光从一张照片中采集到一个重要的市场信息,并及时有效地把握住了这个商机。

这是在1964年,《中国画报》的封面刊出这样一张照片:大庆油田的"铁人"王进喜头戴大狗皮帽,身穿棉袄,顶着鹅毛大雪手握钻机刹把,眺望远方,在他背景远处错落地矗立着星星点点的高大井架。几乎同一时间,《人民中国》杂志撰文报道说,以王进喜为代表的中国工人阶级,为粉碎国外反动势力对我国的经济封锁和石油禁运,在极端困难的条件下,发扬"一不怕苦,二不怕死"的精神,抢时间,争速度,不等马拉车挖,硬是用肩膀将几百吨采油设备扛到了工地。不久《人民日报》报道了第三届全国人大开幕的消息,其中提到王进喜光荣地出席了大会。

在我国当时的环境下,大庆油田的具体情况是保密的。然而,上述几则权威媒体对外公开播发的极其普通的旨在宣传中国工人阶级伟大精神的照片和新闻,在日本三菱重工财团信息专家的手里变成了极为重要的经济信息,揭开了大庆油田的秘密。

1. 根据对照片和新闻报道的分析,可以断定大庆油田的大致位置在中国北部,且离铁路线不远。其依据是:唯有中国东北部的寒冷地区,采油工人才需要这种大狗皮帽和穿厚棉袄。唯有油田离铁路线不远,王进喜等大庆油田的采油工人们才能用肩膀将百吨设备运到油田。因此,只需要找一张中国地图,就可以轻而易举地标出大庆油田的大致方位。

2. 根据对照片和有关新闻报道的分析,可以推断出大庆油田的大致储量和产量,并可确定是否已开始出油。其依据是:首先,从照片中王进喜所站的钻台上手柄的架势,推算出油井的直径是多少。从王进喜所站的钻台油井与他背后隐露的油井之间的距离和密度,又可基本推算出油田的大致储量和产量。接着,从王喜出席了人民代表大会,可以肯定大庆油田出油了,不然王进喜是不会当代表的。

3. 根据中国当时的技术水准和能力及中国对石油的需求,中国必定要大量引进采油设备。于是,日本三菱重工财团迅即集中有关专家和人员,在对所获信息进行剖析和处理之后,全面设计出了适合中国大庆油田的采油设备,做好充分的夺标准备。果然不久,中国政府向世界市场寻求石油开采设备。

三菱重工财团运用商业眼光,以最快的速度和最符合要求的设备,获得巨额订单,赚了一笔巨额利润,成功地把握住了商机。

二、实训活动

◎ 内容

调查了解两个不同的商业企业,分析其成败的原因,找出其在把握商机上的特点和可以借鉴之处。

◎ 目的

初步了解商业的经营业绩和其独特的服务及其把握商机之间的联系,观察其独到之处。

◎ 人员

1. 实训指导:任课老师。

2. 实训编组:学生可以按照原来的小组,以组为单位开展活动,每组选组长和记录员各1人。

◎ 时间

时间由任课老师根据实际情况安排,可以利用课余两周左右的时间。

◎ 步骤

1. 由教师在学校进行安全教育,介绍注意事项与要求。

2. 与相关商业单位取得联系,组织学生集体去该单位参观,经过允许跟随员工参加适当的劳动,观察客流量和员工的服务特点。

3. 邀请该单位有关人员介绍经典管理决策案例和业绩及其服务特色。

4. 现场观察服务细节,并做好记录。

5. 撰写调查文档。

◎ 要求

利用课余时间,对商业的经营服务特色特别是其把握商业机会的做法进行调查,简单分析服务、把握商业机会的能力与商业的经营业绩之间的联系。

◎ 认识

商业的服务质量、经营特色、发现商业利用商机的能力等直接关系到商业的业绩。要充分发挥商业在国民经济中的作用,商业企业必须提供独到的商品和服务,把握商机,有效抵御风险。

【任务回顾】

市场经济条件下商业风险最为普遍,开展商业活动必须树立风险意识,学会防范和管理商业风险。同时,商业风险不仅和一般的经营活动相联系,而且和商业机会和商业投机联系更加紧密。本任务通过对商业风险、商业机会和商业投机的基本知识的学习,使得我们了解了风险防范、把握商业机会的方法。了解了商业投机的意义和操作过程要点等知识。

【名词速查】

1.商业风险

商业风险是指在商业活动中,由于主、客观各种因素的影响而随机出现的给商业主体带来利益损害的可能性的客观经济现象。

2.商业机会

商业机会又称为市场机会,是指市场上存在的新的或潜在的需求。商业机会客观存在于市场运行之中,是指由于市场供需的不衔接、生产与消费的不一致性、而产生空隙和空白,为企业及其他盈利性活动的组织或个人通过购销或服务获得盈利的可能性。

3.商业投机

商业投机又称市场投机,是商业活动中普遍存在的一种经济行为,是指善于观察时机并及时利用商品供求在数量、时间、空间之间的差异来获取商业价格差额的一种经济行为。

【任务检测】

一、单选题

1.商业风险是指在商业活动中,由于主、客观因素的影响而随机出现的给(　　)带来利益损害的可能性。

　A.商业主体　　B.商业客体　　C.市场　　D.消费者

2.为了瞄准商业机会,商业经营者必须时刻盯住(　　),以对各种信息了如指掌。

　A.生产　　B.市场　　C.供给　　D.消费需求

3.商业机会的客观性表示商业机会是由生产与消费在数量、时间、空间上的(　　)形成的。

　A.一致性　　B.不一致性　　C.连续性　　D.统一性

4.商业机会与市场开拓密不可分,商业机会能否抓住关键取决于市场开拓。市场开拓即指找到商品的(　　)。

　A.需求者　　B.供给者　　C.生产者　　D.最终消费者

5.(　　)成为商业投机者的职业化职能。

　A.承担风险　　B.防范风险　　C.避免风险　　D.寻找商机

二、多选题

1.商业风险的特征包括(　　)。

　A.客观性　　B.可约束性　　C.双重性　　D.灵活性

2.商业风险的功能在于(　　)商业主体的行为。

　A.约束　　B.激发　　C.调节　　D.规范

3. 商业机会的特点包括(　　　)。
　　A. 客观性　　　　B. 随机性　　　　C. 利益性　　　　D. 风险性
4. 按商业投机的经济意义和性质来分,商业投机的类型有(　　　)。
　　A. 现货市场投机　　　　　　　B. 期货市场投机
　　C. 资本市场投机　　　　　　　D. 劳动力市场投机
5. 商业投机的经济功能有(　　　)。
　　A. 活跃市场　　　　　　　　　B. 承担交易风险
　　C. 缓和价格波动稳定市场　　　D. 传递信息有利于配置资源

三、判断题
1. 商业风险是市场经济中普遍存在的经济现象。　　　　　　　　　　(　　)
2. 商业风险既可能给商业主体带来收益,也可能给商业主体带来损失。(　　)
3. 客观来讲,一个商业机会从产生到消失的过程通常是短暂的。　　　(　　)
4. 商业投机与一般性商业活动无明显的区别。　　　　　　　　　　　(　　)
5. 商业投机者只要很少的资本便可以避免和应对可能遭受的损失。　　(　　)

四、思考题
1. 寻找商业机会的途径有哪些?
2. 商业风险管理的措施有哪几种?
3. 商业投机的经济功能有哪些?

参考答案

一、单选题
1. A　　　2. B　　　3. B　　　4. D　　　5. A
二、多选题
1. ABC　　　2. ABC　　　3. ACD　　　4. ABC　　　5. ABCD
三、判断题
1. √　　　2. √　　　3. √　　　4. ×　　　5. ×
四、思考题
1. 寻找商业机会的途径有哪些?
(1)从供求差异中寻找商机。
(2)从市场环境变化中寻找商机。
(3)从市场信息中寻找商机。
(4)通过对产品广泛地搜集意见和建议来发现商业机会。
(5)从分析企业经营条件的相对优势中寻找商机。
(6)聘用专业人员进行商业机会评析。
(7)建立专门机构进行商业机会分析。
2. 商业风险管理的措施有哪几种?
(1)树立风险意识。

（2）市场风险调查和风险评估。

（3）对意外事故所造成的风险的措施。

（4）对待商品运输、保管当中存在的风险的措施。

（5）对因不正当交易可能造成的风险，主要可以采取这样几方面的措施。

（6）对因价格波动与汇率变动而引起的商业风险采取的措施。

3.商业投机的经济功能有哪些?

（1）提高市场流动性,活跃市场交易。

（2）承担交易风险。

（3）缓和价格波动幅度,稳定市场。

（4）传递信息,有利于配置资源。

任务 7
认识商业物流与配送

任务目标

1. 清楚商业物流的内涵与功能。

2. 叙述商业物流的作用。

3. 了解商业物流的基本活动。

4. 理解配送的含义与特点。

5. 知道配送的作用与配送类别。

6. 了解配送的业务流程。

课时建议

知识性学习:6 课时。

案例学习讨论:1 课时。

现场观察学习:6 课时(业余自主学习)。

【导学语】

你知道什么是商业物流吗？配送中心对商业企业来说很重要吗？

让我们一起来看看作为零售巨人之首的沃尔玛公司的一段真实资料。

小案例

沃尔玛建立之初，公司就意识到有效的商品配送是保证公司达到最大销售量与最低成本的存货周转和费用的关键。而唯一使公司获得可靠供货保证及提高效率的途径，就是建立自己的配送组织，包括送货车队和仓库。

1969年，沃尔玛总部落成并建立了自己的第一个配送中心，当时即可集中处理公司所销商品的40%，大大提高了公司采购大量商品的能力。为支持公司业务发展，沃尔玛不断建设区域配送中心。20世纪90年代初，沃尔玛建成了26个区域配送中心，总面积为160万平方米。公司8万种商品中，85%的商品由这些配送中心处理，余下的15%仍由供应商直接送到分店。

在配送运作时，大宗商品通常经由铁路送达配送中心，再由公司卡车送到商场。每个商场1周收到1~3卡车货物，60%的卡车在返回配送中心途中又沿途从供应商处运回购买的商品。这样的集中配送大大降低了运输成本。

沃尔玛的配送中心运行完全实现了自动化。每种商品都有条码，由十几千米长的传送带传送商品。激光扫描器和计算机追踪每件商品的储存位置及运送情况。配送中心全天连续作业，每个配送中心每年最少处理100亿次商品，99%的订单正确无误。

沃尔玛的配送系统中的商场通过计算机向总部订货，平均只要2天就可以到货。如果急需，则当天即可到货。沃尔玛商场的商品都是利用标准的条码进行管理，商品卖出的信息通过POS系统即时传递到总部和配送中心。在沃尔玛商场不需要用纸张处理订单，自动补货系统可自动向配送中心订货。

看完这段资料，大家一定很吃惊吧！正是由于配送中心能大大降低物流成本，因此沃尔玛能够向顾客提供比其他零售商价格更低的商品，这正是沃尔玛迅速成长的关键所在。

那为什么会这样呢？请跟我来，完成这一部分内容的学习，你就会对商业物流的内涵、配送及配送管理有一个全新的认识，也能够更好地知道沃尔玛挣钱的秘诀。

【学一学】

7.1 商业物流的内涵与功能

7.1.1 物流与商业物流的内涵

1)物流的起源及含义

"物流"(Logistics)源于美国。我国 20 世纪 80 年代引进"物流"概念和相关理论。《中华人民共和国国家标准物流术语》将物流解释为:"物品从供应地向接收地的实体流动过程。根据实际需要,将运输、储存、装卸、搬运、包装、流通加工、配送、信息处理等基本功能实施有机结合。"显然,物流的构成要素既包括使物品的空间移动和时间移动成为可能的运输和储存,又包括保障物品顺利转移或流动的各种相关活动。随着经济全球化的发展趋势和科学技术的日新月异,人们对于物流的认识也在不断地丰富和发展。

2)物流的种类

随着物流业的发展,物流在社会经济中的地位不断提高,物流也逐步地细化并呈现出多种类型。

(1)根据物流活动的范围不同,可以将物流分为供应物流、生产物流、企业内物流、销售物流、回收物流和废弃物流

①供应物流。就生产企业而言,其供应物流是指原材料、零部件、半成品等从这些物品的供应处开始直到购物物品的生产企业收到货物为止的物流;就流通企业而言,其供应物流是指商品等从购进开始直到订购这些商品的流通企业收到商品为止的物流。

②生产物流。生产物流是指原材料、零部件、半成品等在工厂各车间之间、各工序之间的流动。因此,生产物流是在原材料购进后,通过生产工序进行加工,直到完成产品的物流。

③企业内物流。就生产企业而言,企业内物流是指从对产品实施运输包装开始(就流通企业而言,是指从本企业收到购进商品时开始),直到最终确定销售对象为止的物流。除了运输、包装以外,还包括保管、分类等。

④销售物流。销售物流是指从确定销售对象直到将商品发货出去交付给顾客为止的物流,包括包装、发货、配送等。

⑤回收物流。就生产企业而言,回收物流是指回收已退出生产过程但仍具有使用价值的物料而产生的物流;就流通企业而言,回收物流是反映回收直接或经再处理可重复利用的废旧物品而产生的物流。

⑥废弃物流。废弃物流是指因商品以及包装或运输所用容器、材料的废弃而产生的物流。

(2)根据物流系统的不同,可以将物流分为微观物流与宏观物流

①微观物流。微观物流是指企业本身的物流,即企业采购原材料、零部件等生产资料,加工与制造产品过程中物质资料的流动过程(即输入物流),然后脱离生产过程,经由流通领

域,最后到达用户或消费者手中的运动过程(即输出物流)。

②宏观物流。宏观物流是指从国民经济角度考察的物流,即生产、流通、分配与消费各领域中物质实体的纵横交错、相互联系的运动体系。

3)商业物流的内涵

商业物流即商品流通过程中商品实体及其附属物的时空运动。商业物流是整个社会物流的重要组成部分。具体来讲,商业物流包括商业企业的供应物流、商业企业的内部物流、商业企业的销售物流、商业企业的回收物流和商业企业的废弃物流等几个方面的内容。理解商业物流的含义,应把握以下几点。

①商业物流中的"物",不是泛指一切物质资料,仅指有形商品实体及其附属物。

②商业物流中的"流",既包括空间运动,如运输;又包括时间运动,如储存。

③商业物流仅仅涉及流通领域,而不涉及生产领域。

④商业物流以商业企业为依托,与商品交换相联系,其实质是经济运行过程中商品使用价值的运动。

7.1.2 商业物流的功能

商业物流的实质是商品使用价值的运动,它以商品的使用价值为中心,以保存、输送和销售商品的使用价值为出发点,因此,其功能也主要是围绕商品的使用价值展开的。具体来讲,商业物流的功能主要包括以下几个方面。

1)空间功能

商业物流的空间功能主要体现在商品运输、配送、装卸、搬运等物流过程,其实物形态并未发生变化,数量也没有增加,但供给与需求之间空间分离的矛盾可以得到有效的解决。因此,商业物流的上述活动创造了空间效用,具有空间功能。随着商品经济的发展,物流的空间功能不断显现出来,其在社会经济发展过程中的重要性日益增强。在商业物流空间功能得以实现的过程中,运输与配送形成空间线路,装卸与搬运则构成空间结点,由此共同组成严密完善的空间运动网络,使供给方与需求方实现有效的联结,保障商品流通顺利进行。

2)时间功能

商业物流的时间功能主要体现在商品的储存、保管和包装等方面。商品经过储存、保管、包装等物流过程,其商品实体得到了妥善保护,它可以满足需求方的需要,解决供给与需求在时间上不一致的矛盾。于是,商业物流的上述活动创造了时间效用,具有时间功能。

3)形式功能

商业物流的形式功能主要体现在商品的流通加工和包装之中。因为商品进入流通领域之后,其规格、功能、包装等并不总是能够完全适合消费者的需求,所以要求对商品实体进行一定的加工和包装,以保存商品的使用价值。因此,商业物流可以创造形式效用,具有形式功能。

一般而言,商品形式的创造主要在生产领域,但在现代市场经济社会中,流通领域的形式创造日益重要。其原因主要在于,生产企业为了取得规模经济,往往是"少品种、大批量、专业化"的生产,随着人们收入的不断增加,消费需求日益呈现出复杂化和个性化的特征。因此,生产领域通常完成基本形式的创造,而流通领域则针对消费者需求的变化进行形式再创造。此外,商品形式经过流通领域的再创造,可以使商品实体更便于流通,从而提高商品流通效率,降低流通成本。

4)信息功能

商品流通是商流、物流、信息流、货币流的统一,它们不是相互分离或隔离的,而是相互依赖和渗透的。例如,商业信息流就包含着商业物流信息。商业物流信息主要是指关于商业活动所涉及的物流数量、物流地区、物流时间、物流费用等方面的信息。商业物流信息不仅对商业物流决策具有重要作用,而且对商品流通全局具有指导作用。一般而言,在现代市场经济条件下,商品的价值流通十分方便快捷,相应的货币流通在发达的金融体系之下也很高效安全,而商品使用价值的流通却相对滞后,由此形成的流通费用占有很大比重。因此,有必要重视商业物流信息的收集、整理、分析和传播,充分发挥商业物流的信息功能。

7.1.3　商业物流的作用

商业物流是商品流通过程的重要组成部分,随着商品经济的发展,其作用日益重要。商业物流在社会经济运行和发展过程中的作用,主要体现在以下几个方面。

1)商业物流是商业活动的重要组成部分,是商品流通顺畅进行的物质保证

商品交换是价值让渡与使用价值的统一。商业作为专门媒介商品交换的经济行业,商品使用价值的让渡显得更为重要。从商品流通过程来看,商业物流是随着商流产生的,它是商流的物质基础,是商品流通顺畅进行的物质保证。在商业活动中,商流完成商品所有权的转移,而物流则要完成商品流通的规模和速度,而且影响着商品流通的效益。因此,在商品活动中,商业物流占据着非常重要的地位。

2)商业物流是社会分工的物质保障,并促进社会分工的深化

社会分工是生产力发展的体现。社会分工造成了大量的市场化交易,市场化交易能否高效、顺利地完成,决定着社会分工的命运,也影响着生产力的发展,而商业物流无疑是市场交易的重要物质基础。商业物流对于社会分工的重要意义体现在两个方面:一方面,商业物流对于各生产部门之间的分工及其深化起着物质保障作用,使生产的专业化与分工协作很好地结合起来,为社会化大生产的顺利进行提供了发达的物质运动体系的支持;另一方面,商业物流承担了一部分生产加工的任务,参与形式效用的创造,使生产部门可以从事"大批量、少品种、专业化"的生产,而商业部门则在流通领域针对消费需求复杂、多变及个性化的要求,对商品进一步加工,完善其使用价值,这无疑是社会分工的合理深化。

3)商业物流是现代经济运行中"第三利润源泉"的重要组成部分,对提高商业经济效益有重要意义

当今,人们普遍认为物流领域的利润潜力巨大,称之为"第三利润源泉"。物流领域之所

以利润潜力巨大,最主要的原因在于物流不仅创造价值,而且还能节约费用。商业物流作为物流的重要组成部分,也是人类"第三利润源泉"的重要组成部分,对提高商业经济效益具有十分重要的意义。

小链接

随着现代经济的发展,人类掘取利润的源泉已经发生了巨大的变化。从经济历史上看,人类曾经过两大提供利润的领域:一是资源领域。在经济和社会技术不发达的时代,人类通过掠夺式地利用廉价原材料、燃料而获取利润。在经济与科学技术发达的时代,人类则依靠科技进步,节约消耗,综合利用,回收利用再生产资源乃至用人工合成方法创造物质资源,以此获取利润。人们称其为"第一利润源泉"。二是人力领域。经济不发达时代,人类利用廉价劳动力获取利润。在经济发达时代,人类依靠科学技术进步,如广泛采用机械化、自动化等先进手段,提高劳动生产率,降低人工成本以获取利润。人们称其为"第二利润源泉"。当这两个领域利润的潜力越来越小时,人类便要开拓新的"利润源泉"。

7.1.4　商业物流的基本活动

商业物流的基本活动主要包括商品运输、储存、包装、装卸、搬运、配送、流通加工与信息处理等方面。由于配送具有特殊性,本任务中将单独学习。

小案例

沃尔玛在运输方面战略和策略

1. 提高实载率。沃尔玛都把卡车装得非常满。

2. 注重时间管理。一些商场,只在白天开门,但是物流部门却是 24 小时都在工作。在配送中心,沃尔玛也和这些供货商都定好时间,按照运行的时间表来进行。沃尔玛对时间的管理,就可以节省时间、提高效率。

3. 让供应商采用沃尔玛的运输系统,由他们自己完成运输,因为沃尔玛的运输成本比供货商低。采用沃尔玛的物流配送系统可以对供货商进行成本上的节省,而且从厂商到货架的过程沃尔玛增加的部门并不会增加运作的成本,合理安排反而会降低运作的成本。

1）商品运输

在商品流通过程中,商品运输主要完成商品的空间位移,它是商业物流的核心。

（1）商品运输在商业物流中的重要性

运输作为生产过程在流通领域内的继续,处于国民经济和社会发展的先行地位。就商品运输而言,它完成商品实体从供给方向需求方的空间运动过程,创造了空间效用,使商品的使用价值成为现实效用。因此,商品运输在商业物流中占有举足轻重的地位。

（2）商品运输合理化

商品运输合理化,是指按照商品流通规律,依据交通运输条件和商品的市场供求状况,合理安排货物流向,以最短的路线、最少的环节、最少的运力、最低的运费、最快的时间,将商品由供给方运送到需求方。商品运输合理化可以加速商品流转,扩大商品流通,降低商品流通费用,提高商业经济效益。在商业物流组织中,应依据运输距离、运输环节、运输工具、运输时间、运输费用等各种制约因素统筹安排,系统分析,利用线性规划、网络分析、计算机模拟等技术手段组织合理运输。

2）商品储存

商品储存是商品流通的重要环节,也是商业物流的重要组成部分。商品储存是指商品离开生产过程,尚未进入消费过程期间的停滞。商品储存是社会再生产顺利进行的重要保障。

（1）商品储存在商业物流中的重要性

商品储存是社会再生产的必要条件,也是商业活动的客观要求。商品储存解决供给与需求在时间上背离的矛盾,创造时间效用,并且保存商品的使用价值,使其在一定的时间可以满足消费需求。

（2）商品储存合理化

商品储存合理化是指按照商业活动的客观规律,根据商品的市场供求状况和商业经营情况,合理确定商品储存,既避免商品积压,又避免商品脱销,保证在适当的时间将商品从供给方转移到需求方。商品储存合理化包括以下 4 个方面的内容。

①储存量合理化,即订货补充之间,能够保证在此期间产品正常供应的数量。为此,要考虑社会的需求量、产品再生产时间、交通运输条件、商业企业自身条件等制约因素。

②储存结构合理化,即商品的不同品种、规格、花色、品牌之间储存量的比例关系要协调。为此,主要考虑市场需求结构的变化。

③储存时间合理化,即商品的储存时间要与商品的生产时间、销售状况和商品的使用寿命相适应。

④储存网络合理化,即批发与零售及其内部各环节、各网点之间的商品储存分布要保持一定的比例关系。一般而言,由于批发环节主要执行商品"蓄水池"的作用,因此,要以一定规模的商品储存调节市场,而零售环节商品储存量可以较小,主要是加速商品周转,做到勤进快销。

3）商品包装

商品包装是指在商品生产和流通过程中,为了保护商品,方便储运,促进销售,运用一定的技术手段、采用一定的容器、物料对商品实体加以处理的物流活动。

（1）商品包装在商业物流中的重要性

商品包装大多在生产领域中。商品包装在商业物流中的重要性具体表现在以下几个方面。

①商品包装可以保护商品实体免受外部因素的影响,在商品实体与外界因素之间筑起一道防线,保护商品的使用价值,维护商品质量,确保商品安全。

②商品包装可以方便运输、储存、装卸、搬运等其他物流活动,加速商品周转,降低流通费用。商品包装将千差万别的商品形态规格化、标准化,适应储运、装卸、堆垛等环节的要

求,使物流空间得以充分利用,从而提高物流效率。商品的外包装还可以方便商品的清点、验收,减少货损货差,加速商品周转,降低物流损失,从而提高物流效益。

（2）商品包装合理化

商品包装合理化是指商品包装适应商品从生产领域向消费领域转移的客观要求,以先进适用的科学技术、稳定可靠的功能效用、最小的成本和最高的效益,保护商品的使用价值,促进商品价值的实现。为使商品包装合理化,应坚持以下几个原则:

①商品包装要适合商品生产和商品流通的具体环境,做到灵活运用。

②商品包装要以满足消费者的消费需求为最终目的,能够增加消费者的效用。

③商品包装要有利于社会经济效益最大化。

4）装卸搬运

装卸是指在同一地域范围内,改变商品存放状态的物流活动。搬运是指在同一地域范围内,改变商品空间位置的物流活动。一般情况下,由于存放状态和空间位置总是密不可分的,因此,在物流作业中,装卸与搬运也总是密切结合、互相联系的。装卸搬运在物流系统中主要充当结点,即将商品的不同运动状态与运动阶段连接起来,使商品实体之"流"结成物流之"网"。

（1）装卸搬运在商业物流中的重要性

在商品运输与商品储存活动中,装卸搬运是必不可少的。由于装卸搬运费用占物流费用的比重一般不低,因此,装卸搬运对于商品流通和商业物流效益有明显影响。为此,有必要改善装卸搬运活动,加速车船周转,发挥站、港、库的效用;加快货物周转,减少资金占用;简化包装,降低损耗;减少事故,提高服务水平。

（2）装卸搬运的基本原则

装卸搬运作为物流系统的结合点,制约着物流的效率与效益。因此,为了更好地发挥其作用,在具体的装卸搬运活动中,应遵循以下几个原则。

①减少环节,简化流程。装卸搬运是必不可少的,但它并不能加大商品的使用价值,反而增加了商品损坏的可能性,也增加了商品流通费用。因此,应当尽量减少装卸搬运的环节和次数。对于必需的装卸搬运活动应科学规划,合理组织,充分利用技术设备,尽量简化流程,提高效率。

②集中作业,集散分工。装卸搬运要尽量集中,充分利用设施设备,实现机械化、自动化。同时,做好商品的集装化与散装化各环节的衔接工作,为集中装卸搬运创造条件。

③协调兼顾,标准通用。装卸搬运活动涉及多个工序、多个环节,不仅在其内部,而且在其与其他物流活动之间都存在着客观联系。装卸搬运应当做好系统化与标准化工作,提高物流系统的整体效能。

④合理设计,循序渐进。装卸搬运活动应当合理设计各个作业单元,使各单元衔接紧密,运转顺畅,按由难到易的程序进行组织,以提高装卸搬运效率。

⑤巧装满载,牢固稳定。装卸搬运常常与运输或储存相配合,因此一方面必须充分利用好车船和载重与仓库和库容;另一方面必须注意采取安全措施,做到既提高经济效益,又确保安全无误。

（3）装卸搬运的基本方法

装卸搬运的方法很多，具体分类如下。

①按活动对象不同，可以分为单件作业法、集装作业法与散装作业法。其中，集装作业法包括集装箱作业法、托盘作业法、货捆作业法、滑板作业法、网袋作业法、挂车作业法等，其特点是先将货物化零为整，再行装卸搬运。散装作业法又包括重力法、倾翻法、机械法、气压输送法等，其特点是对商品不加包装，散装散卸，既充分利用载重库容，又提高装卸搬运作业的效率。

②按活动手段不同，可以分为手工作业法、机械化作业法和综合机械化作业法。

③按装卸设备作业原理不同，可以分为间歇作业法与连续作业法。

5）流通加工

流通加工是指在商品从生产领域向消费领域的运动过程中，为了维护商品质量、提高物流效率、促进商品的销售，由流通企业对商品作一些必要的加工，增加其价值并改善其使用价值。流通加工是商业物流的基本活动之一，是社会分工深化的产物。

（1）流通加工的特点

流通加工与生产加工相比，具有以下几个特点。

①流通加工的对象是已进入流通领域的商品，而生产加工的对象是停留在生产领域的原材料、零部件或半成品等，并非最终产品。

②流通加工的主体是流通企业，生产加工的主体是生产企业。

③流通加工往往是简单加工而非复杂加工，是对生产加工的一种辅助与补充，而不是对生产加工的代替。

④生产加工创制了商品的价值与使用价值，流通加工只是在此基础上增加商品的价值，保存和完善商品的使用价值。

（2）流通加工在商业物流中的重要性

流通加工是社会分工深化的产物，有利于解决"少品种、大批量、专业化"的生产与"复杂多变、个性化"的消费之间的矛盾，是流通对生产能动作用的反映，它促进了社会经济效益的提高。流通加工在商业物流中的重要性主要体现在以下几个方面。

①流通加工将规格简单的商品（如钢板、木材、玻璃等）按用户需求集中下料，合理分割，提高了原材料的利用率。

②流通加工通过建立集中的加工点，采用先进的技术设备，较用户个别分散地从事初级加工节约了投资、设备及人力，提高了设备利用率，同时也方便了消费者。

③流通加工大多设在销售地附近，加工的对象可以由产地大批直运，因而能够取得规模经济效益。加工的成品为多规格、小批量的商品，可以就近灵活配送，加快商品流转。

④流通加工可以以较低的投入创造较高的商品附加价值，特别是对商品外观和包装的加工，能够大幅度提高商品的价值。

（3）流通加工的主要内容

常见的流通加工方法主要有以下几种。

①生鲜食品的流通加工，如冷冻加工、分选加工、精制加工、分装加工等。

②燃料流通加工,如煤炭制浆、配煤加工、天然气和石油气液化加工等。

③木材流通加工,如磨制木屑压缩输送给造纸厂等。

④平板玻璃加工。

⑤钢板剪裁及下料加工。

⑥水泥加工,如将水泥原料在使用地磨制水泥。

⑦机械产品及零件的流通加工,如自行车、机电设备等的组装加工等。

6)物流信息

小案例

现在,当人们去沃尔玛购物时,打开微信,找到"扫玛购"这款小程序(APP),只需扫一扫商品条形码,即可在手机上自行微信支付结账,离店,无须排队付款,拿着买到的商品就可以直接回家了。

顾客到沃尔玛店购物后,无论是通过收银台现金付款、刷卡付款还是通过手机扫描结算,在付款或通过POS机打印发票的同时,负责生产计划、采购计划的人以及供应商的电脑上就会同时显示信息,各个环节就会通过得到的信息及时完成本职工作,从而减少了很多时间上的浪费,加快了物流的循环。在物流信息实时反应的网络条件下,物流各环节成员能够相互支持,相互配合,以适应激烈竞争的市场环境。正是信息技术,让沃尔玛成为现代物流企业核心竞争力的典范。

（1）物流信息的内涵

物流信息与商流信息共同构成商品流通的信息流。一般来说,商流信息主要是与商品交易、市场供求等有关的信息,如货源信息、资金信息、合同信息等。而物流信息则主要是与商品实体运动有关的信息,如运输信息、库存量信息、物流费用信息等。两者密切相关,相互作用。如商流信息中的交易信息,为物流活动提供了前提;而物流信息中的库存量信息,又是商品交易决策的依据。

（2）商业物流信息系统

商业物流信息不仅对商业物流具有指导作用,而且对整个商业活动也具有重要影响。因此,在现代商业经营中,常常将商业物流信息加以收集、整理、加工、分析、储存、使用,使之成为一个完整的信息处理系统。

商业物流信息系统的运作主要包括以下内容。

①静态信息反映。商品库存量、商品在途量、商品配送能力、物流客户状况等某一时点的商业物流信息的储存与提供。

②动态信息处理。订货情况、发货情况、配送计划、结算情况等动态变化的商业物流信息的收集、分析与反馈等。

③日常信息管理。根据订货、发货、库存量等信息,提出物流活动的具体建议与指令,如补充库存或准备出库等。

④系统外衔接,即与商流信息系统、生产信息系统、消费信息系统等进行的交流、分析与传播,为商业物流决策服务。

7.2　配送与配送管理

小案例

家乐福与沃尔玛不同的商品配送模式比较

沃尔玛拥有自己的配送组织。沃尔玛的卫星网络是美国最大的私有卫星系统,它被用来传送公司的数据及其信息。这种以卫星技术为基础的数据交换系统的配送中心,将自己与供应商及各个店面实现了有效连接。沃尔玛总部及配送中心任何时间都可以知道,每一个商店现有多少存货,有多少货物正在运输过程当中,有多少货物存放在配送中心等。沃尔玛的供应商根据各分店的订单将货物送至沃尔玛的配送中心。配送中心则负责完成对商品的筛选、包装和分拣,分别供货给多家商场。

沃尔玛的配送中心具有高度现代化的机械设施,送至此处的商品 85% 以上都采用机械化处理,这样就大大减少了人工处理商品的费用。

沃尔玛的供应商可以把产品直接送到众多的商店中,也可以把产品集中送到配送中心。两相比较,显然集中送到配送中心可以使供应商节省很多钱。

沃尔玛以其物流能力而闻名,并稳居世界 500 强之首。沃尔玛的商品配送模式是世界绝大部分企业都无法模仿的。与沃尔玛不同,另一艘世界零售航母——家乐福,选择的却是相反的商品配送模式。

家乐福强调的是"充分授权,以店长为核心"的运营模式,因此商品的配送以供应商直送为主,其特点是自身基本不设物流配送中心,直接把后台当作暂时中转仓,每天根据货物的上架、下架状况,随时和供应商联系,随时补充货物。这样做的好处主要是送货快速、方便。由于供应商资源多集中于同一个城市,上午下订单,下午商品就有可能到达,将商品缺货造成的失销成本大幅降低,为了减少资金的占用,提高商品陈列空间的利用效率,超大卖场基本都采取"小批量,多频次"的订货原则,同城供应商能更有效地实现此原则。

便于逆向物流商品的退换货,是零售企业处理过时、过期等滞销商品的最重要的手段。如果零售商采用的是供应商直送的商品配送模式,零售商与供应商的联系与接触非常频繁,商品退换货处理也非常迅速,但如果采用中央配送模式,逆向物流经过的环节会大大增加,速度也相对变缓。家乐福模式的最大特点就是尽量向上挤压各种利润空间,它的运作模式类似于"前店后厂"的模式,即在后台备有简单的仓储区域,这个仓储区域并不是真正意义上的仓储,大都起到临时存放的作用。由于没有相应配套的物流配送中心,因此它的所有货物都存放在上游供应商的仓库里面。因为家乐福不能对自己的销售进行准确预测,所以每个供应商都要备足大量的货品进行储存,使整个资金压力全部上移至自身,供应商还要承担此种产品随时不予进货以致砸在手中的风险。虽然这种模式对于广大供应商来说是不公平的,但是由于家乐福在中国的销售量巨大,因此很多供应商也是敢怒不敢言,有些事情只能由自己来承担。

沃尔玛与家乐福不同的商品配送模式,基本代表了目前国内零售企业的两种不同经营思想。由于各有利弊,因此较成熟的零售商大都根据自己企业的特征制订了相应的商品配送方案。

7.2.1 配送的含义与特点

1）配送的含义

配送是指将从供应者手中接受的多品种、大批量货物，进行必要的储存保存管理，并按用户的订货要求进行集货、配货后，将配好的货物在规定的时间内，安全、准确地送交给用户的一项物流活动。

不难看出，配送与一般运输具有很大的相似性，都属于货物运输的范畴。但从实质上来看，它们之间有明显的区别。大致说来，这种区别主要表现在以下3个方面。

①一般运输活动比较单一，而配送除了运输或输送以外，还包括其他活动，如装卸、包装、保管、加工等，几乎包括了所有的物流活动，是物流的一个缩影。

②一般运输活动虽然比较单一，但其运输方式和运输工具却多种多样，配送由于运输的距离短、批量小、品种多，因此，运输方式和运输工具比较简单，一般是短途运输，运输工具主要是汽车。

③一般运输可以适应不同领域和不同距离的输送，而配送仅指从物流据点至需要用户之间的货物输送，在整个货物运输过程中是处于"二次输送""支线输送"或"终端输送"的地位。比如，工厂通过配送中心向顾客交货时，工厂和配送中心之间的货物输送为运输，而配送中心与顾客之间的货物输送则称为配送。

小资料

麦肯锡公司做过一份调查报告，显示中国零售企业的平均缺货率为10%，远高于国外同行水平，每年因畅销商品未能及时补充上架的损失高达830亿人民币。调查显示，造成超市商品缺货的瓶颈有以下5个方面。

①商品品种过多，货架排位太少，造成陈列不足。

②门店后仓狭小，影响周转。

③缺乏补货支持信息系统，导致漏订、晚订和非最优批量订货。

④零售商与供应商之间缺乏诚信与沟通。

⑤供售双方物流配送质量不能保障。

想一想：

商品缺货是否反映了我国商业物流运作水平不高的现状？如何降低零售业的缺货率？

2）配送的特点

一般来讲，配送具有以下3个方面的特点。

（1）配送是从物流据点到需要用户之间的一种特殊送货形式

配送的实质虽然是送货，但是与一般的送货是有区别的。这种区别就在于：

①从事配送的主体是专门从事交换的流通企业，如配送中心等，而不是生产企业。

②配送是一种"中转型"的送货，而一般送货，尤其是从工厂至用户的送货往往是直达型的送货。

③一般送货是企业生产什么就送什么，而配送则是根据顾客需要什么就送什么。

（2）配送是"配"和"送"的有机结合

配送是按照顾客订货所要求的商品品种、规格、等级、型号、数量等在物流据点中经过分拣、配货后，将配好的货物交给顾客。因此，"配"是"送"的前提和条件，"送"是"配"的实现与完成，两者相辅相成，缺一不可。配送通过物流据点中有效的分拣、配货、配装等理货工作，可以使送货达到一定的规模，从而降低送货成本，体现出规模经济的优势。

（3）配送是一种门到门的服务方式

配送是"按用户的订货要求"，以供给者送货到户式服务来满足用户的要求。从服务的方式来讲，是一种"门到门"的服务方式，它可以将货物从物流据点一直送到用户的仓库、营业所、车间乃至生产线的起点，这就决定了配送中用户的主导地位和配送企业的服务地位。

7.2.2　配送的作用与配送类别

1）配送的作用

（1）配送是实现流通社会化的重要手段

随着社会化大生产的发展，必然要求流通的社会化。配送是使原来小生产方式的流通向社会化流通发展的重要手段，它促使流通格局和流通形式的改变，对实现流通社会化具有重要的意义。配送向需求用户提供的送货上门式的社会性服务取代了一家一户的"取货制"，取代了层层设库、户户储运的分散、多元化的物流格局，使原来条块分割、部门分割的流通体制向社会化大流通转变，从而改变了小生产式流通方式下的分散的、低效率的运行状态，实现了与社会化大生产相适应的社会化商品流通。

（2）配送通过集中库存提高保证供应程度

长期以来，在流通领域中，层层设库、户户储运的状况，使库存结构分散，库存总量偏高，成为流通社会化难以逾越的一大障碍，而配送为从根本上解决库存问题找到了一条出路。配送使库存从小生产形态转变为社会化大形态，从分散的供应库存形态转变为集中的流通库存形态。依靠配送企业提供的准时配送，用户企业不需要保持自己的库存或只需要保存少量的保险储备，从而实现企业多年追求的"零库存"或低库存，解放出大量储备资金，改善了企业的财务状况，提高了企业的经济效益。同时，集中库存能形成比单个企业保险库存大得多的保险库存，为各个企业提供了较以前大得多的保障，从而提高了保证供应程度。

（3）配送有利于实现运输的合理化

商品生产与消费在空间上的分离决定了商品生产出来之后只有通过运输才能进入消费领域，到达消费者手中。但由于消费需求的分散性和多样化，使得商品的运输呈现批次多、批量小和送货地点分散的状况。如果给用户送货是有一件送一件，需要一点就送一点，势必造成大量的运力、物力与财力的浪费。配送通过将多个用户的小批量商品需求集中起来进行发送，在货源上集零为整，扩大了运输批量，提高了运输工具的利用率，有利于实现运输的合理化。

（4）配送可以为消费者提供方便、优质的服务

随着社会经济的发展，人们生活水平提高，消费者对商品及其与之相应的服务提出了越

来越高的要求。他们不仅要求品种多样化、个性化,而且要求服务方便、周到。在现代化大生产条件下,专业化生产程度越高,企业生产的产品品种就相对越少,而生产规模却越来越大,生产的产品数量越来越多。这样,生产与需求的矛盾便比较突出。通过流通过程中的配送环节,可以在商品品种上加以组合,变单一为多样。在数量上加以分散,化大为小,化整为零,从而满足消费者需求的多样化、个性化。同时,在配送过程中辅以必要的流通加工,将配好的商品交到顾客手中,可以为顾客提供方便、优质的服务。

2)配送的类别

配送的种类很多,可以从不同的角度加以分类。

(1)按配送组织者的不同,可以将配送分为配送中心配送、仓库配送、商店配送和生产企业配送

①配送中心配送。配送中心配送是指由专职从事配送业务的配送中心组织的配送。配送中心配送的规模较大,专业性较强,和用户有比较固定的配送关系,一般实行计划配送。配送中心配送是配送的主要形式。

②仓库配送。仓库配送是指由仓库组织的配送。仓库配送既可以是将仓库改造成为配送中心,也可以是仓库在保持原有功能的基础上增加一部分配送职能。

③商店配送。商店配送是指由商业网点组织的配送。这些网点主要承担商品零售业务,经营品种齐全。除了日常零售业务外,还可根据用户的要求将商店经营的品种配齐,或代用户订购一部分商店平时不经营的商品与商店经营的品种一起配齐后送交用户。

(2)按配送商品的种类和数量不同,可以将配送分为单品种、大批量配送,多品种、小批量配送与成套配套配送

①单品种、大批量配送。这种配送形式适合于工业企业需要量较大的商品,单独一个品种或少数几个品种就可以达到较大的输送量,实行整车运输,不需要与其他商品搭配。由于商品配送量大,车辆满载率高,配送工作比较简单,因而配送成本较低。

②多品种、小批量配送。这种配送形式是按用户的要求,把其所需要的各种各类数量不大的商品配备齐全,凑成整车后由配送企业送达用户。这种配送要求配送中心设备齐全,配货送货的计划性强,配货作业达到一定水平。在各种配送方式中,这是一种高水平、高技术的组织方式。

③成套配套配送。这种配送是按企业生产需要,尤其是装配型企业生产的需要,将生产每一件设备所需要的全部零部件配齐后,按生产节奏定时送达生产企业,生产企业随即将此成套零件送入生产线装配产品。

(3)按配送的时间和数量不同,可以将配送分为定时配送、定量配送、定时定量配送、定时定路线配送与即时配送

①定时配送。定时配送是指按规定的时间间隔进行配送,如数天或数小时1次。配送商品的品种和数量可以按计划执行,也可以在配送之前用商定的联络方式(如电话、计算机终端等)加以确定。这种配送方式由于配送时间固定,配送企业易于安排接货力量。如果配送商品的种类变化,会使配送工作难度较大,如果要求配送的商品数量变化较大时,也会造成配送运力不均衡的状况。

②定量配送。定量配送是指按规定的商品数量在一个指定的时间范围内进行配送。这

种配送方式数量固定,备货工作较为简单,可以按托盘、集装箱及车辆的装载能力定量配送,也可以采取整车配送,提高配送效率。

③定时定量配送。定时定量配送是指按规定的配送时间和配送数量进行配送。这种配送方式兼有定时、定量两种配送方式的优点,但特殊性很强,计划难度大,一般采用的不多。

④定时、定路线配送。定时、定路线配送是指在规定的运行路线上制定送货到达的时间表,按运行配送,用户可以按规定的路线及规定时间接货,提出配送要求。这种配送方式有利于计划安排送货车辆和调度驾驶人员,用户既可以在一定的路线、一定的时间上进行选择,又可以有计划地安排接货力量。

⑤即时配送。即时配送是指完全按用户临时提出的配送时间和数量进行的配送。这种配送方式具有极强的随机性和很高的灵活性,是服务水平最高的一种配送方式。但是,由于计划性差,车辆利用率低,因此配送成本较高。

(4)按配送组织形式不同,可以将配送分为共同配送、集团配送和独立配送

①共同配送。共同配送是指由几个配送中心联合起来,共同制订计划,在具体执行时共同使用配送车辆,共同对某一地区用户进行配送的组织形式。

②集团配送。集团配送是指由配送企业以一定的形式建立起联系紧密、指挥协调的企业集团,以便在较大范围内统筹配送企业结构、配送网点、配送路线和配送用户,使配送体系更加完善和优化的一种组织形式。这种配送方式可以取得较理想的规模优势和协作优势。

③独立配送。独立配送是指配送企业依靠自身的力量,在一定区域内各自进行配送,独立开拓市场和联系用户,建立起自己的业务渠道和网络。这种配送是一种竞争性的配送方式,用户可以根据配送企业的服务水平和自身的利益进行选择,有利于形成一种竞争机制,也有利于用户与配送企业建立起纵向的联合或集团关系。但这种配送方式有时受客源的限制,可能会出现人力、设备和运力上的浪费。

7.2.3 配送的业务流程

一般来讲,配送的业务流程如下。

1)进货

进货是配送的准备和基础,是决定配送经济效果的初期工作。进货包括筹集货源、订货以及有关的质量检查、结算、交接等。

2)储存

配送中的储存方式有以下两种。

(1)储备

储备是按一定时间内配送经营的需要而形成的对配送资源的保证。储备的数量一般较大,储备的结构要求完善,品种要求齐全。

(2)暂存

暂存是在具体执行配送计划时根据分拣、配货的要求,在理货场地所作的少量储备和以分拣配货的形式发送货物的暂时存放。由于总体储存效益取决于储存总量,因此这部分暂

存商品的数量只会对作业方便与否造成影响,不会影响储存的总效益量,在数量上并不对其进行严格控制。

3）分拣与配货

分拣和配货是根据用户订货所要求的商品品种、规格、等级、型号、数量等,从储存货位上拣出商品,并将同一用户需要的不同种类的商品集中在一起,形成送货批量的作业活动。

分拣、配货作业可采用全机械化的分拣,也可以采用手工分拣和搬运车相结合的半机械化作业。

4）配送加工

配送加工是根据用户的要求进行简单的流通加工,其加工的内容取决于用户的要求,加工的目的较为单一。虽然配送加工并不是配送业务流程中必需的,但是如果用户需要加工,则通过配送加工,可以提高配送的服务水平和用户的满意程度。

5）配装

当单个用户的配送数量达不到车辆的载运负荷或装不满货车有效容积时,可以集中不同用户、不同种类的货物进行搭配装载,这就是配装。通过配装,合理地计算商品的配装比例,使所装商品尽可能地既达到货车的载重,又装满货车的容积,从而取得最优的运输效果。

在配装货物种类较少、车辆也较少的情况下,可以采用手工计算的方法确定不同商品的配装比例。在配装货物种类繁多、货车种类也较多的情况下,可以将计算程序编成软件,采用计算机计算,即将有关数据,如配送货物的重量与体积、货车载重与容积等输入计算机,计算机便会自动输出配装的结果,这样可以极大地提高工作效率。

6）送货

送货就是商品配装后,按照所确定和规划的最佳运输路线及送货用户的先后次序将货物送交用户,实施送货上门服务。

配送路线合理与否直接关系和影响着配送的速度、成本和效益,因此,采用科学的方法确定合理的配送路线是配送中一项非常重要的工作。确定配送运输的路线可以采取各种数学方法、建立数学模型和在数学方法基础上发展与演变出来的经验方法来确定。但是,无论采用哪种方法,首先应确定试图达到的目标,然后再考虑实现此目标所存在的各种限制因素,在有约束条件的情况下去寻求最佳的方案。

7）送达

送达就是将配好的货物运到用户指定之处。为了实现送达和用户接货的顺利移交,并且有效、方便地处理相关手续和完成结算,有必要事先确定交接方式、手续、交货地点和卸货方式等。

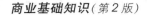

北京奥运花卉配送中心设在丰台区草桥村的世界花卉大观园内,它承担了2008北京奥

运会、残奥会颁奖用花设计、制作和配送任务,以及奥运场馆的美化工程。北京奥运会上,运动员领奖时手捧的花束,距离它们从土中采摘出来的时间大都不超过 6 小时。奥运会期间,每天凌晨,奥运花卉培育基地根据当天颁奖的用花量,将现摘的新鲜花材运抵奥运花卉配送中心。中心的加工车间里,聚集了数十名专业插花高手,按照设计图纸,剪裁每枝花茎长度,要精确到毫米。每个花朵直径、每束花搭配的绿叶数量都要基本一致。花束扎好后,立即送往冷藏室保鲜。制作好的奥运颁奖花束"乘坐"30 辆恒温的保鲜车,分别运送到奥运比赛场馆。保鲜车内的温度控制在 10 ~ 15 ℃。为了保证这些花束在运送过程中不会损坏,每束花都要装进一个"保鲜盒",这个盒子不能太窄,以免花儿们碰壁、挤压,花束们相互也不接触。奥运会颁奖用花总计近 3 000 束,残奥会颁奖总计近 4 000 束鲜花。它们全部由奥运花卉配送中心统一制作、运送。

通过以上介绍你可能才知道,原来物流配送中心对奥运会的举办还作出了蛮大的贡献呢!

想一想:
你能说出奥运花卉配送中心的业务流程吗?

7.2.4　配送的管理

1)合理设置配送中心

配送中心是从供应者手中接受多种、大量的货物,进行分类、保管、流通加工,并按客户的订货要求经过分拣、配送后把货物送交客户的组织机构和配送设施。配送中心是配送活动的主要承担者。

(1)确定配送中心的数量

就特定的地区而言,在配送总规模确定的条件下,首先要确定配送中心的数量。

(2)确定单个配送网点的规模

一般来讲,单个配送网点的规模越大,单位投资成本就越低。单个配送网点规模越大,就越可以采用大规模处理商品,使配送中心的数量与配送总规模成反比。

(3)确定物流费用

配送中心的数量与物流费用的关系比较复杂。这是因为配送中心的数量多,建设投资成本就比较高。但同时也可以使配送中心更接近各个销售或供应网点,这样有利于更迅速、及时地补充商品库存,降低库存水平,同时有利于减少商品迂回运输,降低物流成本。而随着配送中心数量的增多,配送中心的投资和运转费用也会增加。当配送中心的数量超过一定限度时,将会导致库存分散,使配送中心集中运输的商品数量下降,小额运输增多,从而导致运输费用上升。总体来说,确定配送中心的数量时,要使总的物流费用最小。

(4)确定服务水平

一般来说,配送中心数量越多,越有利于提高服务水平;配送中心的数量越少,其服务水平越低。

2)选择配送中心位置

配送中心位置的选择是配送管理的主要内容。这是因为配送中心的位置对配送速度和流通费用产生直接的影响,而且关系到配送中心对客户服务水平和服务质量的高低,并最终影响着企业的经济效益。

影响配送中心位置选择的因素很多,主要有3个方面:一是商品运输量;二是商品运输距离;三是商品运输费用。下面分别从这3个方面介绍选择配送中心位置的方法。

①从商品运输量出发,确定配送中心的位置。商品运输量是影响商品运输费用的主要因素,由于各个销售网点销售商品的数量不同,因此所需运输的商品数量也就不同。按照一般的经验,应使配送中心尽可能接近运量较大的网点,从而使较大的商品运量走相对较短的路程。这种确定配送中心位置的方法称为"重心法",也就是求出本地区商品运量重心所在的位置。

②从商品的运输距离出发,确定配送中心的位置。商品运输距离与运输费用密切相关。为了节省运输费用,使配送中心设置合理,应该使一个地区范围内配送中心到各个地点的距离最短。这种确定配送中心位置的方法称为"最短距离法"。

③从运输费用出发,确定配送中心的位置。运输费用是由全部运输量乘以运输里程和单位运价所确定的。运输量越大,运输路线越长,单位运价越高,则运输费用也就越高。前面两种方法("重心法"和"最短距离法")分别从商品运输量和运输距离单方面的因素出发来确定配送中心的位置。为了全面考虑各种因素,可以将商品运输量、运输距离、单位商品运价等多种因素综合起来,使商品运输费用最小,配送中心位置设置最为合理。

3)合理地选择送货方式

送货方式一般有两种:一是直送;二是配送。与直送相比,多品种、小批量货物采用配送方式,可以高效率、低成本地一次送货到用户手中。如果采取直送,不同收货点的小批量、多品种货物需要频繁地送货,会产生大量的小额运输,既浪费运力,又增加运输费用。因此,对多品种、小批量的货物采用配送方式比较合理。当然,有一部分用户所处的地方,无论从成本还是从时间性上来看,利用直送方式送货更为有利。因此,在加强配送管理使配送合理化的同时,必须考虑选择合理的送货方式。

小案例

拥有中国最大的肉类加工基地的双汇集团,从20世纪90年代起家以来,已经拥有了40多家国内外子公司,有600多种产品通过双汇连锁店向消费者直接销售。生意做大了,难题也来了,那就是物流问题。"每天杀1万头猪不是难事,趁着新鲜把它们都卖出去可就没那么容易了。"为了解决信息瓶颈,双汇集团建立了集成智能物流信息系统,实现了订单自动生成、自动上传、自动分类汇总、自动配货处理、网上盘点等。订单处理和自动汇总的时间由原来的1天缩短为几分钟,配送周期缩短了2天,提高了产品新鲜度。双汇软件公司总裁刘小兵说:"没有信息化物流系统,你就不要说自己是卖鲜肉的。"

想一想:

实施双汇智能软件,使双汇集团的扩张之路走得格外轻松,他们的成功是不是要归功于刘小兵的一份功劳呢? 打造先进的物流信息系统对集团产生了哪些影响?

【做一做】

一、经典案例阅读

中储拓展物流配送业务

1. 背景情况

20 世纪 80 年代末期,中国物资储运总公司只有两个仓库从事配送业务,主要形式是为生产企业提供产前、产中、产后的原材料及产成品的配送服务。许多传统仓库成了能提供分销、库存、加工等多项服务的配送中心。配送的形式多种多样,服务的深度和广度不断延伸。为了让客户放心、满意地使用中储的配送服务,中储向客户提出了"配送及时,交接准确,反馈迅速,搬运安全,信誉可靠,网络服务"的承诺。"配送及时",即接到配送单后,保证市内当天送达,200 千米以内 24 小时内送达,600 千米以内 36 小时内送达;"交接准确",即由专业人员负责交接工作,保证货物和各种票据交接手续简单、准确;"反馈迅速",即货物经分拣送达后,保证用最快的通信方式通知顾客确认;"搬运安全",即实行绿色服务,不污染、不破坏货物包装,保证外包装破损率在 1‰ 以下;"信誉可靠",即由中储原因发生的货损、货差责任事故,中储将按市价全额赔偿,同时客户还可选择是否由中储给货物代上保险;"网络服务",即中储在沈阳、大连、天津、石家庄、郑州、西安、咸阳、成都、重庆、武汉、衡阳、南京、连云港、上海实现联网改造,以降低空车率。在配送业务领域迅速发展的同时,中国物资储运总公司正在积极筹划将全系统分散的 60 多个仓库业务联成网络,加强信息化建设,以期实现物流配送网络和电子商务网的对接。同时,中储系统正以中储股份(证券代码:600787)为依托,积极整合、重组、优化现有存量资产,使传统的仓储型仓库向区域性现代物流中心转型,向网络化、信息化、规模化的一流现代物流企业积极迈进。

2. 案例评析

中国物资储运总公司立足发挥储运的硬件优势和网络优势,积极拓展配送业务,以现有分布于全国各大中城市的仓库为据点,形成地域物流配送中心,并逐步建立中储全系统的物流配送网络和完整的配送业务流程以及服务规范,向现代物流产业进军。

阅读思考:

1. 为了让客户放心、满意地使用中储的配送服务,中储向客户做出了哪些承诺?
2. 结合中储业务的拓展讨论我国物流业的发展趋势。

二、实训活动

◎ 内容

参观当地某物流配送中心。

◎ 目的

通过参观物流配送中心,使学生掌握配送的基本业务流程;熟悉配送中心各环节的操作规范和要求;分析物流的功能及其在商业中的作用。

◎ 人员

1. 实训指导:任课老师。

2. 实训编组:学生按 8~10 人分成若干组,每组选组长及记录员各 1 人。

◎ 时间

1~2 天。

◎ 步骤

1. 教师在校内组织安全教育。

2. 教师与配送中心相关部门取得联系,并组织学生集体去该企业参观。

3. 配送中心业务主管介绍本部门业务流程和操作规范及要求。

4. 查看配送中心相关资料,并做好记录。

5. 调查文档。

6. 小结。

◎ 要求

选择一个业务全面的大型物流配送中心,通过参观调查掌握其物流作业流程及规程。通过查阅物流中心的各职能部门资料,了解各职能部门的分工和连接,并分析各职能部门的重要作用。

◎ 认识

作为未来物流企业员工,感性认识各物流环节的功能和作用,熟悉物流作业的流程和规范,对学生在未来的工作中树立正确的职业观、培养良好的物流工作习惯、熟练做好本职工作都有很大的帮助。

【任务回顾】

通过对本章的学习,使我们初步掌握了物流的内涵、功能和作用,熟悉了物流的分类和商业物流的基本业务内容。通过对配送活动的知识学习和配送中心的实训体验,了解配送企业的工作流程和业务内容,并深刻认识到物流对商业企业的重要作用,是企业的"第三利润源泉"。

【名词速查】

1. 物流

物流是指物品从供应地向接收地的实体流动过程。根据实际需要,将运输、储存、装卸、搬运、包装、流通加工、配送、信息处理等基本功能实施有机结合。

2. 商业物流

商业物流是商品流通过程中商品实体及其附属物的时空运动,是整个社会物流的重要组成部分。具体来讲包括商业企业的供应物流、商业企业的内部物流、商业企业的销售物流、商业企业的回收物流和商业企业的废弃物流等几个方面的内容。

3.配送

配送是指将从供应者手中接受的多品种、大批量货物,进行必要的储存保存管理,并按用户的订货要求进行集货、配货后,将配好的货物在规定的时间内,安全、准确地送交给用户的一项物流活动。

【任务检测】

一、单选题

1.最早形成物流的国家是(　　)。

　　A.美国　　　　　　B.日本　　　　　　C.加拿大　　　　　　D.英国

2.运输速度快,运输不完全受自然条件限制,载运量大,运输成本较低,灵活性差,只能在固定线路上实现运输的运输方式是(　　)。

　　A.公路运输　　　B.铁路运输　　　C.水路运输　　　　D.航空运输

3.商业物流的(　　)功能体现在商品运输、配送、装卸、搬运等物流过程中。

　　A.时间功能　　　B.空间功能　　　C.形式功能　　　　D.信息功能

4.货物配送的主要形式为(　　)。

　　A.配送中心配送　B.仓库配送　　　C.商业门店配送　D.生产企业配送

5.配送的出发点是(　　)。

　　A.备货　　　　　B.用户要求　　　C.合理性　　　　　D.经济指标

二、多选题

1.商业物流的基本活动主要包括(　　)。

　　A.商品运输　　　B.储存　　　　　C.配送　　　　　　D.装卸搬运

2.商品储存合理化的原则包括(　　)。

　　A.储存量合理化　　　　　　　　B.储存结构合理化

　　C.储存时间合理化　　　　　　　D.储存网络合理化

3.下列(　　)信息主要反映物流信息的内容。

　　A.资金　　　　　B.运输　　　　　C.储存量　　　　　D.货源

4.按配送的组织形式不同,可以将配送分为(　　)。

　　A.共同配送　　　B.多批次配送　　C.集团配送　　　　D.独立配送

5.影响配送中心位置选择的因素有很多,其中主要有(　　)。

　　A.商品运输量　　　　　　　　　B.商品运输距离

　　C.商品运输费用　　　　　　　　D.流通加工服务

三、判断题

1.公路运输具有载运量大、速度较快、运价较低、安全可靠的特点,是我国货物运输的主要承担者。　　　　　　　　　　　　　　　　　　　　　　　　　　　　　　　(　　)

2.商业物流不仅涉及流通领域,而且涉及生产领域。　　　　　　　　　　(　　)

3.配送可以将货物从物流据点一直送到用户的仓库、营业所、车间乃至生产线的起点,是一种"门到门"的服务方式。　　　　　　　　　　　　　　　　　　　　　　(　　)

4. 一般送货是企业生产什么就送什么,而配送则是顾客需要什么就送什么。　　(　　)

5. 定时定量配送是指按规定的商品数量在一个指定的时间范围内进行配送。　　(　　)

四、思考题

1. 商业物流的基本活动主要包括什么?

2. 配送的业务流程包括哪些环节?

3. 影响配送中心位置选择的因素有哪些?

参考答案

一、单选题

1. A　　2. B　　3. B　　4. A　　5. B

二、多选题

1. ABCD　　2. ABCD　　3. BC　　4. ABD　　5. ABC

三、判断题

1. √　　2. ×　　3. √　　4. √　　5. ×

四、思考题

1. 商业物流的基本活动主要包括什么?

(1)商品运输

(2)储存

(3)包装

(4)装卸、搬运

(5)配送

(6)流通加工

(7)信息处理

2. 配送的业务流程包括哪些环节?

(1)进货

(2)储存

(3)分拣与配货

(4)配送加工

(5)配装

(6)送货

3. 影响配送中心位置选择的因素有哪些?

(1)从商品运输量出发,确定配送中心的位置。

(2)从商品的运输距离出发,确定配送中心的位置。

(3)从运输费用出发,确定配送中心的位置。

任务 8
理解商业经济效益

 任务目标

1. 清楚商业流通费用和商业利润的含义。

2. 理解并能够叙述商业经济效益的含义。

3. 认识商业经济效益的内容。

4. 清楚评价商业经济效益的原则。

5. 熟悉提高商业经济效益的途径。

课时建议

知识性学习:6 课时。

案例学习讨论:1 课时。

现场观察学习:6 课时(业余自主学习)。

【导学语】

你知道为什么有的商店经营得很红火有的却很快就倒闭了吗？为什么有的超市很赚钱有的却艰难维持？

商业经济效益对商业经营很重要吗？什么是商业经济效益？

商业经济效益，就是收入与支出的比较。提高经济效益，一靠多销售，增加收入；二靠节约耗费，降低成本。商店倒闭多是经济效益太低造成的。用通俗的说法就是入不敷出了。

大家跟我一起来看看下面的故事。

小案例

德国阿迪超市挤出沃尔玛的诀窍——提高销售收入与成本控制并重

沃尔玛拓展国外业务的过程中充满风险。沃尔玛在德国市场上从开始轻视本土的阿迪超市到被阿迪超市挤出德国市场中间就几年的时间。

全球最大的零售商美国沃尔玛公司经过一个时期的抵抗无效后最终宣布退出德国，并同意向德国的阿迪及麦德龙（MetroAG）出售其位于德国境内的85家百货商店。

相对以折扣促销著名的沃尔玛，阿迪货品的定价比它还低，在"节约社会"的德国当然大受欢迎。尼尔森的市场分析专家彼得森说："其实阿迪的目标市场与沃尔玛相同，做得一样，但却更早。"

成本控制是阿迪成功的重要法宝。阿迪创始人卡尔说："我们唯一的经营原则就是最低价格。"

相对于沃尔玛"超级购物中心"的15万种卖品，一家典型的阿迪店只有约700种卖品，全是"少得不能再少的生活必需品"。比如，卫生纸只有两种牌子，雀巢、妮维雅这样的知名品牌都买不到，但是一旦上架的却都是阿迪特有的。仅有的货品大大降低了阿迪的物流成本，并让阿迪与供货商就品质控制和价格谈判时处于绝对优势。

相对于沃尔玛1 500平方米的"超级大卖场"，一般每个阿迪店的营业面积只有750平方米，大大降低了房租与水电的费用。

相对于沃尔玛一家店40~50名员工，每个阿迪连锁店内一般只有4~5名员工，远远低于普通超市15名员工的平均数字。由此阿迪可以支付员工很高的薪水，但是从整体意义上又做到了节约劳动力成本。毕马威称阿迪的劳动力成本仅占其营业收入的6%，而普通超市的员工成本一般要占到总收入的12%~16%。

在阿迪店内，一般4个收款台只开放2个，当买东西的顾客排成长队时，只需要按一下收银台的按铃，很快就有另外的收银员过来。除了收款台之外，整个商店内只能看到2个员工的身影,他们正专注于把空的盒子拿出去或装满盒子。阿迪的工作人员都是收银员兼理货员,根据顾客排队的长短随时调节自己的工作。

相对于沃尔玛优雅的轻音乐或者柔和灯光的购物氛围,阿迪甚至不愿意浪费时间来精心摆放货物:物品都是摆放在原来的包装盒里面,只是盒盖被撕掉了,它们或靠墙堆积,或者放在简易的架子上。价格写在普通纸上,然后贴在从天花板垂下的贴板上。于是顾客在阿迪店内经常看到鲜桃汁旁边售卖的就是蒸汽清洁器,葡萄干旁边是大米,或者名贵葡萄酒旁边是长筒丝袜。他们甚至连停车场和购物所需的塑料袋都不提供。

相对于沃尔玛遍布全世界的铺天盖地的广告,阿迪从来不做广告。阿迪只是把具体的产品信息贴到店外,就足以引起成千上万人的关注,阿迪是德国少有从开门到打烊都排长队的卖场。

相对于沃尔玛的种种条件,阿迪似乎都处于劣势地位,但是阿迪的物品却比沃尔玛便宜。

据毕马威统计,阿迪的物品单价要比一般超市低20%～30%。阿迪的价格着实很低:3个冷冻比萨2.24美元,在沃尔玛至少3美元;一瓶不错的卡本奈葡萄酒2.36美元,在沃尔玛需要3美元;一件品牌的风衣才卖10美元,同样的品牌风衣在沃尔玛卖到15.99美元。无怪乎,无论是德国的穷人还是富人都发自肺腑地"感谢上帝创造了ALDI"。

费用的节约为降低价格创造了条件,价格的降低带来更多的销售额。一直标榜"全球最低价格"的沃尔玛碰上了比它价格更低的阿迪,这个"全球最低价格"的称号顿时灰飞烟灭。

看完这个故事,大家一定会有很多想法吧!从描述中可以看出,商业经营必须提高商业经济效益。首先,要优化服务,吸引更多的客户,多销售,增加销售收入。但是,仅仅增加收入是不够的,其次还必须节约成本,两个方面同样重要。

请跟我来,学完这节课你就会对商业经济效益有一个全新的认识,对于商业经济效益的意义和如何提高商业经济效益会有更深刻的理解。

【学一学】

8.1　商业活动的耗费与利润

进行商业活动总会希望以最少的耗费取得最大的收益,这就是讲求经济效益。要理解商业经济效益,就必须了解和把握商业经济效益的构成要素和具体内容。

8.1.1　商业劳动耗费

商业劳动耗费包括活劳动耗费和物化劳动耗费。

1)活劳动耗费

活劳动耗费是商业人员在活动中的体力和脑力的消耗。同生产部门相比,商业部门多属劳动密集型行业,商品流转额的实现要花费大量的人力,活劳动耗费在商业劳动中占有很大的比重,是商业活动的决定性因素。随着科技的进步和商业的发展,在活劳动耗费中脑力劳动的比重在不断上升,这是现代商业发展的趋势。

2)物化劳动耗费

物化劳动耗费是物化为产品和生产资料的人类劳动,它不仅表现为使用价值,而且形成价值,是商业活动的物质条件。随着科学进步和更多先进设备的采用,物化劳动耗费在商业劳动的比重也在上升,这是现代商业发展的必然。

节约劳动耗费,就是要节约活劳动耗费和节约物化劳动耗费。节约活劳动耗费需要不断提高商业人员的综合素质,不断提高劳动效率,不断提高劳动生产率。节约物化劳动耗费就要不断提高物质利用率。

8.1.2 商业流通费用

1)商业流通费用的含义

商业流通费用是商品流通领域中所耗费的物化劳动和活劳动的货币表现,是商品流通过程的必要支出。商业流通费用只包括组织商品流通的必要支出,而一切与组织商品流通无关的开支和物质损失,如因违反经济合同而支付的罚款,因自然灾害、差错事故和经营管理不善而遭受的财产损失,都不属于商业流通费用。

小知识

商品流通费用额是直接反映流通费用开支多少的绝对金额。考核流通费用不能只看流通费用额的高低,讲究节约流通费用并不是流通费用越低越好,还要看一定的流通费用完成的销售额的多少。因此,考核流通费用额,要结合商品流通费用率的考核。流通费用率是商品流通费用额占商品销售额的比例,表明每实现100元销售额所开支的流通费用。提高商业经济效益,就要尽量节约流通时间,尽量减少流通费用额,尽量降低流通费用率。

2)降低商业流通费用的途径

小资料

经济学家斯通博士在对美国零售企业的研究中发现,在美国的三大零售企业中,商品流通费用之一的物流成本占销售额的比例在沃尔玛是1.3%,在凯马特是8.75%,在希尔斯则为5%。如果年销售额都按照250亿美元计算,沃尔玛的物流成本要比凯马特少18.625亿美元,比希尔斯少4.25亿美元,其差额大得惊人。

影响流通费用的因素是多方面的,既有内部的,也有外部的,如生产力布局、市场态势、交通运输条件、邮电业发展状况等。就商业内部来说,降低商业流通费用主要有以下几个途径:

①扩大销售,降低流通费用率,达到相对降低流通费用的目的。

②加快商品流转速度,对于商品流通费用的节约也有重要影响。

③提高劳动效率。

④正确选择商品流通渠道,尽可能减少商品流通环节。

⑤提高储运工作质量。

⑥完善经济核算制。

小案例

沃尔玛对营销成本的控制非常严格。沃尔玛的广告开支仅相当于美国第二大连锁店西尔斯的1/3，每平方英尺销售额是美国第三大连锁店凯玛特的2倍。沃尔玛的营销成本仅占销售额的1.5%，商品损耗率仅为1.1%，而一般美国零售商店这两项指标的平均值分别高达5%和2%。这些都使得沃尔玛实施低价策略的实力进一步加强。沃尔玛公司除了通过订货的方式，向生产企业反馈市场和消费信息以外，还不断开发公司自有品牌。这种做法不仅直接指导生产者调整产品结构，改进产品质量，而且由于自有品牌的市场独占性，使得沃尔玛公司获得了较其他商品更高的利润。此外，沃尔玛在卫星通信数据传输技术运用的基础上，通过信息共享系统的构建、物流配送体系和销售网络的建设，使企业的运行效率得到极大的提高。

沃尔玛凭着自己独有的比较优势和核心竞争力，给顾客带来了物美价廉的商品，也给自己带来了源源不断的利润。

想一想：

1. 沃尔玛是在哪些方面降低营销成本的？

2. 沃尔玛除降低成本之外采取什么措施提高利润？

8.1.3 商业资金占用

商业资金占用是商业部门和企业全部资产的货币表现，其占用成本构成商业流通费用的绝大部分。按照在商业活动的过程中价值转移方式的不同，商业资金占用分为两大类，即商业固定资金和商业流动资金。

1）商业固定资金

商业固定资金是商业固定资产的货币表现。商业固定资产是进行商品流通不可缺少的物质技术条件，包括商业经营所必需的土地、营业用房、仓库、技术设备、运输工具等。商业固定资产不是商业的经营对象，但它可以在一个较长的时间内为商业经营服务，并保持自己的实物形态。其价值按磨损程度，通过摊提折旧费的方法，逐渐地转移到流通费用中去。

2）商业流动资金

商业流动资金是商业流动资产的货币表现，包括商品资金、非商品资金、结算资金3个部分。商业流动资金在商业企业全部资金中占主要部分。

商品资金是以商品形态存在的资金，是商业流动资金中比重最大的部分。商品资金包括库存商品，在途商品和加工付出商品等资金。

非商品资金包括现金、包装物资金、物料用品资金、低值易耗品资金、待摊费用资金等。

结算资金是货款结算过程中应收而未收到的所占用的资金。如商品发出后，委托银行收款而尚未收到的款项，其他往来结算代垫款项等应收而未收款。

好的商品经济效益的取得，要求实现定量的商品流转额，应尽可能减少资金占用量，或者定量的资金占用,应尽可能取得和推动更大的商品流转额。

8.1.4　商业利润

1)商业利润及其构成

商业利润是商业企业出售商品所获得纯收入的货币表现,是商业企业劳动成果的集中体现,是商业存在和发展的基本条件。

商业利润额=商业企业商品销售收入-进价成本-流通费用-销售税金

小链接

商品进价成本

商品进价成本是指企业购进商品的原始进价和购入环节交纳的税金。具体包括:

1.商业企业以国家定价、国家指导价或市场价格等形式购进商品的原始进价。

2.商业企业收购不含税农副产品时支付的税金以及进口商品时按规定交纳的关税、产品税、增值税等。

商业利润是商业经营成果的货币表现,是商业活动得以存在的诱因和动力,也是商业发展必须具备的前提条件。由于商业的地位和职能,决定了商业发展必须具备的前提条件。由于商业的地位和职能,决定了商业利润构成具特殊性。商业利润是一种多元化的聚合体,它由以下几个方面构成。

(1)让渡利润

生产部门把商品卖给商业部门时,其价格低于商品价值,然后商业部门再按照商品价值出售给消费者。因此,由生产部门所创造的,但因商业执行商品流通职能而用于商业再分配的剩余产品,也是商业利润的组成部分。这样,由商业企业通过收购价格而形成的利润是产业剩余劳动让渡。

(2)追加利润

商业劳动中既有属于生产过程中在流通领域的继续,又有自身进行的生产性劳动,它们都在不同程度上增大商品价值。这种商业生产性劳动创造的价值在商品价格中的追加也形成了一部分商业利润,即追加利润。

(3)级差利润

由于商业企业所处的地理位置不同,经营规模和装备水平的不同就会产生级差收入,形成级差利润。

(4)转移利润

转移利润,又称政策性利润。因为一般情况下,国家会根据政治、经济发展需要,考虑价值规律的要求,有计划地造成价格与价值的背离,利用计划价格的形式,使一部分产品价格高于价值,另一部分产品价格低于价值,导致一部分利润在行业之间、部门之间进行转移,达到扶持或抑制某一产业发展的目的,所以叫作转移利润。这一部分利润不是由商业创造的,但通过商业来实现的,因此也构成商业利润的一部分。

（5）管理利润

商业管理利润是由于商业企业管理和经营能力的不同而形成的收益差别而形成的利润。

2）商业利润的特殊性

（1）商业利润是多元化的利润

商业利润是多元化的利润。产业利润是生产部门劳动者剩余劳动的直接产物,而商业利润不仅有自身活动的成果,还有产业利润在流通领域的追加和让渡,是由多种利润所构成的利润组合体。这就决定了商业利润构成的复杂性和分配的多向性。

（2）商业利润体现多重的经济利益关系

商业利润体现多重的经济利益关系。产业利润较为单纯地体现国家、企业和劳动者之间的关系,而商业利润则体现多种复杂的经济利益关系。

通过收购价格获取的利润,体现工商、农商之间利害关系;通过批发价格获取的利润,体现商商之间的经济关系;通过零售价格获取的利润,体现商业与广大消费者之间的经济关系;通过商业内部利润分配,反映了国家、企业和职工三者之间的经济联系。

（3）商业利润的获得受外部条件制约较大

商业利润的获得受外部条件制约较大,是企业本身所无法支配的。如市场环境、供求状况、政府政策、流通体制等,都在很大程度上影响商业企业的经营,从而制约着利润的形成。

（4）商业利润的不稳定性

商业利润的不稳定性。产业利润一般相对稳定,这是生产的稳定性所决定的。商业活动由于受外部条件制约较大,市场变化不定,甚至存在着较大的风险,其利润获得并不稳定忽多忽少,忽高忽低,具有较大的不稳定性。

3）增加商业利润的正确途径

①扩大商品流转额。
②优质商品经营结构。
③节约流通费用。

8.2　商业经济效益的内涵与特点

8.2.1　商业经济效益的内涵

1）商业经济效益的含义

商业经济效益,是指在一定时间里商业经营活动的有效成果与商业的劳动占用和劳动耗费的对比关系。商业经济效益的比较和计量,可用下列一般公式。

商业经济效益相对量比较公式：

商业经济效益=有效的商业劳动成果/（劳动耗费+劳动占用）

或商业经济效益=有效的商业劳动成果/劳动耗费

或商业经济效益=有效的商业劳动成果/劳动占用

商业经济效益绝对量比较公式：

商业经济效益=有效的劳动成果-劳动耗费

商业经济效益要素的含义见表8.1。

理解商业经济效益必须把握：

①以节约投入为出发点。节约投入就是节约劳动占用和节约劳动耗费，包括活劳动耗费和物化劳动耗费与占用（费），而劳动占用（费）和劳动耗费必须小于劳动成果的实现，才能形成经济效益。

②劳动成果符合社会需要是前提。只有符合社会需要的劳动成果才能得到社会的承认，才能最终实现它的价值。

③以尽可能少的支出，获得尽可能多的收益是根本。讲求经济效益就是用尽量少的劳动耗费和劳动占用，取得尽可能多的有效成果。

表8.1　商业经济效益要素的含义

有效的商业劳动成果	商业劳动耗费	商业劳动占用
有效的商业劳动成果指商业经济活动所取得的经济成果和社会成果。商业经济活动中投入的物化劳动和活劳动所实现的商品价值和使用价值量以及相应取得的盈利量，就是经济成果，可以用商品销售额和商业利税额等形式来表示。而商业经营活动所实现的商品销售额（商品流转额）等对社会需要的满足程度，对社会生产的促进作用，对社会精神文明建设的贡献等则是它的社会效果。　商品销售额（或商品流转额）是指商业在一定时期内所实现的商品价值量的货币表现。	商业劳动耗费是指商业经营中消耗的劳动量，包括活劳动和物化劳动的消耗。商业劳动耗费就是商业流通费用，是商业企业从事商品采购、运输、保管、销售及经营管理所引起的一系列开支。如运杂费、保管费、包装费、利息、商品损耗、工资以及其他经营管理费用。	商业劳动占用是指商业经济活动中所占用的物化劳动量，包括所占用的土地、固定资产、流动资产等，它属于多次性消耗。这些劳动占用在价值形态上主要表现为资金的占用，可用流动资金占用和固定资金占用的总和来表示。

2）商业经济效益的特点

要正确理解商业经济效益，还必须掌握商业经济效益的特点。与其他行业相比，商业经济效益的特点主要表现在以下几个方面。

①商业劳动的有效成果主要表现在商品价值和使用价值的实现程度上。

②商业劳动耗费上，活劳动的耗费占很大比重。

③商业资金占用上，流动资金占用比固定资金占用大得多。

④商业既是一种经济活动,又是一种服务性活动。

⑤商业经济效益的好坏,不完全取决于本身的经营管理水平,还受许多的客观因素的影响和制约。

8.2.2　商业经济效益的类型

商业经济效益是一个总的概念,它是由各种相互联系、相互制约的效益组合所构成的,一般可分为下列层次和类型。

1）商业宏观经济效益与微观效益

（1）商业宏观经济效益

商业宏观经济效益,是指整个社会商业的总体效益,即商业作为国民经济的一个重要部门,就整个行业来看,其经济活动所占用和耗费的劳动与所取得的社会劳动成果之间的对比关系。假如在一定时期内,全社会商业规模已定,商业服务质量已定,商业所完成的商品流通任务越多,给社会带来的有效成果越大,表明商业宏观经济效益越好。

（2）商业微观经济效益

商业微观经济效益,是指商业企业的经济效益,即作为独立的商品经营者,从事商业经营活动所取得的个别经营活动中所占用和耗费的劳动与所取得的有效成果之间的对比关系。讲求商业微观经济效益,就必须加强对商业企业的管理,减少商业经营活动中的耗费,提高商业企业的盈利水平和劳动效率。

商业宏观经济效益与商业微观经济效益是紧密联系、互为条件的辩证统一体。商业宏观经济效益是商业微观经济效益的前提和保证;商业微观经济效益是商业宏观经济效益的基础。但是某些情况下,两者之间也有一定的矛盾。处理这些矛盾的原则是尽可能做到两者兼顾,在特殊情况下,商业微观济效益应服从宏观经济效益。

2）商业近期经济效益与商业长远经济效益

（1）商业近期经济效益

商业近期经济效益又称当前经济效益。商业近期经济效益是指商业活动中能在当前很快能实现的效益。如各种营销活动、公关活动所带来的近期效益。

（2）商业长远经济效益

商业长远经济效益则是对今后一个较长的时期所产生深远影响的经济效益。如增加商业投资、扩大企业规模、进行职工培训、实施技术改造等,在近期可能没有经济效益,甚至还有不利影响,但从长远发展来看,则是非常必要的。

一般来说,近期经济效益与长远经济效益的根本利益是一致的,两者可以兼顾,而且必须兼顾。但在特殊情况下,两者也有矛盾,则应权衡轻重,使近期经济效益服从长远经济效益。

3）商业直接经济效益与商业间接经济效益

（1）商业直接经济效益

商业直接经济效益是商业企业在商业活动中直接得到的效益,即本企业的经济效益。

如通过加强经济管理、扩大流通、节约费用,增加了利润。

（2）商业间接经济效益

商业间接经济效益则是通过本企业的经济活动同时使其他企业或单位获得了经济利益。如商业企业通过广告公司宣传本企业的商品,从而提高了本企业的知名度,扩大了营业额,增加了利润,同时使广告公司增加收入,获得了商业间接经济效益。一般来说,企业总是重视直接经济效益,但也应该注意间接经济效益,因为市场经济是一个"双赢"的经济。

4）商业行业经济效益、投资经济效益和经营效益

（1）商业行业经济效益

商业行业经济效益是指商业各个行业取得的经济效益,包括批发商业、零售商业、供销合作商业、粮食商业、生产资料商业、饮食服务业等经济效益,它们都带有明显的行业或系统特征。

（2）商业投资经济效益

商业投资经济效益主要是指商业基本建设中,一定数量的投资额与经过基建活动所形成的固定资产的比较,以及这些固定资产在商业经济活动中所取得的有效成果。

（3）商业经营效益

商业经营效益主要是指商品购、运、存、销的各个环节中,所得与所费的比较。

5）商业单项经济效益与综合经济效益

（1）商业单项经济效益

商业单项经济效益是指商业活动中某一方面、某一项目、某一个别业务所取得的经济效益。

（2）商业综合经济效益

商业综合经济效益则是商业活动中的各个方面、各种因素、各个项目或全部业务过程所取得的经济效益。单项经济效益是形成综合经济效益的基础,综合经济效益则是各个单项经济效益的集中体现。讲求商业经济效益既要注重单项经济效益,又要强化商业综合经济效益。

小知识

不同类型的商业企业,其经济效益的表现形式有所不同。

商品从生产领域到消费领域的转移,一般要经过商品收购、商品运输、商品储存和商品销售等环节才能最终实现,这几个环节的活动又可以由不同的企业来承担。当考察每一个企业的经济效益时,由于各个企业的经营职能和任务不同,各种经营活动所得到的经营成果与劳动耗费的表现形式就有区别。例如,工农业产品采购供应企业的经济效益,主要表现为商品收购费用、资金占用同商品收购额之间的比较;商业运输企业的经济效益,主要表现为商品运输费用、资金占用同商品运输之间的比较;商业储存企业的经济效益,主要表现为商品保管费用、资金占用同商品储存量之间的比较;商业零售企业的经济效益,主要表现为

商品流通费用、资金占用同商品零售额(利润额)之间的比较。

8.3 商业经济效益的评价

8.3.1 商业经济效益的评价原则

1)商业宏观经济效益与微观经济效益相统一的原则

宏观经济效益是微观经济效益的前提和保证;微观经济效益是宏观经济效益的基础。两者之间存在紧密的联系,是互为条件、互为依赖的辩证统一体。因此,应该两个效益一起抓。讲求宏观经济效益,就是讲全体人民的共同利益;讲求微观经济效益,就是要从企业合理经营入手,努力增加盈利,发展企业经营。

2)商业企业经济效益与社会效益相一致的原则

商业在从事经济活动时,不仅要讲求企业经济效益,还要注重社会效益。社会效益,是商业经营活动对社会所产的影响和作用的综合反映,主要包括商品经营的政治效果和服务效果。企业经济效益与社会效益从根本上说是一致的,但两者之间也存在一定的矛盾。处理好两者的关系,就是要在抓好社会效益的前提下,提高企业经济效益。评价商业经济效益的数量标准与商业经营活动的政治效果和服务效果结合起来。

凡是违背国家的方针、政策和法规的经营活动,不管它的购销业务扩大了多少,也不管它的利润增加了多少,都不能认为是经济效益提高了。

3)满足社会消费需求与取得企业盈利相统一的原则

评价商业经济效益,首先要考虑它的质与量。从其质的规定性来看,经济效益的取得必须"合法",必须是在满足人们不断增长的物质和文化生活需要的过程中取得的。如果通过销售假冒伪劣商品,短斤少两克扣顾客,制造假账逃避税收等而取得的收入,不是真正意义上的经济效益,而是对别人劳动成果的侵犯,对社会财富的掠夺。

4)近期经济效益与长期经济效益相统一的原则

商业活动是一个持续运行的过程,不仅要考虑近期利润,而且要考虑长远利润。今天的存在要为明天的发展做准备。在商业发展的过程中,许多新的经营设施和技术装备的采用和更新,往往需要一次投入相当数量的人力、物力。从近期来看,这些投入有可能影响经济效益的提高;但从长远来看,则会在扩大商品销售额、提高劳动效率、增加企业盈利等方面起着重大作用。当然,在作长远投入时,要掌握一个合理的度,不能脱离企业实际,否则会严重影响企业的正常运转。

要做到既提高了目前的经济效益,又统筹考虑了长远的经济效益,使商业经济效益能够持续稳定地提高。

5)扩大购销业务与降低劳动耗费相统一的原则

商业企业扩大购销业务为提高其经济效益的基础,购销业务不扩大,经济效益无从谈起。节约劳动耗费则是提高经济效益的关键。在扩大购销业务的过程中,必须降低劳动耗费,减少各种费用支出,杜绝各种浪费现象,否则就会出现无效益或负效益的情况。因此,在评价商业经济效益时,既要看购销业务的扩大,又要看劳动耗费的节约,鼓励商业企业走内涵扩大再生产的新路子。

6)适度的商业发展速度与较好的经济效益相统一的原则

在发展速度与经济效益的问题上,两者相互联系,相互影响。发展速度必须建立在促进经济效益的基础上。在评价商业经济效益时,应该把两者有机地结合起来。

8.3.2　商业经济效益评价的要求

评价商业经济效益不仅需要一定的原则,而且在具体操作上要符合一定的要求。商业经济效益要通过一系列经济指标和具体考核标准来评价。因此,在评价中对指标的设置和考核的办法都应该规定合乎规范的要求,才能达到评价的科学和公正。

1)坚持评价标准的统一性和可比性

商业企业之间的经济效益是在比较中衡量出来的。要比较,就必须坚持统一标准,剔除不可比的因素,以体现公正、平等的原则。一般来说,应在同类企业和同一企业的不同时期之间进行比较。当然,经济现象是极为复杂的,不可能有绝对相同的企业,但必须大体相近。只有行业相同,经营规模、经营范围、经营条件大体一致,才能进行比较,否则,就没有可比的意义。就同一企业来说,可以进行现状与历史的比较,实际与计划的比较,某一时期与最好历史时期的比较,以判断该企业的经济效益是否提高。为了使经济效益的比较更加接近真实,还必须剔除某些不可比的因素,使相互比较的口径尽量一致。例如,价格是一个经常变动的因素,比较中应尽可能剔除价格变动的影响,以某种不变价格计算就准确一些,才有可比性。

2)坚持评价指标的综合性和整体性

经济指标是衡量企业经济效益的尺度和依据。没有经济指标,经济效益就无法评价。但是,商业企业经济指标是多种经济因素综合作用的结果,它可以从不同的角度,设计不同的经济指标,从不同的侧面来反映企业的经济效益。因此,评价商业企业的经济效益,不能只凭一两个经济指标就下结论。为了综合、全面地评价商业企业经济效益,必须设计一套科学、合理、实用的评价指标体系,从总体上考核商业的经济效益,以克服片面性或以偏概全的评价。

3)坚持评价对象的针对性和实践性

对不同行业、不同类型的商业企业,经济效益考核的重点和考核的项目应有所区别与侧重。如外贸企业侧重于创汇成本考核,副食品商业侧重于对劳动耗费的考核,而生产资料则侧重于劳动占用的考核。在同一企业的不同时期,因存在的问题可能有所不同,侧重点也应该有所不同。总之,只有从企业的实际出发,有针对性地进行评价与考核,才能达到预期的目的和效果。

4）坚持评价内容的结构性和层次性

评价商业经济效益要从宏观、中观和微观 3 个层来评价。从宏观来看,商业作为国民经济的一个部门,商业所占用的人力、物力和所耗用的劳动量,必须同生产的发展、消费的需要相适应,保持适当的比例关系,以利于国民经济的良性循环。从中观来看,商业作为流通的产业,是由分布于不同的所有制、不同行业、不同地区、具有不同规模和不同技术水平的众多商业企业所组成。商业要通过产业内人力、物力的合理配置,市场结构的合理调整,企业和部门、地区间的相互关系的协调,把整个产业有机地组织起来,提高流通效率和系统效益。从微观来看,商业企业要运用有限的资源并合理配置,加速资金周转,节省和降低费用,促进经济效益的不断提高。

8.4　提高商业经济效益

8.4.1　影响商业经济效益的因素

要提高商业经济效益,必须先了解影响商业经济效益的因素,才能因病施治,对症下药,消除不利因素,增加有利因素,找出提高商业经济效益的途径。影响商业经济效益的因素主要有以下几个方面。

1）工农业生产发展状况

生产部门对商业经营提供的物质技术装备的优劣和多少,直接影响商业经营中物化劳动耗费和占用的多少。生产部门为商业经营提供商品多少、价格高低,以及是否适销对路,直接影响商业经营成果的多少。生产周期的长短,以及生产时间和消费时间的衔接程度,影响着商业商品储备量的大小和商品资金周转速度的快慢等。因此,工农业生产发展状况直接影响着商业经济效益的大小。

2）商品运输或物流业发展状况

商品在运输过程中,不仅需要一定的时间,而且还要耗费和占用一定的社会劳动,同时还会有商品损耗发生。运输工具、运输路线和运输组织工作,又会对商业经济效益有着重要的影响。

3）商业管理体制适应流通发展的程度

商业从事商品粮交换活动是在一定的经营体制和管理体制下进行的。商业管理体制是否适应商品流通的发展,对商业区经济效益有很大的影响作用。合理的商业管理体制,能正确处理国家、企业、职工三者利益关系,促进企业和职工讲求劳动耗费和占用的节约,关心扩大经营成果,提高商业经济效益。

4）消费者购买力水平

商品能否进入消费领域,最终要取决于消费者是否接受,而消费者能接受的程度,又取决于消费者的收入水平、消费习惯、消费心理和购买能力。消费者购买力水平越高,对商品需求越大,商业经营成果也就越大。

5)商业网点发展状况

商业网点发展状况主要表现在两个方面。一是商业网点的数量、规模和布局。一般来说,合理的数量、适度的规模和科学布局,有助于扩大商品的销售,提高商业经济效益。二是物质技术设施及其现代化程度。它是商业经营必要的劳动手段和物质条件,直接影响其工作效能和效率的提高。现代化的技术设施,一般会带来高效率和高效益。因此,商业网点发展状况直接影响商业经济效益的提高。

6)商业人员素质和企业经营管理水平

劳动者是生产力中最活跃、最积极的因素。商业人员的素质又是企业素质中有决定意义的素质。商业人员的政治、文化、业务和身体素质如何,对服务质量、劳动者效率和经营管理工作都有重大影响。经营管理水平又是决定商业经济效益的主要因素之一。经营管理搞得好,有助于提高劳动效率,降低费用水平,扩大商品销售,从而提高商业经济效益。

此外,商业环境、社会性生产力布局、国民收入的分配与再分配、国家的相关方针政策的变动等,也会对商业经济效益产生不同程度的影响。

小案例

沃尔玛先进的存货管理加快了资金周转

沃尔玛采用先进的网络化存货管理方式,当某一货品库存减少到一定数量时,电脑就会发出信号,提醒商店及时向总部要求进货。总部安排货源后送往离商店最近的一个发货中心,再由发货中心的电脑安排发送时间和路线。在商店发出订单后36小时内所需货品就会出现在仓库的货架上。这种高效率的存货管理,使公司能迅速掌握销售情况和市场需求趋势,及时补充库存不足。这样可以减少存货风险、降低资金积压的额度,加速资金运转速度。

8.4.2 提高商业经济效益的基本思路

经济效益是所得与所费的比值,提高商业经济效益就是提高这个比值。一般有以下几种思路。

1)在所费不变的条件下提高所得

所费不变而所得增加,不仅可以发生在使用价值形态的所得形式上,而且可以发生在价值形态的所得形态上。对于个别企业来说,通过改进技术、合理组织劳动过程等方法、缩短必要劳动时间从而使个别劳动时间小于社会必要劳动时间,就可以在同样的所费条件下,获得超额利润,从而获得更多的所得。所费不变而所得提高的另一典型形式是缩短商业经济活动的周期。经济活动周期的缩短意味着所费的周转速度加快,在一定时间长度内,周转次数增加,从而在同样所费的条件下,累计获得有所增加。在所费不变的条件下提高所得,还可以通过改变所费的结构或投入领域来实现。所费一定而所得提高的可能性是处处存在的。这一思路在实质上的经济含义是挖掘提高原有所费带来所得的潜力。

2）在所得不变的条件下减少所费

所得不变而减少所费的实质含义就是节约。节约有两种含义：一是减少以至消除浪费；二是使必要的耗费程度降低，使每一分所得的代价尽量减少。前者主要是通过加强管理来实现；后者主要是通过改进技术来实现。

3）所费有所提高，但所得有更大程度的提高

从根本上讲，所得必然要引起所费，而且随着商业活动的不断扩大，所费就会不断增加。提高经济效益，不在于一般地排斥所费增加，而在于所费增加的同时，使所得有更大程度的提高，从而使所得与所费的比值提高。所费增加而所得有更大程度的增加，在实质上的经济含义是通过费用追加使原有的投资或所费的潜力得到进一步地挖掘。它要求追加所得与追加所费之比提高，即追加效益必须大于原有的所得与所费的比值。就是说，这种途径的实现要以追加效益递增为前提。

4）所得有所减少，但所费有更大程度的减少

所得有所减少但所费有更大程度的减少之所以有意义，是因为在这个部门或领域，通过减少所得而节约的所费，可以在另一个部门或领域中，获得比原部门或领域更多的所得。因此，减少所得同时使所费有更大程度的降低的过程，实际上是一个机会收益比较和选择的过程，是一个对经济活动进行优化的过程。

5）所得增加，同时使所费减少

所得增加，同时使所费减少，是提高经济效益最理想的思路和途径。实现这一途径往往需要以较大的技术变革为前提。

8.4.3　提高商业经济效益的主要途径

提高商业经济效益，是商业活动的中心任务。商业部门和商业企业提高商业经济效益的基本途径和措施如下所述。

1）搞好商业协调发展，促进商品流通合理化

搞好商业协调发展，促进商品流通合理化是提高商业经济效益的前提。为此，商业部门和商业企业要采取以下措施。

（1）制定商业发展战略和规划

商品流通能否顺利进行，不仅受到整个社会经济制约，而且直接影响整个社会再生产过程能否顺利进行。通过制定适合国民经济效益发展的商业发展战略和规划，既可以避免商业盲目发展，也可以避免商业发展不足，从而保证商业发展的速度、规模和结构与其他产业发展的速度、规模和结构相适应。

（2）进行科学的市场定位

市场定位是企业生存和发展的条件。它不仅关系到企业经济效益，更关系到生产、生活

的协调发展。就商业企业来说,要把握好目标市场,不断提高市场占有率。

现代商业的市场定位包括4个层次:

①区域定位,即商业企业开设在何地。

②规模定位,即建多大规模的企业才能产生最佳的规模效益。

③经营定位,即采取什么样的业态和经营方式。

④商品和服务定位,即经营什么商品和提供什么服务,并确定企业的目标市场。

只有从实际出发,进行科学的市场定位,制定企业的发展战略、确定目标市场,才能有效利用企业的人、财、物,达到以最小投入取得最大产出的目的。

(3)增强企业活力,完善市场体系和维护市场秩序三者并重

增强企业活力,从根本上要靠不断完善现代企业制度,这是任何体制下都要面对的一个动态的过程。完善市场体系,可以减少流通环节,加快流通速度,节约流通费用。维护市场秩序,就是要防止倾销和反对不正当竞争,有利于商业经济效益的提高。

小知识

现代企业制度

现代企业制度是指以完善的企业法人制度为基础,以有限责任制度为保证,以公司企业为主要形态,以产权清晰、权责明确、政企分开、管理科学为条件的新型企业制度,其主要内容包括:企业法人制度、企业自负盈亏制度、出资者有限责任制度、科学的领导体制与组织管理制度。

2)扩大商品销售,满足客户需要

要提高商业经济效益,就必须扩大商品销售;扩大商品销售,必须以增加商业经营的有效成果、满足客户和消费者需要为前提。

(1)引导促进生产以增加组织更多适销对路的商品货源

商业企业要加强市场调查与预测,及时反馈市场供求信息,引导和促进生产企业按照市场需求来组织商品生产。

(2)扩大企业经营规模,增加商品销售

扩大企业规模,对增加销售、提高企业规模经济效益具有重大作用。

(3)积极开拓市场,扩大商品销售

不断扩大市场供应的深度和广度,是提高商业经济效益的中心环节。商业企业要不断提高市场占有率,以有效地扩大商品销售。

(4)以扩大商品销售为中心,提高服务质量

企业要扩大商品销售,除了按照市场需求,组织适销对路的货源以外,要在提高服务质量上下功夫。因为,商业服务质量的好坏,一方面关系着消费者的利益,另一方面,影响着企业的信誉。良好的服务质量能吸引更多的顾客、扩大销售、增加盈利。要提高服务质量,必须做到以下几点。

①维护消费者利益,讲求商业信誉,端正经营思想与作风。

②文明经商,礼貌待人。

③周到的服务,包括售前、售中和售后服务。

④改善服务条件,方便顾客购买。

3)提高商业劳动效率,减少活劳动支出

提高商业劳动效率,减少活劳动支出,对于提高商业经济效益意义重大。提高商业劳动效率,要从以下方面入手。

(1)提高商业职工队伍的素质

商业是为广大消费者服务的产业,不管是社会效果,还是企业效益,都要通过对消费者服务来实现。在买方市场条件下,商业竞争主要表现为服务竞争,而服务的好坏与优劣,完全取决于服务人员的素质。有一支有理想、有道德、有文化、懂技术、会经营、守纪律的职工队伍,对外搞好服务,对内提高劳动效率,就会成为商业企业提高经济效益的可靠保证。

(2)改善劳动组织,加强劳动管理

合理组织劳动,不仅可以发挥个人能力,而且能创造群体效应,促进劳动效率的进一步提高。为此,商业企业一要积极探索最佳的劳动组织形式,运用科学管理方法,优化劳动组合,科学安排劳动的分工与协作。二要建立健全岗位责任制,科学制定劳动定额、劳动报酬和奖惩办法,使职工得到实惠,以充分调动职工的积极性、主动性和创造性。三要加强劳动纪律,改善劳动条件,搞好劳动保护,为提高劳动效率创造良好的条件。

(3)改善物质技术设备

商业职工劳动效率的高低与其使用的物质技术设备有着密切的联系。商业企业一定要创造条件,加速实现其市场信息现代化、商流活动现代化、物流运输现代化、储存技术现代化、包装技术现代化、销售手段现代化和售后服务现代化,从而减小劳动强度,降低活劳动耗费,大大提高商业劳动效率和商业经济效益。

4)改善经营管理,提高商业物质要素的利用效率,节约物化劳动耗费和占用

商业的物化劳动耗费和占用,主要是指在商品流通过程中需要耗费和占用的各种物质要素,其中主要包括固定资产和流动资产。节约物化劳动耗费和占用,提高商业物质要素的利用效率,对提高商业经济效益有着十分重要的作用。其主要措施有以下几项。

(1)严格控制费用开支

商业企业要以国家有关规定为依据,结合本部门实际情况,建立健全费用管理的规章制度,形成费用开支上的自我约束机制,严格执行国家有关费用开支的范围和开支标准,做到各项开支既合法又合理。注意及时掌握流通费用的动态情况,努力挖掘降低费用的潜力,做到在符合政策、保证商品流通正常需要、提高服务质量的前提下,尽可能节约费用开支。

(2)加强资金管理

商业企业应遵守国家宏观管理的前提下,根据市场销售趋势,资金运用的成本及周转速度等条件,选择最经济方便的资金来源,合理确定资金的投放和回收,严格资金结算制度,减

少资金使用中的失误,力求达到资本的投入规模合理、运用结合优化、周转速度加快、使用效益提高的要求。

(3)提高商业物流管理水平

商业企业要按照商品产运销的客观规律,合理地组织商品运输和储存等工作,加速商品周转,维护商品质量,节约运力和资财,降低物流费用。

(4)提高商业物质技术设备的利用水平

要建立健全商业物质技术设备使用的责任制和有关规章制度,及时全面地掌握各种设备的技术状况,做好维护和修理工作,保证各项设备的完好和正常使用。

小故事

业内专家曾指出:超市赚钱之道分3个阶段或3种方式:一是进销差价;二是在供应商那里找利润;三是优化供应链,降低物流成本。依靠第一种方式取利的时代已基本结束。从供货商手里找钱是第二种方式,例如,向供应商收上架费、咨询服务费甚至条码费等,则是目前大多数中国超市所采用的办法。因为不断增多的亮点销售(超低价)与价格战使进销差价越来越小,沃尔玛则一直钟情于第三种。它花费4亿美元从休斯公司购买了商业卫星,实现全球联网。现在,沃尔玛每一间连锁店都能通过卫星传送信息,每一辆运货车上都配备全球定位系统。通过卫星和电脑互联,公司总部可以随时清点任一家连锁店内库存、销售和上架的情况,并通知货车司机最新的路况信息,调整车辆送货的最佳线路。这样,沃尔玛最大限度地发挥了公司的运输潜能、提高工作效率。据调查,沃尔玛的库存流量速度是美国零售业平均速度的两倍。另外,沃尔玛对所有的员工都很抠门也是出名的,高层也不例外。不论是沃尔玛的CEO还是普通员工,千方百计节约费用都成为自觉行动。通过降低成本,沃尔玛超市所售货物在价格上占有绝对优势,从而成为消费者的最佳选择,无疑有利于大大增加销售额。

沃尔玛十分重视与当地供货商的合作。供应商觉得沃尔玛入场的"门槛"并不高。沃尔玛的高层领导曾表示:"羊毛出在羊身上。"如果收取高额进场费和保证金等费用的话,最终肯定会影响沃尔玛始终坚持的低价策略。

【做一做】

一、经典案例阅读

沃尔玛公司抠门与大方的平衡艺术

背景材料:

1.沃尔玛公司抠门的方方面面

(1)供应商的感慨

要想成为沃尔玛的供应商很难。因为在一般情况下,沃尔玛会尽量绕过中间商直接和生产商打交道。要想进入沃尔玛,就要接受严格认真的资质考核,还要详细地提供企业和产品的情况。这时,沃尔玛会拼命压低供应商的进货价格,直到对方接受为止,否则只能放弃进入这个"零售业帝国"。如果供应商向沃尔玛的采购员行贿,就别想和沃尔玛有下一次接触的机会了。供应商的"痛苦"换来的是沃尔玛超低的经营成本。

（2）员工叙述

可以说,沃尔玛对所有员工都很抠,对高层也不例外。沃尔玛的 CEO 开的只是一辆大众公司的甲壳虫。而且为了省钱,出差时他还跟别人合住一个客房。沃尔玛对员工也同样如此。在沃尔玛办公大厅随处可见"打 17909,长话可省钱"的提示。在沃尔玛采集样品的窗口,赫然写着"标签不可作他用"的提醒。在沃尔玛简朴如大卖场的办公楼里,员工不止一次地被告知,出去开会记住要把公司发的笔带回来,因为笔是要以旧换新的……

（3）广告商的评价

有数据统计,无论在美国还是世界其他地方,沃尔玛都很少做广告。美国一般大型百货公司每年在电视或报纸上要做 50～100 次广告,而沃尔玛却只有 12 次。不仅如此,沃尔玛的宣传广告也简朴得让人不可想象。仅仅是黑白两色的几张纸,彩页很少见。而且,这样的广告也不是谁都能得到的,顾客只有在购物超过 100 美元时才能得到一张！更让人吃惊的是,广告上的模特也是"肥水不流外人田",大多是沃尔玛员工们的子女或亲戚。广告做到这么节省,在赫赫有名的全球 500 强里也是不多见的了。

2. 在 3 个方面很大方

（1）信息技术上投巨资

沃尔玛是世界上最早对信息技术进行大量投资的零售商之一,早在 1976 年,沃尔玛就在美国休斯公司协助下发射了一颗卫星,用于沃尔玛全球商业系统的信息管理。美国沃尔玛连锁总部的传输系统和电脑控制中心在世界连锁商业领域也是最先进的,其投资额累计多达 10 亿美元。这个投巨资装备的系统不仅能让沃尔玛知道顾客在买什么,还能每时每刻对每种商品的销售情况进行统计和分析,筛选出畅销品和滞销品,以便进行必要的调整。

（2）公关方面大手笔

别看沃尔玛把广告做得一副寒酸模样,在公关活动上却不惜使用大手笔。沃尔玛积极地在社区中扮演友善邻居的角色,为了演好这个角色,沃尔玛的员工到养老院照顾老人的生活,为聋哑儿童康复中心捐赠教学仪器,在学校设立奖学金……这些"善举"为沃尔玛赢得的赞誉可不是能用金钱来计算的。

（3）员工培训很舍得

沃尔玛对员工培训很舍得。沃尔玛把如何培养人才、引进人才以及对既有人才的培训和安置看成一项重要任务。沃尔玛为员工制订了培训与发展计划,让员工们更好地理解他们的工作职责,鼓励他们勇敢地迎接工作中的挑战。虽然这些培训会带来经营成本的增加,但沃尔玛仍然舍得投入,因为聪明的沃尔玛看重的是长久投资带来的丰厚回报。

3. 抠门与大方的平衡艺术

沃尔玛要实现其"天天平价"的承诺就要想尽一切办法节约成本,物美价廉的商品最能吸引沃尔玛的眼光。而办公费用也是"节流"的重要部分,因为沃尔玛深知"聚沙成塔"的道理,所以在日常的点点滴滴,他们都是尽可能地节约,再节约。在广告方面,沃尔玛虽然显得有点寒酸,但在公关手段上的"物尽其用"却为其树立了良好的社会形象,同时也最大限度降低了所需费用。

沃尔玛公司致力于通过实体零售店、在线电子商店以及移动设备端等不同平台不同方式来帮助世界各地的人们随时随地节省开支,并生活得更好。每周,超过 2.75 亿名顾客和会员光顾其在 27 个国家拥有的 58 个品牌下的 11 300 多家分店以及电子商务网站。沃尔玛全球 2019 财年营收达到 5 144 亿美元,全球员工总数超 220 万名。沃尔玛将继续在可持续发展、企业慈善以及就业机会领域担任领军者的角色。

与在世界其他地方一样,沃尔玛在中国始终坚持"服务顾客,尊重个人,追求卓越,诚信行事"四大核心价值观及行为,专注于开好每一家店,服务好每一位顾客,履行公司的核心使命,以不断地为顾客、会员和员工创造非凡。

沃尔玛正是在"抠门"与"大方"的平衡之中,实现了对顾客的承诺,实现了自身的飞速发展。沃尔玛公司已经成为世界最大的私人雇主和连锁零售商,多次荣登《财富》杂志世界 500 强榜首及当选最具价值品牌。成为全球名副其实的最大零售商,其辉煌业绩的实现,不能说没有在"抠门"与"大方"之间寻平衡的功劳。

想一想:

1.沃尔玛在节约费用和增加投入上各有哪些措施?

2."抠门"与"大方"有矛盾吗? 两者的目的是什么?

二、实训活动

◎ 内容

调查搜集本地区连续几个不同时期商业经营与 GDP 数据,搜集、计算、对比不同时期主要商业经济效益指标,并简单分析商业发展与国民经济发展的相互关系。

◎ 目的

了解商业经济效益的意义,初步分析影响商业经济效益的主要因素。

◎ 人员

1.实训指导:任课老师。

2.实训编组:学生可以按照原来的小组,1 组为单位开展活动,每组选组长和记录员各 1 人。

◎ 时间

时间由任课老师根据实际情况安排,可以利用课余两周左右的时间。

◎ 步骤

1.介绍注意事项与要求。

2.与相关统计部门、商业管理部门、商业企业、档案馆取得联系,组织学生查阅有关资料,可以与网络搜索相关资料结合进行。

3.邀请有关单位人员介绍商业经济效益的有关知识。

4.整理资料、现场做好记录。

5.撰写调查文档。

◎ 要求

利用课余时间,对本地区商业经济效益与有关的数据资料进行搜集。简单分析商业经济效益与国民经济发展的相互关系。学会根据相关数据计算商业经济效益的主要指标,了解影响商业经济效益的主要因素。

◎ 认识

商业经济效益不仅对商业自身的发展,而且关系到整个社会经济的发展有着重大的影响。提高商业经济效益,不仅要注重微观效益,更要注重宏观效益。提高商业经济效益,需要扩大销售,提高商业服务质量,还要杜绝浪费、节约成本。

【任务回顾】

通过本任务中规定内容的学习,让我们初步认识了商业流通费用、商业经济效益等的含义、内容及其特点。懂得了提高商业经济效益的意义,理解了提高商业经济效益的思路和途径和评价商业经济效益的原则。通过学习,树立了商业经济效益意识,即树立了提高销售服务的质和量与节约成本费用并重的思想意识,也树立了宏观商业经济效益与微观商业经济效益并重的意识。

【名词速查】

1. 商业流通费用

商业流通费用是商品流通领域中所耗费的物化劳动和活劳动的货币表现,是商品流通过程的必要支出。

2. 商品进价成本

商品进价成本是指企业购进商品的原始进价和购入环节交纳的税金。具体包括:

第一,商业企业以国家定价、国家指导价或市场价格等形式购进商品的原始进价。

第二,商业企业收购不含税农副产品时支付的税金以及进口商品时按规定交纳的关税、产品税、增值税等。

3. 商业经济效益

商业经济效益是指在一定时间里,商业经营活动的有效成果与商业的劳动占用和劳动耗费的对比关系。商业经济效益的比较和计量,可用下列公式。

商业经济效益相对量比较公式:

$$商业经济效益 = \frac{有效的商业劳动成果}{劳动耗费 + 劳动占用}$$

商业经济效益绝对量比较公式:

商业经济效益=有效的劳动成果-劳动耗费-劳动占用

4. 商业利润额

商业利润额是商业职工在劳动中创造和实现的剩余产品价值的货币表现,是商业经营过程中商品销售、劳动效率、资金利用和流通费用开支等到各方面条件共同作用的结果,是商业经济效益的主要标志。

商业利润额=商业企业商品销售收入-进价成本-流通费用-销售税金

5. 商业利润率

商业利润率是商业部门一定时期内实现的利润额与相关经营要素之间的比率。商业利润率是综合反映一定时期内商业经营活动成果的相对数指标。

【任务检测】

一、单选题

1. 商业劳动耗费包括( )耗费。
   A. 活劳动和物化劳动　　　　　　B. 生产和流通
   C. 固定和流动　　　　　　　　　D. 物资和设备

2. 商业流通费用是反映流通领域中所耗费的( )的货币表现。
   A. 物化劳动　　　　　　　　　　B. 活劳动
   C. 物化劳动和活劳动　　　　　　D. 非生产性劳动

3. 节约活劳动的根本途径在于( )。
   A. 降低劳动强度　　　　　　　　B. 提高劳动生产率
   C. 减少流通环节　　　　　　　　D. 增加设备投入

4. 商业流通费用与利润的关系是( )。
   A. 两者成正比
   B. 两者成反比
   C. 两者同增同减幅度不同
   D. 在其他因素不变时流通费用增加利润减少

5. 级差利润由( )而产生。
   A. 商业经营的地理位置等方面的优越性
   B. 商品进销价格差额
   C. 商业的生产性劳动
   D. 国家商业政策调节

二、多选题

1. 商业经济效益的特点有( )。
   A. 主要表现在商品价值和使用价值的实现程度上
   B. 商业劳动耗费中活劳动占的比重大
   C. 商业经济效益大小由资金占用量大小决定
   D. 商业劳动成果包括商业服务质量

2. 商业宏观经济效益的内容包括( )。
   A. 提高商业企业职工服务质量　　B. 保证商品流通渠道畅通
   C. 发挥流通对生产的促进作用　　D. 调节产需矛盾

3. 影响商业经济效益的因素有( )。
   A. 工农业生产发展状况　　　　　B. 运输发展状况
   C. 商业体制　　　　　　　　　　D. 商业人员素质和管理水平

4. 提高商业经济效益的基本思路( )。
   A. 所费不变,提高所得　　　　　B. 所得不变,减少所费

C. 所费增加,所得增加更多　　　　D. 所得减少,所费减少更多

5. 评价商业经济效益的原则有(　　　)

A. 微观与宏观效益相统一

B. 目前效益与长远效益相统一

C. 商业经济效益与商业社会效益相统一

D. 规模优先于速度

三、判断题

1. 随着科学进步的物质技术构成的提高,物化劳动在商业劳动中的比重在上升。

(　　)

2. 商业流通费用包括由于自然灾害造成的损失费用。　　　　　　　　(　　)

3. 商业经济效益可以分为商业宏观经济效益和商业微观经济效益。　　(　　)

4. 商业固定资金占用可以一次性转入商业流通费用。　　　　　　　　(　　)

5. 商业资金占用上,一般说来流动资金占用比固定资金占用要大得多。(　　)

四、思考题

1. 商业经济效益的含义是什么?

2. 提高商业经济效益的途径有哪些?

3. 影响商业经济效益的因素有哪些?

参考答案

一、单选题

1. A　　　　2. C　　　　3. B　　　　4. D　　　　5. A

二、多选题

1. ABD　　　　2. BCD　　　　3. ABCD　　　　4. ABCD　　　　5. ABC

三、判断题

1. √　　　　2. ×　　　　3. √　　　　4. ×　　　　5. √

四、思考题

1. 商业经济效益的含义是什么?

商业经济效益是指在一定时间里,商业经营活动的有效成果与商业的劳动占用和劳动耗费的对比关系。

2. 提高商业经济效益的途径有哪几种?

(1)搞好商业协调发展,促进商品流通合理化

①制定商业发展战略和规划。

②进行科学的市场定位。

③增强企业活力,完善市场体系和维护市场秩序三者并重。

(2)扩大商品销售,满足客户需要

①引导促进生产以增加组织更多适销对路的商品货源。

②以增加商品销售为中心,扩大企业经营规模。

③积极开拓市场,扩大商品销售。

④以扩大商品销售为中心,提高服务质量。

(3)提高商业劳动效率,减少活劳动支出

①要提高商业职工队伍的素质。

②改善劳动组织,加强劳动管理。

③改善物质技术设备。

(4)改善经营管理,提高商业物质要素的利用效率,节约物化劳动耗费和占用

①严格控制费用开支。

②加强资金管理。

③提高商业物流管理水平。

④提高商业物质技术设备的利用水平。

3.影响商业经济效益的因素有哪些?

(1)工农业生产发展状况。

(2)商品运输或物流业发展状况。

(3)商业管理体制适应流通发展的程度。

(4)消费者购买力水平。

(5)商业网点发展状况。

(6)商业人员素质和企业经营管理水平。

参考文献

[1] 李富.商业概论[M].上海:华东师范大学出版社,2007.

[2] 方旭.经济学基础[M].2版.北京:中国财政经济出版社,2021.

[3] 张润琴.市场营销基础[M].2版.北京:高等教育出版社,2021.

[4] 祝合良.现代商业经济学[M].5版.北京:首都经济贸易大学出版社,2020.

[5] 张礼卿.国际金融[M].2版.北京:高等教育出版社,2018.

[6] 薛荣久.国际贸易[M].2版.北京:清华大学出版社,2020.

[7] 周琼琼,刘丽.国际贸易理论与实务[M].上海:上海财经大学出版社,2016.

[8] 胡俊文.国际贸易[M].3版.北京:清华大学出版社,2017.

[9] 黄国雄.现代商学概论[M].北京:高等教育出版社,2008.

[10] 肖文,应颖.国际贸易基础知识[M].3版.北京:高等教育出版社,2011.

[11] 费景明,罗理广.进出口贸易实务[M].4版.北京:高等教育出版社,2018.